WISSENSCHAFTLICHE BEITRÄGE
AUS DEM TECTUM VERLAG

Reihe Sozialwissenschaften

WISSENSCHAFTLICHE BEITRÄGE AUS DEM TECTUM VERLAG

Reihe Sozialwissenschaften

Band 54

Dominik Weigand

Die Macht der Fachkultur

Eine vergleichende Analyse fachspezifischer Studienstrukturen

Tectum Verlag

Dominik Weigand

Die Macht der Fachkultur. Eine vergleichende Analyse fachspezifischer Studienstrukturen
Wissenschaftliche Beiträge aus dem Tectum Verlag:
Reihe: Sozialwissenschaften; Bd. 54

ISBN: 978-3-8288-3056-1

ISSN: 1861-8049

Umschlagabbildung: photocase.com © kallejipp

Druck und Bindung: CPI buchbücher.de, Birkach
Printed in Germany

Besuchen Sie uns im Internet
www.tectum-verlag.de

Bibliografische Informationen der Deutschen Nationalbibliothek
Die Deutsche Nationalbibliothek verzeichnet diese Publikation in der Deutschen Nationalbibliografie; detaillierte bibliografische Angaben sind im Internet über http://dnb.ddb.de abrufbar.

Vorwort

Die Klage über den Fachkräftemangel in den sog. „MINT-Fächern" ist in aller Munde. Ein akademischer Abschluss in einem naturwissenschaftlichen oder technischen Fach scheint heutzutage eine unproblematische Einmündung in den Arbeitsmarkt, ein gutes Einkommen und eine verlässliche Karriere zu verbürgen - und doch haben es die natur- und ingenieurwissenschaftlichen Fakultäten deutscher Universitäten manchmal schwer, Nachwuchs zu rekrutieren, während aus den geistes- und sozialwissenschaftlichen Fächern die Klagen über die Überfüllung der Vorlesungssäle und Seminarräume nicht abreißen.

Eine breite Palette möglicher Gründe hierfür wird diskutiert: Sind die Schulen nicht mehr in der Lage, den Nachwuchs für naturwissenschaftliche, mathematische und technische Probleme und Tätigkeiten zu interessieren? Versagen sie bei der Vermittlung der Grundlagen für ein natur- oder ingenieurwissenschaftliches Studium? Erleben wir gar einen Niedergang mathematischer Bildung im deutschen Schulwesen, wie manche Kritiker befürchten?

Dominik Weigand nähert sich diesem Problem von einer anderen Seite her. Akademische Fächer haben seit langem ihre jeweils besonderen Fachkulturen entwickelt. Folgt man der Sozialisationstheorie Pierre Bourdieus, so müsste die Aneignung eines fachspezifischen Habitus, das heißt der für ein Fach charakteristischen Wahrnehmungs-, Denk- und Handlungsmuster eine wesentliche Bedingung für Studienmotivation und -erfolg sein. In einer empirischen Studie, die am Institut für Soziologie der Philipps-Universität Marburg entstanden ist, geht der Autor dieser Frage nach: Wie hoch ist der Einfluss der Fachkulturen von Natur- und Kulturwissenschaften auf die Anforderungen des Studieneinstieges sowie auf die Motivation und die Studienabbruchneigung von Studierenden?

Die Annahme, dass spezifische fachbezogene Habitus existieren, erscheint bereits aufgrund eines sorgfältigen Vergleichs von Fachinhalten, Arbeitsweisen, sprachlichen Ausdrucksweisen und typischen Lehr- und Lernformen der betreffenden Fächer plausibel. Diese These lässt sich aber auch auf der Grundlage harter empirischer Daten stützen, die der Autor durch eine standardisierte Befragung von mehreren hundert Studierenden verschiedener (natur- und kulturwissenschaftlicher) Fächer sammeln konnte. Hier zeigt sich nun: Strukturelle Besonderheiten eines Studienfaches spielen oft eine deutlich geringere Rolle für einen Studienabbruch als die Beherrschung von fachspezifischen Denk-, Wahrnehmungs- und Handlungsmustern sowie der jeweiligen Fachsprache. Studierende der Natur- und Kulturwissenschaften unterscheiden sich dabei in besonderer Weise: Für künftige Kulturwissenschaftler sind fächerübergreifende Denkansätze und Kompetenzen besonders wichtig; bei dem Erwerb dieser Fähigkeiten suchen sie stärker nach Kommunikation und Interaktion mit Lehrenden als Naturwissenschaftsstudierende. Diese wiederum verlangen eher nach einer expliziten Darstellung von Inhalten und Methoden ihres Faches durch die Lehrenden. Der in den Kulturwissenschaften vorherrschende „Integrationscode" bietet Anknüpfungspunkte für zahlreiche alltagsweltliche Diskurse und damit auch für verschiedenartige studentische Habitus, während der naturwissenschaftliche „Kollektionscode" geschlossenere Sozialisationsstrukturen erfordert, so dass hier Studierende dann benachteiligt sind, wenn sie den vorherrschenden Sprachcode und die dominanten Denkstrukturen (etwa wegen mangelnder schulischer Vorbildung) nicht bereits (zumindest teilweise) beherrschen. Der naturwissenschaftliche Kollektionscode erfordert dabei ein ausgeprägteres Training als der in die Alltagswelt offene Integrationscode der Kulturwissenschaften – Studierende ohne entsprechende (vor dem Studium erworbene) Ressourcen verlieren schnell den Anschluss.

Für Hochschulentwicklung und -planung, Curriculumsentwicklung und Didaktik haben solche Befunde weitreichende Folgen. Sowohl naturwissenschaftliche als auch kulturwissenschaftliche Fächer könnten sehr von einem interdisziplinären Dialog über Fachkulturen profitieren: Naturwissenschaften, indem sie Elemente des kulturwissenschaftlichen Sozialisationsmodells für ihre Zwecke anpassen – hier wäre eine vorsichtige Reform der Fachsprache und eine Veränderung der manchmal zirkulären Reproduktionsstrukturen naturwissenschaftlicher Fächer, wie sie der Autor empfiehlt, anzudenken. Die Kulturwissenschaften wiederum könnten von den Naturwissenschaften lernen, ihre Fachinhalte besser und klarer zu strukturieren. Eine solche Weiterentwicklung von Fachkulturen im interdisziplinären Austausch würde nicht nur für die Natur- und Kulturwissenschaften, sondern den Wissenschaftsstandort Deutschland insgesamt voranbringen.

Hamburg, im Juni 2012 Prof. Dr. Udo Kelle

Inhaltsverzeichnis

1. Einleitung

„Der typische Vortrag eines Geisteswissenschaftlers besteht darin, daß ein sorgfältig ausgearbeitetes Manuskript vor dem Vortragenden liegt, aus dem er im wesentlichen nur mit der Freiheit, die die Modulation der Stimme ihm läßt wohlerwogene, in ihrer Formulierung nach allen Seiten abgetastete und gesicherte Sätze spricht. Der typische Vortrag des Naturwissenschaftlers besteht darin, daß sich seine Ausführungen unmittelbar auf ein Experiment oder irgend etwas was an der Tafel steht bezieht. Er redet dann so in einem oft ein wenig lässigen Jargon, weist ab und zu einmal hinter sich auf die Tafel, sagt ‚dieses da' und ‚diese Formel da' oder ‚dann kommt das und das heraus', und wenn man alles auf Band aufnimmt und wieder abhört, so versteht man überhaupt nichts." (Weizsäcker, C.F. von (1972): Voraussetzungen des naturwissenschaftlichen Denkens, S. 90)

In diesem Zitat wird bereits angedeutet, dass sich die Disziplinen Naturwissenschaften und Kulturwissenschaften im Bezug auf die jeweils vorherrschende Fachkultur stark voneinander unterscheiden. Sichtbar wird dies hier anhand der Art und Weise der Explikation von Fachinhalten. Der Wissenschaftler aus dem kulturwissenschaftlichen Milieu versucht durch seinen Vortragsstil jeden Adressaten gleichermaßen zu erreichen, ob er nun entsprechende Vorkenntnisse hat oder nicht. Er folgt damit dem *Integrationscode* seiner Wissenschaftsdisziplin. Er vertritt eine Wissensstruktur, bei der die Fachinhalte in locker miteinander verbundenen Zellen organisiert sind. Der Wissenschaftler aus dem naturwissenschaftlichen Milieu dagegen setzt durch seinen Vortragsstil schon beträchtliche Vorkenntnisse bei seinen Adressaten voraus. Er folgt damit der Tradition der kumulativen und linearen Wissensstruktur seiner Wissenschaftsdisziplin, dem naturwissenschaftlichen *Kollektionscode*. Wendet man die Erkenntnis aus dem obigen Zitat auf die Situation von Studierenden dieser Fachdisziplinen an, so stellt sich nun die Frage, ob die Eigenarten der verschiedenen Fachkulturen nicht eine Moderatorenrolle bei der Entscheidung über einen Studienabbruch spielen. Sorgt der *heteronome* Charakter der Kulturwissenschaften im Gegensatz zum *autonomen* Charakter der Naturwissenschaften dafür, dass in ersteren die Zahlen der Studienabbrüche zurückgehen, während sie sich in letzteren nach wie vor auf einem hohen Level befinden? Lassen sich in der Sozialisation von Studierenden Entwicklungslinien entdecken, die auf eine habituell gesteuerte Studienfachwahl schließen lassen? Wie wichtig ist der richtige fachspezifische Habitus für den Studienerfolg und wie groß ist die Toleranz der fachspezifischen *pädagogischen Codes* wenn Studierende nicht über die entsprechenden fachlichen Vorkenntnisse in Form des richtigen fachspezifischen Habitus verfügen? Dies sind im Wesentlichen die Fragen, denen diese Untersuchung nachgehen möchte.

Als „heuristisch-analytischer Rahmen" bzw. „theoretische Perspektive" oder „Linse", mit dem das empirische Feld betrachtet werden sollte (vgl. Kelle, U.; Kluge, S. (2010): Vom Einzelfall zum Typus, S. 28ff; Schmitt, L. (2010): Bestellt und nicht abgeholt, S. 11), wurde die Sozialisationstheorie PIERRE BOURDIEUs gewählt. Im Zentrum standen dabei die Analyseeinheiten *Feld* und *Habitus*. Aufbauend auf diesen Begrifflichkeiten wurde dann das Untersuchungsinstrument entwickelt. Da es sich bei der vorliegenden Studie um eine quantitative Untersuchung handelt, wurde dementsprechend mit einem standardisierten Fragebogen gearbeitet. Untersuchungsfeld bzw. -einheiten waren Studierende aus Bachelorstudiengängen der Fachgruppen Natur- und Kulturwissenschaften an der Philipps-Universität Marburg. Hierzu wurden aus diesen beiden Disziplinen jeweils Studierende zweier charakteristischer Studienfächer befragt. Die unterschiedlichen Fächer repräsentieren jeweils eine eher theoretisch geprägten Richtung und eine eher empirisch geprägte Richtung der Fachgruppen. Für die Kulturwissenschaften wurden die Fächer Sozialwissenschaften und Philosophie, für die Naturwissenschaften die Fächer Physik und Mathematik ausgewählt.

Die vorliegende Arbeit gliedert sich in sechs Abschnitte. Die Einleitung liefert einen ersten Überblick über den Gegenstand der Arbeit. Außerdem wird hier der Begriff der „Fachkultur", der einen zentralen Punkt dieser Untersuchung darstellt, näher vorgestellt und definiert. Danach folgt eine kurze Darstellung ausgewählter Studien zu den Gegenständen Fachkultur, Studienmotivation und Studienabbruch. Kapitel 2 erläutert den theoretischen Rahmen, den die bourdieuschen Begriffe *Feld* und *Habitus* spannen, und zeichnet den Kontrast zwischen Natur- und Kulturwissenschaften anhand zweier Fachtypologien nach. Im Kapitel 3 werden die Forschungsfragen dieser Studie diskutiert. Unter Kapitel 4 fällt die Darstellung des methodischen Vorgehens bei der Datenerhebung bzw. die Beschreibung des verwendeten Forschungsdesigns sowie die Diskussion des Untersuchungsinstrumentes. Die Datenauswertung in Kapitel 5 beinhaltet ausgesuchte Datenanalysen, mit deren Hilfe die Fragestellungen des dritten Kapitels beantwortet werden sollen. Das Fazit am Schluss der Arbeit schließlich enthält eine zusammenfassende Beantwortung der Hypothesen und einen Ausblick.

1.1 Aspekte von Fachkulturen

Vergleicht man Studierende oder Absolventen verschiedener Fächer miteinander, so fällt auf, dass sich diese nicht nur hinsichtlich des Wissens über Inhalte verschiedener Fachgebiete unterscheiden, sondern dass darüber hinaus noch weitere Unterschiede zu beobachten sind. Diese Unterschiede beginnen in Äußerlichkeiten wie der Kleidung, setzen sich fort über das Arbeits- und Freizeitverhalten, die Arbeitsplatz- und Wohnsituation, das Kommunikationsverhalten und enden in den Wahrnehmungs-, Denk- und Handlungsmustern sowie den politischen und sozialen Einstellungen. Dies alles sind Ausprägungen einer *Fachkultur*. Grundlage dieser Ausprägungen ist u.a. die fachspezifische Sozialisation in der Hochschule. Hierbei spielen Einflussfaktoren wie der pädagogische Code, Studienstrategien und Lernstile eine Rolle (vgl. Liebau, E.; Huber, L. (1985): Die Kulturen der Fächer, S. 316ff). Auch Lehrveranstaltungen und Prüfungen, Beratung und Betreuung, die räumliche Lehr- und Lernumgebung, Formen der Leistungsbewertung, die Kommunikation und Interaktion zwischen Dozenten und Studierenden sowie die allgemeine inhaltliche und formale Organisation des Studiums, repräsentiert durch Curricula, Prüfungsordnungen und Bildungsziele, zählen hierzu (vgl. Schaeper, H. (1997): Lehrkulturen, Lehrhabitus und die Struktur der Universität, S. 100f).

Der Fokus dieser Arbeit liegt auf zwei ausgesuchten Aspekten der Fachsozialisation. Auf der einen Seite handelt es sich dabei um die fachspezifischen Wahrnehmungs-, Denk- und Handlungsmuster bzw. den fachspezifischen Habitus der Naturwissenschaften und der Kulturwissenschaften. Er drückt sich durch den *praktischen Sinn* und die *Fachsprache* der Fachdisziplinen aus. Auf der anderen Seite sollen die unterschiedlichen *pädagogischen Codes* der beiden Disziplinen näher betrachtet werden. In den Naturwissenschaften ist dies der *Kollektionscode* und in den Kulturwissenschaften der *Integrationscode*. Rückschlüsse auf den pädagogischen Code ergeben sich aus der Kommunikationsatmosphäre und dem Explikationsgrad der Fachgruppen. Für die Fachgruppen Naturwissenschaften und Kulturwissenschaften ergeben sich bei den Ausprägungen der Operationalisierungen von fachspezifischem Habitus und pädagogischem Code folgende Unterschiede:

Mit den Natur- und Kulturwissenschaften stehen sich zwei Curriculatypen gegenüber. Die Eigenheit des Kollektionscodes ist es, dass in ihm vermittelte Inhalte „in einer geschlossenen Beziehung zueinander stehen“ (Bernstein, B. (1977): Beiträge zu einer Theorie des pädagogischen Prozesses., S. 128). Das bedeutet, dass ein solches Studienfach dem Studierenden nur geringe individuelle Gestaltungsmöglichkeiten erlaubt. Das vermittelte Wissen baut aufeinander auf und hat somit kumulativen und linearen Charakter (vgl. Schaeper (1997), S. 111). Insgesamt lassen sich in solchen Fächern restriktivere Hierarchiestrukturen beobachten (vgl. Liebau/Huber (1985), S. 321). Der Integrationscode wird in Fächern verwendet, in denen die Fachinhalte in einer „offenen Beziehung zueinander stehen" (Bernstein (1977), S. 111). Die einzelnen Wissensgebiete sind nicht streng voneinander getrennt, sondern stehen gleichberechtigt nebeneinander. Hierarchiestrukturen sind weniger stark ausgeprägt. Insgesamt herrscht hier eine reiterative und interpretative Wissensnatur vor (vgl. Schaeper (1997), S. 111).

Der pädagogische Code und die fachspezifischen Methoden und Inhalte haben als Sozialisationsumgebung direkten und auch nachhaltigen Einfluss auf die alltäglichen Entscheidungsstrukturen, Konfliktlösungsstrategien sowie Problemdefinitionen und -lösungsmuster von Studierenden und Absolventen der jeweiligen Fachrichtungen. Benutzt man hierzu das Vokabular, das PIERRE BOURDIEU zur Verfügung stellt, so geschieht hier die Einverleibung eines spezifischen Feldes aus dem ein fachspezifischer Habitus resultiert. Der Studierende oder Absolvent übernimmt die *illusio* des Feldes „Studienfach XY" in Form der Weltsicht, die dieses Fach vorgibt, und verinnerlicht sie als Wahrnehmungs-, Denk- und Handlungsschema. Die so erworbenen fachspezifischen Dispositionen haben dann direkte Auswirkungen auf die soziale Praxis. Der Studierende entwickelt durch die Einverleibung der Feldmechanik einen praktischen Sinn für die Inhalte des Feldes. Bleibt man beim Beispiel des Studienfaches, so wird der Studierende im Laufe seiner Fachsozialisation weitestgehend dazu in die Lage versetzt, ohne besondere kognitive Anstrengung das Wissen seines Faches intuitiv richtig und adäquat anzuwenden.

Vom fachspezifischen praktischen Sinn kaum zu trennen ist die Fachsprache. Sie ist es, die einen Austausch über Fachinhalte möglich macht und damit erst eine Fachsozialisation erlaubt. Hinsichtlich der Fachsprache bestehen deutliche Unterschiede zwischen den Kulturwissenschaften und den Naturwissenschaften. Erstere verwenden die natürliche Sprache als Wissenschaftssprache und erlauben auf diese Weise jeder Person, die der Alltagssprache mächtig ist, Fachinhalte zu erfassen und zu verwenden. Letztere hingegen verwenden eine spezielle Fachsprache, die nur eingeweihten Personen die Partizipation an den Fachinhalten erlaubt. Außerdem besteht hier die Besonderheit, dass Fachsprache und praktischer Sinn in den Naturwissenschaften ein und dasselbe zu sein scheinen. Hierbei ergibt sich die Problematik, dass man um die naturwissenschaftlichen Denkstrukturen, welche im Wesentlichen die mathematische Beschreibung von Sachverhalten in der Natur betreffen, verinnerlichen zu können, zuerst in diesen unterrichtet werden muss. Allerdings erfolgt dieser Unterricht ebenfalls in Form von mathematischen Beschreibungen oder zumindest in Form der Beschreibung mathematischer Modelle. Das bedeutet: Um sich die naturwissenschaftliche Wissenschaftssprache aneignen zu können, benötigt man Kenntnisse über naturwissenschaftliche Inhalte, Methoden und Denkstrukturen. Um diese

Inhalte, Methoden und Denkstrukturen zu verstehen, ist die Beherrschung der Sprache erforderlich, in der sie abgefasst und transportiert werden.

Kommunikation meint die Möglichkeiten zur Interaktion zwischen Dozenten und Studenten. Sie schließt dabei sowohl Studienberatung und -betreuung sowie die allgemeine Ansprechbarkeit der Lehrenden ein. In den Kulturwissenschaften kommt dem Aspekt des sozialen Kontaktes mit Lehrenden, aber auch anderen Studierenden ein größerer Stellenwert zu als in den Naturwissenschaften. Studierende kulturwissenschaftlicher Fächer legen allgemein viel Wert auf sozialen Kontakt, Gespräch und Diskussion. Dabei ergeben sich auch Möglichkeiten zur Besprechung persönlicher Probleme. Studierende naturwissenschaftlicher Fächer sind in der Regel weniger an Persönlichkeitsentwicklung und sozialem Kontakt interessiert. Entsprechend spielt auch die individuelle persönliche Interaktion mit den Lehrenden eine vergleichsweise geringe Rolle. Darüber hinaus ergeben sich für den Austausch über persönliche Probleme in den Naturwissenschaften praktische Einschränkungen. Während in den Kulturwissenschaften die natürliche Sprache auch die Wissenschaftssprache darstellt, ergibt sich in den Naturwissenschaften eine Trennung zwischen Alltagssprache und Wissenschaftssprache. Die formale Natur der in den Naturwissenschaften verwendeten Sprache der Mathematik erlaubt es nicht persönliche Probleme in Gespräche einfließen zu lassen. Natürlich kommt hierzu noch, dass die allgemeine Ausrichtung der Fachinhalte in den Disziplinen Kulturwissenschaften und Naturwissenschaften sich vollkommen unterscheiden (vgl. Liebau/Huber (1985), S. 319ff; Heublein, U.; Sommer, D. (2000): Lebensorientierung und Studienmotivation von Studienanfängern, S. 36). LIEBAU und HUBER stellen sich zu diesem Sachverhalt folgende Fragen:

„Wird also nicht in den Geistes- und Sozialwissenschaften mit der ‚außerfachlichen' Kommunikation der nötige Habitus[1] (weiter) ausgebildet? Während zum Habitus des Natur- und Ingenieurwissenschaftlers gerade die Abtrennung und Privatisierung dieser Kommunikationsebene gehört? (Liebau/Huber (1985), S. 320).

Der Explikationsgrad soll der Tatsache Rechnung tragen, dass in jedem Studienfach Methoden und Wahrnehmungs-, Denk- und Handlungsmuster existieren, die nicht expliziert werden bzw. expliziert werden können. Solches als *„hidden curriculum"* bezeichnetes Wissen wird

1 Gemeint ist hier „die Entwicklung persönlicher Haltungen zu widersprüchlichen wissenschaftlichen, politischen und kulturellen Phänomenen und der Fähigkeit, darüber zu sprechen" (Liebau/Huber (1985), S. 320).

implizit erworben und vermittelt (vgl. Liebau/Huber (1985), S. 323). Es stellt sich die Frage, welche der oben genannten Fachgruppen die Vermittlung dieser impliziten Inhalte vergleichsweise besser regelt. Hierbei scheinen die Kulturwissenschaften im Vorteil zu sein. Ihr Forschungsgegenstand sind die menschlichen Kulturleistungen, ein Gegenstand, mit dem man als Mitglied einer Gesellschaft im Alltag ständig konfrontiert ist. Des Weiteren begegnen die Kulturwissenschaften diesem Gegenstand in der natürlichen Sprache, der Alltagssprache, in der wir uns von Kindesbeinen an verständigen. Es ist daher anzunehmen, dass der praktische Sinn für das Handwerkszeug dieser Disziplinen nicht signifikant von dem praktischen Sinn abweicht, den wir verwenden um uns in der alltäglichen sozialen Welt zurechtzufinden. Der Zugang zu den Fachinhalten der Kulturwissenschaften erfolgt intuitiv und stützt sich auf die Wahrnehmungs-, Denk- und Handlungsmuster, wie sie im Habitus eines Studierenden aufgrund seiner allgemeinen Sozialisation abgelegt sind. Der Gegenstand der Naturwissenschaften ist die belebte und unbelebte Natur. Zwar bewegen wir uns im Alltag ständig in der Natur und gehen auch tagtäglich mit ihr um, allerdings hat dieser Umgang eher spontanen und intuitiven Charakter. Naturwissenschaftliches Forschen und Beschreiben bewegt sich heute aber auf einer davon weitestgehend abgekoppelten und abstrakten Ebene. Natur wird mit Hilfe formaler Modelle beschrieben, die in einer exakten formalen Sprache gefasst sind und einem logischen System folgen. Als Sprache werden meistens die Mathematik oder aus ihr abgeleitete Formate verwendet. Dazwischen existieren Hybridformen, die Elemente der natürlichen Sprache mit dem Formalismus der Logik verbinden. Beispiele hierfür sind Programmiersprachen. Es ist leicht zu erkennen, dass für das Verständnis naturwissenschaftlicher Fachinhalte ein besonderes Vorwissen nötig ist. Dieses Vorwissen wird in der Regel nicht durch die allgemeine Sozialisation geschaffen, sondern muss in speziellen Schulungen erlernt werden. Den naturwissenschaftlichen Disziplinen fehlt somit die Möglichkeit des intuitiven Zugangs. Nur Studierende mit einer entsprechenden fachspezifischen Vorbildung haben ohne weiteres Verständnis für die dort präsentierten Fachinhalte. Der praktische Sinn, den ein naturwissenschaftliches Studium verlangt, unterscheidet sich also signifikant von dem praktischen Sinn, der für die Orientierung im alltäglichen Leben sorgt. Kommt man an dieser Stelle zurück zum Explikationsgrad eines Studienfaches, so stellt man unter den vorliegenden Prämissen fest, dass es in naturwissenschaftlichen Fächern vergleichsweise schwerer sein könnte das *„hidden curriculum"* zu erfassen, während es sich in den Kulturwissenschaften intuitiv aus dem Alltagswissen erschließt.

Nimmt man alle vorgenannten Aspekte zusammen, schält sich eine Schlussfolgerung heraus: Das Studium eines naturwissenschaftlichen Faches scheint bereits eine entsprechende Vorbildung zu verlangen, die die Verinnerlichung der Fähigkeit zum formalen-abstrakten Denken beinhaltet. Es erscheint also nötig, dass ein fachspezifischer Habitus bereits zu einem gewissen Grad ausgeprägt sein muss, um in einem solchen Studium von Beginn an erfolgreich zu sein. Dagegen machen die Kulturwissenschaften den Eindruck, dass, um hier zu bestehen, keine explizite kulturwissenschaftliche Vorbildung nötig ist. Vielmehr ergibt sich der Zugang zu dieser Fachgruppe auch intuitiv aus dem Alltagswissen der Studierenden.

1.2 Forschungsstand

Nachfolgend sollen ausgewählte Ergebnisse dreier Studien zur Thematik von Studienmotivation, Studienabbruch und Fachkultur exemplarisch für den Forschungsstand auf diesem Forschungsgebiet dargestellt werden. Der Fokus liegt dabei auf einer Gegenüberstellung von Kultur- und Naturwissenschaften.

Im Mittelpunkt der Untersuchung von ASMUSSEN steht die Studienfachwahl. Ihr Datenmaterial stammt aus einer Befragung von rund 2.500 Studierenden der Universität Mainz, die in den Jahren 1999 und 2000 durchgeführt wurde. Um die Motivationsmuster, die hinter der Wahl eines Studienfaches liegen ohne die Beeinflussung durch eine Fachkultur zu untersuchen, konzentriert sie sich auf die Studieneingangsphase. Die den Resultaten der Studie zugrundeliegende Stichprobe reduzierte sich dadurch auf 723 Studienanfänger. Die Stichprobe beinhaltete dabei Studierende aus den Fachgruppen Rechtswissenschaften, Sport, Naturwissenschaften, Sozialwissenschaften, Wirtschaftswissenschaften und Geistes- und Kulturwissenschaften. Als Determinanten der Studienfachwahl macht sie dabei die Leistungsmotivation, die intrinsische Studienmotivation und die Berufsorientierung der Studierenden aus. Der Faktor Leistungsmotivation wurde in dieser Untersuchung nochmals in die Aspekte Ausdauer, Konkurrenz, Belohnung und Misserfolgsfurcht aufgeschlüsselt. Intrinsische Studienmotivation wurde als eindimensionales Konstrukt begriffen und Berufsorientierung konnte in die Aspekte Status, Sicherheit und Selbstverwirklichung unterteilt werden. Bei der Erklärung der Zusammenhänge zwischen diesen Determinanten und dem gewählten Studienfach stützt sich ASMUSSEN auf das Mikro-Makro-Modell, wie es auch innerhalb des Rational-Choice-Ansatzes verwendet wird. Im zweiten Teil der Studie widmet sich ASMUSSEN der Extraktion der fachspezifischen Orientierungsmuster, die schlussendlich zur Wahl eines bestimmten Studienfaches führten. Zur Bestimmung der Orientierungsmuster wurde das Verfahren der Diskriminanzanalyse verwendet. Als Hauptdistinktionsfaktoren zwischen den Fachgruppen ergaben sich die intrinsische Studienmotivation und die Berufsorientierung. Die Naturwissenschaften unterschieden sich dabei von den Sozialwissenschaften und den Geistes- und Kulturwissenschaften in den Punkten intrinsische Studienmotivation und Belohnung. Dabei war die intrinsische Studienmotivation in den Naturwissenschaften höher ausgeprägt als in den anderen Fächern, während der Belohnungsaspekt in den Sozial-, Geistes- und Kulturwissenschaften größer war. Intrinsische Studienmotivation meint hier das besondere Interesse an den Inhalten des jeweiligen Faches und das Vorhaben eigene Begabungen durch das Studium weiter zu fördern. Belohnung bezeichnet das Streben nach Leistungsanerkennung durch andere (vgl. Asmussen (2006): Leistungsmotivation, intrinsische Studienmotivation und Berufsorientierung als Determinanten der Studienfachwahl, S. 95f, S. 108ff, S. 114ff). ASMUSSENs Ergebnisse decken sich damit mit den von HEUBLEIN und SOMMER gefundenen fachspezifischen Motiven zur Studienfachwahl (vgl. Heublein/Sommer (2000), S. 33ff).

Die HIS Hochschulinformations GmbH führte im Jahr 2008 eine bundesweite Studie zu Ursachen des Studienabbruchs durch. Insgesamt beteiligten sich an dieser Untersuchung 2.500 Studienabbrecher von 54 Universitäten und 33 Fachhochschulen. Hinzu kamen außerdem noch Daten von 1.600 Absolventen und 400 Hochschulwechslern. Die Abbruchstudie verfolgte im Wesentlichen drei Fragestellungen:

„- Welches sind die wesentlichen Gründe für den Studienabbruch 2008?
- Haben sich die Gründe für einen Studienabbruch in den letzten acht Jahren, also seit der zuletzt von HIS durchgeführten Abbruchuntersuchung, verändert?
- Welchen Einfluss haben die neu eingeführten Bachelor- im Vergleich zu den traditionellen Studiengängen auf die Ursachen und Motive, die zu einem Studienabbruch führen?"

(Heublein, U.; Hutzsch, Ch.; Schreiber, J.; Sommer, D.; Besuch, G. (2009): Ursachen des Studienabbruches in Bachelor- und herkömmlichen Studiengängen, S. III).

HEUBLEIN et al. fanden heraus, dass der Prozess des Studienabbruches äußeren und inneren Merkmalen der Studien- und Lebenssituation der Studierenden unterliegt. Unter den äußeren Merkmalen wurden Einflussfaktoren wie Studienbedingungen, Betreuungsleistungen, Möglichkeiten der Studienfinanzierung etc. gefasst, während die inneren Merkmale Einflussfaktoren wie Studienwahlmotive, Leistungsvermögen etc. beinhalteten. Je nachdem in welcher Konstellation diese Faktoren zusammenkommen, erhöht sich die Wahrscheinlichkeit eines Studienabbruches. Wirklich entscheidend wirkt sich schlussendlich aber nur eines der Motive auf die Abbruchentscheidung aus. Was den Umfang des Studienabbruchs angeht, so hat sich die Abbruchquote an Universitäten leicht verringert. Als Ursache für diese Verringerung wird die Einführung der Bachelor-Studiengänge ausgemacht, die besonders in den Kulturwissenschaften zu einem Absinken der Abbrecherzahlen geführt hat. In den naturwissenschaftlichen Fächern hat sich der Einfluss dieser neuen Studiengänge allerdings noch nicht bemerkbar gemacht. Nach wie vor sind die Abbruchzahlen in den Naturwissenschaften verglichen mit anderen Studienfächern am größten. Hauptgründe für den Abbruch eines Studiums sind, in Reihenfolge ihrer Relevanz: Leistungsprobleme, Studienfinanzierung und Studienmotivation. Für mehr als zwei Drittel der Befragten waren diese Gründe ausschlaggebend für die Aufgabe ihres Studiums. Danach folgen Faktoren wie Studienbedingungen, familiäre Probleme und Krankheit. Zieht man einen Vergleich zwischen herkömmlichen und Bachelor-Studiengängen, so hat sich der Studienabbruch aufgrund von Problemen mit den Anforderungen des Studiums erhöht. In den Bachelor-Studiengängen müssen schon zu einem frühen Zeitpunkt Prüfungen abgelegt werden, die sich empfindlich auf das weitere Fortkommen auswirken. Dies führte u.a. dazu, dass sich die durchschnittliche Studiendauer von Studienabbrechern von 7,3 Semestern in herkömmlichen Studiengängen auf 2,3 Semester in Bachelor-Studiengängen verringerte. Darüber hinaus verlangen Bachlor-Studiengänge aufgrund der Raffung der Studienzeit eine höhere Motivationsleistung von den Studierenden. Auch die Studienbedingungen und die Betreuungssituation in diesen neuen Studiengängen tragen zum vermehrten Studienabbruch schon zu Studienbeginn bei (vgl. Heublein et al. (2009), S. III ff).

Wie schon ansatzweise beschrieben, ergaben sich, was die Motive, Zeitpunkte sowie den Umfang des Studienabbruchs anging, Unterschiede zwischen den verschiedenen Studienfächern. In den Kulturwissenschaften liegt die durchschnittliche Studiendauer von Studienabbrechern zwischen 5 und 6 Semestern. Am frühesten brechen dagegen Studierende in den Naturwissenschaften ihr Studium ab. Die durchschnittliche Studiendauer beträgt hier nur 4 Semester. Durch die Einführung der Bachelor-Studiengänge hat sich die Verbleibedauer in allen naturwissenschaftlichen wie auch kulturwissenschaftlichen Studiengängen sogar noch weiter verringert, besonders betroffen davon sind allerdings die Naturwissenschaften. Im Falle der Kulturwissenschaften macht HIS die nun frühen Leistungskontrollen als Prüfung für die Stärke der Studienmotivation aus. In den Naturwissenschaften stehen weiterhin die hohen Leistungsanforderungen im Vordergrund. Abbrecher naturwissenschaftlicher Studiengänge bewerten ihre schulische Vorbereitung verglichen mit den Absolventen dieser Fachgruppe als eher schlecht. Dagegen zeigen sich in den Kulturwissenschaften kaum Unterschiede in der Bewertung der schulischen Vorbildung zwischen Studienabbrechern und Absolventen. HIS schließt daraus, dass für den Erfolg in naturwissenschaftlichen Studiengängen die schulische Vorbereitung wichtiger ist als für den Erfolg in kulturwissenschaftlichen Studiengängen. In den Kulturwissenschaften scheinen fehlende Kenntnisse und Fähigkeiten eine geringe Rolle für den Studienerfolg zu spielen. Insgesamt halten 26% der Abbrecher naturwissenschaftlicher Studiengänge das fachliche Anforderungsniveau für zu hoch. Außerdem finden 33% dieser Gruppe, dass die Stofffülle zu groß ist. In kulturwissenschaftlichen Studiengängen bewerten dagegen nur 7 bis 10% der Abbrecher das fachliche Anforderungsniveau als zu hoch und nur zwischen 17 und 26% der Abbrecher halten die Stofffülle für zu groß. Entsprechend hielten auch 36% der Studierenden, die ein naturwissenschaftliches Studium abgebrochen hatten, ihre Studienleistungen als unterdurchschnittlich. In den Kulturwissenschaften bewerteten nur 15% der Abbrecher ihre Studienleistungen als derart schlecht. Was die Betreuungssituation angeht, so fällt die Bewertung der Abbrecher naturwissenschaftlicher Studiengänge, die rein fachliche Betreuung betreffend, verglichen mit den Bewertungen kulturwissenschaftlicher Studienabbrecher, besser aus. In Betreuungsfragen, die auch außerfachliche Gebiete tangieren, oder bei der verständlichen Vermittlung von Fachinhalten stehen die Naturwissenschaften aber hinter den Kulturwissenschaften zurück. Außerdem sind die Unterschiede zwischen Absolventen und Abbrechern in den Kulturwissenschaften in allen Dimensionen der Betreuungssituation weniger stark ausgeprägt als in den Naturwissenschaften. Schlüsselt man die ausschlaggebenden Gründe für einen Studienabbruch nach Fächergruppen auf, ergaben sich für die Kulturwissenschaften je nach Einzelfach finanzielle Probleme oder mangelnde Studienmotivation als Hauptgründe. Im Mittelfeld folgten Leistungsprobleme, problematische Studienbedingungen, Prüfungsversagen und berufliche Neuorientierung. Auf den hinteren Plätzen fanden sich familiäre Probleme und Krankheit. In den Naturwissenschaften waren Leistungsprobleme und mangelnde Studienmotivation die Hauptabbruchgründe. Danach folgten finanzielle Probleme, berufliche Neuorientierung, problematische Studienbedingungen und Prüfungsversagen. Kaum eine Rolle spielten dagegen familiäre Probleme und Krankheit (vgl. Heublein et al. (2009), S. 47ff, S. 67f, S. 95, S. 97f, S. 113f, S. 143ff).

Die dritte Studie aus 2010, soll nun einen Bogen zwischen Studienmotivation, Studienabbruch und Fachkultur schlagen. SCHMITT beschäftigt sich damit, inwiefern sich soziale Herkunft und soziale Ungleichheit auf das Studieren auswirken. Dabei hat er speziell die Diskrepanz zwischen verinnerlichten kulturellen Mustern und den kulturellen Erfordernissen des Studiums im Blick. Besonderes Interesse zeigt er in diesem Zusammenhang an subjektiv und objektiv Betroffenen, die aus" hochschulbildungsfernen" Milieus stammen. Seine Arbeit umfasst insgesamt drei Ebenen. Zunächst möchte er die theoretischen Hintergründe der Vermittlung sozialer Ungleichheit und deren individuelles Erleben klären. Dabei bedient er sich, wie auch die vorliegende Arbeit, der Sozioanalyse PIERRE BOURDIEUs und betrachtet die oben beschriebene Problematik als sogenannten „Habitus-Struktur-Konflikt". Habitus-Struktur-Konflikte beschreiben „Konflikte zwischen den von den Akteuren verinnerlichten kulturellen Mustern und solchen der Umgebung" (Schmitt (2010), S. 15). Im zweiten Schritt möchte er die Existenz dieser Konflikte mit Hilfe empirischer Belege untermauern. Hierzu dienen Studienberatungsgespräche, Wochenberichte und Interviews mit Studierenden. Im letzten Schritt schließlich möchte er „Brückenbaupläne" entwickeln, mit deren Hilfe die Strukturen des Studiums und die von den Studierenden verinnerlichten kulturellen Muster näher aneinandergerückt werden können (Schmitt (2010), S. 9ff).

Die Ergebnisse von Schmitt gestalten sich wie folgt: Der Habitus der Studierenden sorgt zunächst dafür, dass sie eine mehr oder weniger gute individuelle Passung auf die Ansprüche des Studiums erleben. Hierbei handelt es sich immer um ein subjektives Erleben verschiedener studientechnischer Parameter, wie das Verhältnis zu Kommilitonen oder Lehrenden, bestimmte Fachkompetenzen oder sogenannte *soft skills*. In manchen dieser Parameter ist die Passung zwischen dem individuellen Habitus und den Erfordernissen gut, in anderen wiederum ergibt sich keine Passung, was zu einer Verunsicherung über die individuelle Eignung für das Studium führt. Schmitt findet heraus, dass besonders Studierende mit einer bildungsfernen Herkunft solche Situationen der Nicht-Passung erleben, während Studierende aus Akademikerfamilien hier kaum Probleme haben. Insbesondere Anerkennungsdefizite scheinen für die Studierenden aus bildungsfernen Milieus eine Rolle zu spielen. So kommt diese Gruppe von Studierenden meist weniger gut mit der Anonymität an der Hochschule zurecht und hat ein größeres Bedürfnis nach einer Strukturierung der Studieninhalte. Milieuflucht betreibt sie außerdem durch ihre sozialen Kontakte und ihre Freizeitaktivitäten. Möglichkeit zur Überwindung dieser Habitus-Struktur-Konflikte bieten für diese Studierenden Anknüpfungspunkte an den universitären Habitus, wie Freunde oder Bekannte aus dem bildungsnahen Milieu sowie Freizeitaktivitäten in bildungsnahen Umgebungen, z.B. Mitarbeit in der Fachschaft. Auch „schichtübergreifende Erfahrungen", die schon vor Studienbeginn gemacht wurden, können schlichtend wirken. Natürlich kann eine mangelnde Passung auch die eigene Leistungsfähigkeit befeuern und die Studierenden mit bildungsfernem Hintergrund dazu bewegen einen besonderen Ehrgeiz zu entwickeln (Schmitt (2010), S. 265f).

Kernbotschaft der Untersuchung von SCHMITT bleibt allerdings, dass Studienerfolg oder -misserfolg auch von den strukturellen Begebenheiten des jeweiligen Studiums abhängen. Die Passung des individuellen Habitus mit den Erfordernissen des Studiums scheint demnach eine besondere Einflussgröße für den Abschluss eines Studiums bzw. den Verbleib in einem Studium zu sein.

2. Theorie

Der erste Teil dieses Kapitels befasst sich mit der Erläuterung der Begriffe *Feld* und *Habitus* aus der Sozialisationstheorie PIERRE BOURDIEUs. In diesem Zusammenhang werden auch kurz sein Verständnis von Sprache und der Begriff des *Kapitals* erläutert. Danach folgt die Definition der empirischen Felder dieser Studie in Form von Typologien für die Fachgruppen Natur- und Kulturwissenschaften.

2.1 Zentrale Begriffe der Sozialisationstheorie Pierre Bourdieus

Feld und *Habitus* gehören zu den zentralen Begriffen der Sozialisationstheorie PIERRE BOURDIEUs. In der vorliegenden Arbeit dienen sie als Analysewerkzeuge und sollen nachfolgend entsprechend diesem Verwendungszweck erschöpfend dargestellt werden. Von den Begriffen *Feld* und *Habitus* nicht zu trennen ist der Begriff des *Kapitals*. Auch dieser soll in diesem Abschnitt kurz thematisiert werden. Abschließend wird auch das bourdieusche Verständnis von Sprache behandelt.

2.1.1 Der *Feld*-Begriff

Felder stellen die Komponenten dar, aus denen der *sozialen Raum*[2] besteht. In ihnen sind Individuen oder auch Institutionen sozialen Anziehungs- und Abstoßungskräften ausgesetzt. Je nach Art des *Feldes* und den *Dispositionen*[3] der in ihm befindlichen Akteure ergeben sich dann andere Handlungsoptionen bzw. Handlungsspielräume für die Akteure. Mit anderen Worten: Das Individuum im *Feld* ist nicht nur Spielball der Kräfte, die das *Feld* auf es ausübt, sondern es ist ebenfalls dazu in der

---

2 Bourdieu versteht die soziale Welt als einen mehrdimensionalen Raum, der von sozialer Distinktion und der ungleichen Verteilung von Macht geprägt ist. Der soziale Raum seinerseits kann in verschiedene soziale Felder zerlegt werden, auf denen sich Akteure im Wettstreit um Positionen und Kapitalien befinden. (vgl. Bourdieu (1991): Sozialer Raum und Klassen, S. 9ff)

3 Den Begriff *Disposition* verwendet Bourdieu im Sinne von Veranlagung, Neigung, Gesinnung oder Bereitschaft. Er zielt dabei auf die Beschreibung des Zusammenhangs von sozialer Position im sozialen Raum und innerem Wesen der Akteure (Inkorporierung), denn „jeder äußerlichen Position entspricht dabei eine verinnerlichte Disposition". Des Weiteren ist der Dispositionsbegriff eng mit dem Begriff des *Habitus* verbunden bzw. diesem vorgelagert. Während *Dispositionen* zunächst nur einverleibte Standpunkte darstellen, werden sie in Form des *Habitus* zu einer systematischen Struktur mit dauerhaftem Charakter verbunden. (vgl. Suderland (2009): Disposition (*disposition*), S. 73)

Lage aktiv, aber limitiert durch seine individuellen Dispositionen, in das Feldgeschehen einzugreifen. Die Limitation des eigenen Handlungsspielraums geschieht dabei durch das Netz von objektiven Relationen, in der sich das Individuum im *Feld* automatisch befindet (vgl. Bourdieu, P.; Wacquant Loïc, J. D. (1996): Reflexive Anthropologie, S. 132, S. 138, S. 140; Bourdieu, P. (1998a): Vom Gebrauch der Wissenschaft, S. 20ff; Rehbein, B.; Saalmann, G. (2009): Feld (*champ*), S. 100).

Nach BOURDIEUs Verständnis handelt es sich bei hochdifferenzierten Gesellschaften keineswegs um homogene Gefüge mit einheitlichen Gesetzmäßigkeiten und allgemeingültiger Logik, vielmehr spalten sich solche Gesellschaften in verschiedene relativ autonome soziale *Felder* auf, deren innere Ordnung jeweils anderen „Spielregeln“ folgt (vgl. Bourdieu/Wacquant (1996), S. 37; Rehbein/Saalmann (2009), S. 100). Die Autonomie bzw. Heteronomie eines *Feldes* resultiert daraus, ob es in der Lage ist sich äußeren Anforderung und Weisungen zu widersetzen oder nicht. Eine gute Messlatte für die Heteronomie eines *Feldes* ist der Grad seiner Politisierung, also die Frage, wie sehr wirken sich äußere Fragestellungen und Ansprüche auf die feldinterne Mechanik aus. Je besser ein *Feld* dazu in der Lage ist solche Einflüsse zu unterbinden bzw. zu assimilieren, desto größer ist die Autonomie und desto geringer die Heteronomie dieses *Feldes* (vgl. Bourdieu (1998a), S. 19).

BOURDIEU begreift *Felder* als „Ensemble objektiver historischer Relationen zwischen Positionen, die auf bestimmten Formen von Macht (oder Kapital) beruhen“ (Bourdieu/Wacquant (1996), S. 36). Für ihn stehen daher besonders die Relationen im Vordergrund, die sich in diesen *Feldern* zwischen den verschiedenen Akteuren bzw. Institutionen bilden.

> „Analytisch gesprochen wäre ein Feld als ein Netz oder eine Konfiguration von objektiven Relationen zwischen Positionen zu definieren. Diese Positionen sind in ihrer Existenz und auch in den Determinierungen, denen die auf ihnen befindlichen Akteure oder Institutionen unterliegen, objektiv definiert, und zwar durch ihre aktuelle und potentielle Situation (*situs*) in der Struktur der Distribution der verschiedenen Arten von Macht (oder Kapital), deren Besitz über den Zugang zu den in diesem Feld auf dem Spiel stehenden spezifischen Profiten entscheidet, und damit auch durch ihre objektiven Relationen zu anderen Positionen (herrschend, abhängig, homolog usw.)“ (Bourdieu/Wacquant (1996), S. 127).

Akteure nehmen also in *Feldern* verschiedene Positionen ein, deren Hierarchie über die jeweilige Wertigkeit der akkumulierten *feldspezifi-*

schen Kapitalien[4] eines Akteurs und der daraus resultierenden Macht determiniert sind (vgl. Bourdieu, P. (1993): Soziologische Fragen, S. 107; Bourdieu/Wacquant (1996), S. 38, S. 131f; Bourdieu (1998a), S. 21). Die Distribution der *Kapitalien* legt dann fest, ob sich ein Akteur in einem herrschenden, abhängigen oder homologen Verhältnis zu seinen Nachbarn befindet.

BOURDIEU verwendet zur Veranschaulichung seiner Konzeption eines *sozialen Feldes* gerne das Spiel als Analogie. Als Unterschiede macht er an dieser Stelle lediglich aus, dass ein *Feld* keine bewusste Schöpfung ist und auch keinen explizierten Regeln gehorcht. *Felder* bilden Spielräume, die durch entsprechende Spielregeln abgegrenzt sind. Dies bedeutet allerdings nicht, dass *Felder* über diskrete Grenzen verfügen, vielmehr unterliegen sie einer gewissen Dynamik, die durch den ständigen Kampf der Spielenden um das vorherrschende Hierarchisierungsprinzip gespeist wird (vgl. Bourdieu (1993), S. 191; Bourdieu/Wacquant (1996), S. 127, S. 133ff; Bourdieu (1998a), S. 20).

Wie in jedem Spiel geht es auch in den verschiedenen *Feldern* um Einsätze bzw. besondere Interessenobjekte. Diese unterscheiden sich je nach *Feld*. So gibt das *Feld* der Ökonomie andere Ziele vor, als dies das *Feld* der Kunst oder der Wissenschaft tut. Gemeinsam ist allen *Feldern* aber, dass die Dinge von Begehr „Produkt der Konkurrenz der Spieler untereinander sind" (Bourdieu/Wacquant (1996), S. 128). Das heißt: Der Wettstreit unter den Akteuren definiert, über welche spezifischen Interessen und Interessenobjekte ein *Feld* verfügt, was einen bedeutenden Teil der Spezifizierung eines *Feldes* ausmacht (vgl. Bourdieu (1993), S. 107).

Dieses Interesse am Gegenstand des *Feldes* stützt sich auf die sogenannte *doxa* des *Feldes* bzw. die feldspezifische *illusio*. Diese beiden Begriffe umschreiben implizite Gewissheiten über den Charakter eines *Feldes* zum einen in Form des Glaubens an die Sinnhaftigkeit des Spiels (*illusio*) und zum anderen in Form der allgemeinen Überzeugung von der Selbstverständlichkeit des *Feldes* als Wirklichkeit (*doxa*). An anderer Stelle beschreibt Bourdieu den Begriff der *illusio* in Opposition zum Zustand der *Ataraxie*. Die *Ataraxie*, verstanden im Sinne einer Gleichgültigkeit gegenüber dem Inhalt des *Feldes*, im Gegensatz zur *illusio* als interessengeleitete Involviertheit in das *soziale Feld* (vgl. Bourdieu/Wacquant (1996), S. 128, S. 148f; Fuchs-Heinritz, W.; König A. (2005): Pierre Bourdieu, S. 145, S. 201f; Koller, A. (2009): Doxa (*doxa*), S. 80). Mit der *illusio* schil-

4 „Der Ausdruck *spezifisches Kapital* besagt, daß dieses Kapital *in Verbindung mit* einem bestimmten Feld, also in den Grenzen dieses Feldes, einen Wert hat und nur unter bestimmten Bedingungen in eine andere Art Kapital konvertierbar ist." (Bourdieu (1993), S. 108)

dert BOURDIEU einen Zustand der Fraglosigkeit gegenüber dem Interesse am *Feld* und gegenüber dem Sinngehalt von feldspezifischen Handlungen:

„Als fundamentaler Glaube an den Wert der Diskussionsgegenstände und an die ihrem Diskutieren selbst immanenten Voraussetzungen ist sie die undiskutierbare Bedingung jeder Diskussion. Um Argumente diskutieren zu wollen, muß man glauben, dass sie dies verdienen, und vor allem, daß die Diskussion es verdient, geführt zu werden. Die *illusio* gehört nicht zu den expliziten Prinzipien, den Thesen, die man aufstellt und die verteidigt werden, sondern zum Handeln, zur Routine, zu den Dingen, die man halt tut und die man tut, weil es sich gehört und weil man sie immer getan hat." (Bourdieu, P. (1997): Meditationen, S. 129).

Eine weitere Eigenschaft der *illusio* ist ihre das *Feld* nach außen hin abschließende Funktion. Außenstehende nehmen die feldspezifische *illusio* in der Regel als sinn- und zweckloses Unterfangen wahr. Das bedeutet für die Individuen, die sich nicht im *Feld* befinden, also nicht am Spiel teilnehmen, haben auch die Einsätze, um die es bei diesem Spiel geht, keinerlei Bedeutung. Ihrer Wahrnehmung verschließen sich die besonderen Interessenobjekte und Spielvorgaben des *Feldes*. Sie befinden sich im Zustand der Ataraxie gegenüber den Inhalten des *Feldes* (vgl. Bourdieu (1993), S. 107f; Bourdieu (1997), S. 20, S. 122f; Fuchs-Heinritz/König (2005), S. 146f). Ähnlich verhält es sich mit Akteuren, die „den Glauben an die Sinnhaftigkeit des Spiels in einem bestimmten Feld" (Fuchs-Heinritz/König (2005), S. 147) verlieren. Für diese Individuen bricht die *illusio* bzw. die *doxa*, die zuvor noch fraglos war, zusammen. Das, was bisher vom *Feld* als Wirklichkeit bereitgestellt wurde, verliert seine Rechtfertigung und nimmt die Beschaffenheit einer Absurdität an. Die Akteure, die so ihrem praktischen Glauben beraubt wurden, beginnen womöglich das *Feld* und seine Interessen in Frage zu stellen. Beide Gruppen stellen eine Gefahr für die Wirklichkeit des *Feldes* dar und damit auch eine Gefahr für die Wertigkeit des feldspezifischen Kapitals der im *Feld* verbliebenen Akteure sowie für die Wertigkeit der Stellungen, die diese im *Feld* inne haben. Um solche Probleme zu minimieren, unterliegen *soziale Felder* oft Mechanismen der sozialen Schließung. Diese wirken in der Form, dass von allen Akteuren des *Feldes* bestimmte Eintrittsbedingungen erfüllt werden müssen, um überhaupt am Spiel teilnehmen zu dürfen. Ziel dieser Eintrittshürden ist es, Skeptiker, die die Integrität des *Feldes* stören könnten, auszuschließen und nur solche Individuen aufzunehmen, die bereit sind sich den ungeschriebenen Gesetzen des Feldes zu unterwerfen. Je nach Grad der Institutionalisierung eines *Feldes* fallen die Eintrittshürden höher oder niedriger aus (vgl. Bourdieu, P.

(1987): Sozialer Sinn, S. 122ff; Fuchs-Heinritz/König (2005), S. 147). Der Zugang zum wissenschaftlichen *Feld* setzt beispielsweise „eine Suspendierung der Grundannahmen des gewöhnlichen Menschenverstandes und eine *para-doxale* Zustimmung zu einem Ensemble mehr oder weniger radikal neuer Grundannahmen voraus (...)" (Bourdieu (1997), S. 20). Das erhobene Eintrittsgeld soll in letzter Instanz nur solche Individuen zum *Feld* zulassen, die über die angeborene Anerkennung für das *Feld* als Selbstverständlichkeit, der *doxa*, verfügen. So wird sichergestellt, dass nur die „richtigen", also die Wirklichkeit des *Feldes* bejahende und den Anforderungen des *Feldes* gewachsene, Individuen Zugang erhalten. Denn nur Individuen, die sich voll und ganz dem Inhalt des *Feldes* verschreiben und sich ohne Zweifel am Spiel beteiligen, tragen zur Reproduktion der Feldstruktur mit ihren spezifischen Inhalten und Interessenobjekten bei. Die Eintrittshürden unterliegen dabei einem ständigen Wandel, der seinen Ursprung im Wettstreit der verschiedenen Akteure um die Hierarchieordnung hat. So wird z.B. auf diese Weise, versucht aktuelle aber auch potentielle Konkurrenten aus dem Spiel auszuschließen, um die eigene Position in Relation zu den Mitakteuren zu verbessern (vgl. Bourdieu (1987), S. 124f; Bourdieu (1993), S. 108; Bourdieu/Wacquant (1996), S. 130ff; Bourdieu (1998a), S. 25).

Ein *soziales Feld* ist immer auch Kampfplatz. Die Waffen in diesen Kämpfen stellen die individuellen Dispositionen der Akteure dar, die BOURDIEU mit Hilfe des *Kapital*-Begriffes beschreibt. Die Akteure können ihre akkumulierten Kapitalien einsetzen, um ihre Position innerhalb des *Feldes* bzw. in Relation zu ihren Mitakteuren zu verbessern. Je nach *Feld* sind die verschiedenen *Kapital*-Sorten mehr oder weniger nützlich bzw. haben eine andere Wertigkeit. Hierzu sagt BOURDIEU:

> „Es gibt, mit anderen Worten Karten, die in allen Feldern stechen und einen Effekt haben - das sind die Kapital-Grundsorten -, doch ist ihr relativer Wert als Trumpf je nach Feld und sogar je nach den verschiedenen Zuständen ein und desselben Feldes ein anderer." (Bourdieu/Wacquant (1996), S. 128).

So bildet beispielsweise im *wissenschaftlichen Feld* wissenschaftliches *Kapital* das *spezifische Kapital*, während dieses im *ökonomischen Feld,* wenn überhaupt, nur eine untergeordnete Rolle spielt und möglicherweise ökonomisches Kapital als *spezifisches Kapital* angesehen wird. Die Grundkapitalien, *ökonomisches, kulturelles, soziales und symbolisches Kapital* sind jedoch universal einsetzbar.

Einen besonderen Vorteil bei der Orientierung im *sozialen Feld* genießen diejenigen Akteure, die die spezifische Logik des *Feldes* implizit begreifen, d.h. sie müssen sich keinerlei explizite Gedanken über ihre Handlungen machen, sondern handeln wie selbstverständlich. BOURDIEU spricht in diesem Zusammenhang von einem *Platzierungssinn*. Weiter heißt es:

„Jene, die in das Spiel hineingeboren werden, verfügen eben über das Privileg des ‚Angeborenen'. Sie müssen nicht berechnend sein, um zu tun was nötig ist, wenn es nötig ist, und schließlich den Gewinn einzustreichen." (Bourdieu (1998a), S. 24f).

Der Begriff *Platzierungssinn* bezieht sich dabei auf die Fähigkeit des Feldeingeborenen, die Dynamik des *Feldes* implizit zu antizipieren und auf Basis dieser Intuition automatisch die richtigen Entscheidungen zu treffen, die dann in gewinnbringende Handlungen münden. Diese Akteure haben spezielle, dem *Feld* entsprechende Denk- und Handlungsschemata erworben, die BOURDIEU mit dem Begriff *Habitus* bezeichnet. Diejenigen Akteure, die nicht über einen dem *Feld* entsprechenden *Habitus* verfügen, sondern die Gesetzmäßigkeiten des jeweiligen *Feldes* erst mühsam explizit erlernen müssen, sind im Nachteil beim Kampf um die Ressourcen, die dieses *Feld* bereitstellt. Ihnen fehlt der Sinn für eine ungezwungene Bewegung im *Feld*, sie laufen Gefahr bei der Verteilung der Ressourcen zu spät zu handeln oder in ungeeigneter Art und Weise zu handeln oder erkennen Chancen zur Kapitalvermehrung erst gar nicht (vgl. Bourdieu/Wacquant (1996), S. 39; Bourdieu (1998a), S. 24f). BOURDIEU vergleicht den oben dargestellten Sachverhalt an anderer Stelle mit dem Erwerb der Muttersprache im Kontrast zum Erwerb einer Fremdsprache. Hier heißt es:

„Beim Erlernen einer Fremdsprache trifft eine bereits gebildete Disposition auf eine Sprache, *die als solche wahrgenommen wird*, d.h. als willkürliches, explizit in Form von Grammatik, Regeln, Übungen verfasstes Spiel (...) Beim Erwerb der Erstsprache hingegen lernt man die Sprache (...) sprechen und lernt zugleich, *in* (statt *mit*) dieser Sprache denken." (Bourdieu (1987), S. 122).

Auf das Zurechtfinden im *sozialen Feld* bezogen bedeutet dies, dass der Feldeingeborene sich die Eigenarten des *Feldes* einverleibt hat. Sie sind Teil seiner Persönlichkeit geworden und er nimmt die soziale Wirklichkeit des *Feldes* wie seine Muttersprache wahr. Für denjenigen Akteur, der nicht in diesem *Feld* sozialisiert, wurde stellt sich die feldspezifische Umgebung wie eine Fremdsprache dar. Er muss erst die Grammatik des

Feldes erlernen, um sich sicher bewegen zu können, dabei wird er aber nie die Ungezwungenheit des Feldeingeborenen erreichen.

Es bleibt zu sagen, dass das *soziale Feld* ein, wenn nicht sogar das, zentrale Konzept der Sozialisationstheorie BOURDIEUs darstellt. Es wird flankiert von den Begriffen *Kapital* und *Habitus*, die das dem *sozialen Feld* immanente Relationengeflecht strukturieren. Weiterhin bezeichnet es den Wirkungsbereich von sozialen Kräften und wurde von BOURDIEU aus der Erkenntnis geboren, dass soziales Handeln nicht über die gesamte Gesellschaft hinweg homogen ist, sondern sich Gesellschaft in verschiedene Teilgebiete differenziert, in denen jeweils andere Handlungsmodelle dominant sind.

2.1.2 Der *Kapital*-Begriff

Kapital ist soziale Energie, die in inkorporierter oder materieller Form akkumuliert werden kann. Gleichzeitig ist Kapital eine Ressource, die die Eigenschaft hat in verschiedenen Formen zu existieren und auch wechselseitig in diese anderen Formen transformiert werden kann. BOURDIEU unterscheidet dabei im Wesentlichen vier verschiedene Gestalten von Kapital:

(1) Das ökonomische Kapital existiert in Form von materiellen Gütern bzw. dem Eigentum über diese, sowie in Form von Geld.

(2) Kulturelles Kapital kann in drei Formen existieren, als inkorporiertes, objektiviertes und institutionalisiertes Kapital. Es beinhaltet in der Regel alle Arten von Kulturgütern und Wissen. Auch Bildung zählt als institutionalisiertes Wissen zu dieser Kapitalsorte.

(3) Unter sozialem Kapital versteht BOURDIEU die Summe der aktuellen und potentiellen Ressourcen, die aus dem Beziehungsgeflecht des sozialen Netzwerkes eines Individuums hervorgehen. Im Einzelnen stellt Sozialkapital die Möglichkeit dar, Hilfe, Rat oder Informationen von anderen zu bekommen bzw. die eigenen Interessen mit Hilfe der Unterstützung durch andere durchzusetzen. Das Ausmaß des Sozialkapitals bemisst sich dann danach, wie groß das einsatzfähige Netzwerk ist und wie viel Kapital die Netzpartizipanten ihr Eigen nennen. Aus dieser Ballung von Kapital innerhalb des Netzwerkes ergeben sich dann sogenannte Multiplikatoreffekte für das tatsächlich vorhandene Kapital.

(4) Symbolisches Kapital schließlich beschreibt den Erwerb von Prestige und Anerkennung. Im strengen Sinne handelt es sich beim symbolischen Kapital nicht um eine eigenständige Kapitalsorte. Vielmehr ist solches Kapital immer an eine der anderen Formen des Kapitals ge-

bunden bzw. stellt die Form dar, „die eine dieser Kapitalsorten annimmt, wenn sie über Wahrnehmungskategorien wahrgenommen wird, die seine spezifische Logik anerkennen" (Bourdieu/Wacquant (1996), S. 39; Bourdieu (1998a), S. 151).[5] Symbolisches Kapital stellt eine Macht dar, die vom Individuum nicht einfach akkumuliert werden kann, sondern die ihm von anderen, die auch nach dieser Macht streben, verliehen wird.

(vgl. Bourdieu, P. (1983): Ökonomisches Kapital, kulturelles Kapital, soziales Kapital, S. 183ff; Müller, H.-P. (1986): Kultur, Geschmack und Distinktion, S. 166ff; Fuchs-Heinritz/König (2005), S. 157).

Je nach *sozialem Feld* ergeben sich für diese Kapitalsorten verschiedene Wertigkeiten.

2.1.3 Der *Habitus*-Begriff

Möchte man den Begriff des *Habitus* in möglichst knapper Art und Weise erläutern, so bietet sich seine Beschreibung als „strukturierte und strukturierende Struktur" (Bourdieu (1987), S. 98f; vgl. Bourdieu/Wacquant (1996), S. 154) an. In diesem Ausdruck wird der ambigue Charakter des *Habitus* auf den Punkt gebracht: Der *Habitus* ist strukturierte Struktur in der Form, dass er die in ein Individuum inkorporierte soziale Realität darstellt, und der *Habitus* ist strukturierende Struktur in dem Sinne, dass das Individuum durch ihn in der Lage ist soziale Praxis zu generieren.

Feld und *Habitus* befinden sich damit in einer Art symbiotischen Beziehung, denn der *Habitus* ist nichts anderes als die Verinnerlichung der Regelhaftigkeit eines spezifischen *Feldes*. Durch diese Einverleibung in Form des *Habitus* wird es dem Individuum dann ermöglicht, die Inhalte dieses *Feldes* zu reproduzieren. Das bedeutet: Die dem *Feld* eigene Logik, die feldinterne Heterogenität, die feldspezifische *illusio* und die vom *Feld* vorausgesetzte Homologie von Akteursposition und inhaltlicher Position schlagen sich im Individuum in Form von dauerhaften Denk- und Handlungsschemata nieder, mittels derer die soziale Welt wahrgenommen wird und mittels derer soziale Praxis durch das Individuum produziert wird (vgl. Krais, B.; Gebauer, G. (2010): Habitus, S.55ff). Mit anderen Worten: Er stellt die aus der Sozialisation geborenen Veranlagungen, Gewohnheiten, Einstellungen und Wertvorstellungen eines Individuums dar:

---

5 „Das symbolische Kapital sei im Grunde ‚die Form', in der eine der drei Kapitalgrundarten (ökonomisch, kulturell, sozial) auftritt (...)" (Fuchs-Heinritz/König (2005), S. 169)

„In den Dispositionen des Habitus ist somit die gesamte Struktur des Systems der Existenzbedingungen angelegt, so wie diese sich in der Erfahrung einer besonderen sozialen Lage mit einer bestimmten Position innerhalb dieser Struktur niederschlägt. Die fundamentalen Gegensatzpaare der Struktur der Existenzbedingungen (oben/unten, reich/arm, etc.) setzen sich tendenziell als grundlegende Strukturierungsprinzipien der Praxisformen wie deren Wahrnehmung durch." (Bourdieu (1982), S. 279).

Der *Habitus* eines Individuums sorgt demnach dafür, dass die Bedingungen für seine Konstitution immer wieder reproduziert werden und sich dadurch charakteristische soziale Strukturen etablieren. Das Individuum folgt dabei dem Bedürfnis sich eine Welt zu erschaffen, die seinen Neigungen und Fähigkeiten entspricht:

„Darin (und in den gegebenen Verwirklichungsmöglichkeiten) liegt eines der Hauptprinzipien der täglichen Entscheidungen im Hinblick auf Dinge oder Personen: Geleitet von Sympathien und Antipathien, Zuneigungen und Abneigungen, Gefallen und Mißfallen, schafft man sich eine Umgebung, in der man sich ‚zu Hause' und jene volle Erfüllung seines Wunsches zu sein erfährt, die man mit Glück gleichsetzt. Und tatsächlich läßt sich (...) ein frappierender Einklang zwischen den Charakteristika der Dispositionen (und der sozialen Positionen) der Akteure und denen der Gegenstände beobachten, mit denen sie sich umgeben – (...) - ‚mit denen sie sich mehr oder weniger dauerhaft verbinden." (Bourdieu (1997), S. 192).

Betrachtet man nun den sozialen Raum aus einer Makroperspektive, so ergeben sich Orte kohärenten Sozialverhaltens und gleichförmiger materieller Existenz, die von einer bestimmten Gruppe Individuen geteilt werden. In einem solchen Fall kann von einem *Klassenhabitus*[6] gesprochen werden, da der Einzelne essentielle Elemente seines *Habitus* mit denen der anderen Gruppenmitglieder teilt. Es handelt sich dabei um gemeinsame Vorstellungen von äußerer Erscheinung, Moral, Ästhetik und Kultur bzw. um die Existenz eines verbindenden Geschmacks (vgl. Krais/Gebauer (2010), S. 37). Zwischen Gruppen aus verschiedenen Soziallagen ergeben sich dadurch habituelle Unterschiede, die

6 Der Begriff *Klassenhabitus* sollte an dieser Stelle nicht ausschließlich im Kontext einer auf ökonomischem Status basierenden Schichtzugehörigkeit verstanden werden. „Klasse" sollte an dieser Stelle vielmehr im Sinne einer allgemeinen Gruppenzugehörigkeit verstanden werden, die sich auf jede denkbare Art von Gruppe beziehen kann. (Anm. d. Verf.)

BOURDIEU im Prinzip des „Primates der *Form* über die *Funktion*, der letzten Endes in *die Verleugnung der Funktion* mündet“ (Bourdieu, P. (2010): Die feinen Unterschiede, S. 288) auf den Punkt bringt.

Bei den Dispositionen, die letztlich den *Habitus* ausmachen, handelt es sich nicht um dem Individuum angeborene Eigenschaften. Vielmehr ergibt sich ein spezifischer *Habitus* erst aus der Sozialisation in einem *sozialen Feld*. In der Regel bedeutet dies, dass sich das Individuum aus Erfahrungen mit der sozialen Welt und entsprechender Transferarbeit die Spielregeln dieser sozialen Welt erschließt. So beschreiben KRAIS und GEBAUER den *Habitus* als ein „dispositionelles Netz (...), das Erfahrungen und sinnliche Eindrücke aufnimmt und in spezifischer Weise verarbeitet, damit aber auch selbst immer wieder modifiziert wird.“ (Krais/Gebauer (2010), S. 63f). Dieses Netz ist allerdings nur insoweit modifizierbar, als dass der *Habitus* nur über eine begrenzte Anzahl an „Ankopplungsstellen“ für Modifikation seiner selbst besitzt. Die Beschaffenheit des *Habitus* eines konkreten Individuums schließt damit aus, dass alle möglichen Erfahrungen erfolgreich in den *Habitus* dieser Person implementiert werden können. In bourdieuschen Begriffen ausgedrückt, entwickelt das Individuum durch das Erlernen der feldspezifischen Logik einen *Sinn für das Spiel* oder auch *Platzierungssinn*, dessen Wirkung impliziter Natur ist (vgl. Krais/Gebauer (2010), S. 63f; Bourdieu (1998a), S. 24f):

> „Das beste Beispiel für eine Disposition dürfte der Sinn für das Spiel sein: Der Spieler, der die Regeln eines Spiels zutiefst verinnerlicht hat, tut, was er muß, zu dem Zeitpunkt, zu dem er es muß, ohne sich das, was zu tun ist, explizit als Zweck setzen zu müssen. Er braucht nicht bewusst zu wissen, was er tut, um es zu tun, und er braucht sich (außer in kritischen Situationen) erst recht nicht explizit die Frage zu stellen, ob er weiß, was die anderen im Gegenzug tun werden (...)“ (Bourdieu, P. (1998b): Praktische Vernunft, S. 168).

Mit anderen Worten das Individuum erfährt eine Prägung auf ein bestimmtes *Feld*, die es ihm ermöglicht ohne besonderen kognitiven Aufwand zu handeln und automatisch die „richtigen“ Entscheidungen zu treffen. Für dieses Individuum stellt die Logik dieses spezifischen *Feldes* gleichsam seine Muttersprache dar, die es allein als in dieses *Feld* Eingeborenes, akzentfrei sprechen kann. Gleichzeitig beschränkt seine Muttersprache aber auch seine Fähigkeit eine fremde Sprache in der gleichen Weise sprechen zu können (vgl. Bourdieu (1987), S. 124), d.h.: Sein *Habitus*, der Sinn für die Logik eines festgelegten *Feldes*, beschränkt seine Wahrnehmungs-, Denk- und Handlungsmöglichkeit in Bezug auf den *sozialen Raum*. Er weist also eine gewisse Stabilität gegenüber Einflüssen von außen auf, die sich auf eine vermeintliche Kohärenz seiner inneren Strukturen stützt. Innerhalb seiner selbst gesetzten Grenzen ist der *Habitus* allerdings keineswegs ein „widerspruchsfreies, in sich schlüssiges System von Dispositionen, Ordnungsprinzipien, Klassifikationsschemata und so weiter." (Krais/Gebauer (2010), S. 71). Vielmehr basiert der innere Zusammenhang des *Habitus* auf einer Art „Familienähnlichkeit" der Dispositionen. Er bildet die Systematik der verschiedenen, aber sich ähnelnden Affinitäten, die sich das Individuum während seiner sozialen Laufbahn angeeignet hat. Das heißt, das Konstrukt des *Habitus* ist in sich selbst variabel und innovativ und kann auf Veränderungen der gesellschaftlichen Konstellationen in seinem Dunstkreis adaptiert werden:

> „Der Habitus ist ein System von Grenzen. Wer z.B. über einen kleinbürgerlichen Habitus verfügt, der hat eben auch, wie Marx einmal sagt, Grenzen seines Hirns, die er nicht überschreiten kann. Deshalb sind für ihn bestimmte Dinge einfach undenkbar, unmöglich; es gibt Sachen, die ihn aufbringen oder schockieren. Aber innerhalb seiner Grenzen ist er durchaus erfinderisch, sind seine Reaktionen keineswegs immer schon im Voraus bekannt." (Bourdieu, P. (1992): Die verborgenen Mechanismen der Macht, S. 33).

Im Individuum können also widersprüchliche Erfahrungen durchaus zu Konflikten zwischen unterschiedlichen Ordnungsvorstellungen und Verhaltensweisen führen, die im Zweifel an der Selbstverständlichkeit der sozialen Praxis resultieren können. Das Individuum erfährt sich in diesem Sinne immer wieder als reflektierendes, bewusst handelndes Subjekt, was auch eine Erklärung dafür sein mag, dass der *Klassenhabitus* nicht zu einem Kollektiv gleichgeschalteter Menschen führt, sondern sich aufgrund von Unterschieden im Lebenslauf und dem sozialen Rang der Person im jeweiligen *sozialen Feld*, allenfalls ähnliche *Habitus* ausbilden anstatt identische (vgl. Bourdieu/Wacquant (1996), S. 167f auch Fußn. 56; Krais/Gebauer (2010), S. 63f, S. 70ff; Suderland (2009), S. 73).

Den *Platzierungssinn* oder *Sinn für das Spiel* beschreibt BOURDIEU auch als den *praktischen Sinn*, der dem Individuum erlaubt, sich im sozialen Raum bzw. in speziellen *sozialen Feldern* adäquat und natürlich zu bewegen. Er ermöglicht dem Individuum die Dynamik seiner sozialen Umgebung zu antizipieren und ohne besondere Reflexionskosten auf sie zu reagieren (vgl. Fuchs-Heinritz/König (2005), S. 119f). WACQUANT beschreibt diesen Zustand als „'begriffslose Kohäsion', die unsere geglückte Begegnung mit der Welt immer dann leitet, wenn unser Habitus zu dem *Feld* passt, in dem wir uns bewegen" (Bourdieu/Wacquant

(1996), S. 42). Der *Praxissinn* ist demnach Teil des *Habitus* und bildet das Verbindungsglied zwischen sozialem Raum und Individuum. Das Medium dieser Interaktion zwischen Individuum und sozialer Welt stellt dabei der Körper dar. Er wirkt gleichzeitig in zwei Richtungen. Auf der einen Seite werden in ihn die per Sozialisation erlernten Wahrnehmungs-, Bewertungs- und Handlungsschemata eingelagert, so dass der *Habitus* zum in den Körper eingegangenen Sozialen wird. Und auf der anderen Seite wird erst durch körperliches Handeln soziale Wirklichkeit erschaffen und soziale Praxis modifiziert. Als Instanzen dieser Involviertheit des Körpers gelten auch Intention, Wille, Erwartung, Haltung und Dispositionen (vgl. Bourdieu/Wacquant (1996), S. 160ff; Krais/Gebauer (2010), S. 33, S. 74ff). Welche Form die Konditionierung des Körpers bzw. des *Habitus* annimmt ist weitestgehend durch die soziale Herkunft des Individuums determiniert. Zwar gibt es während des Lebenslaufes immer wieder Einflüsse, die dieses Erbe variieren oder abwandeln, trotzdem gilt:

> „Die weitere soziale Laufbahn und die dabei sich vollziehende Sozialisation fügen den frühen Prägungen neue, den Habitus (mehr oder weniger) modifizierende Erfahrungen hinzu. Aber auch hierbei gilt, dass ökonomisch und kulturell verfügbare Ressourcen und Bedingungen die Handlungs- und damit Erfahrungsgrenzen, die einem Akteur bzw. einer Gruppe von Akteuren gezogen sind, weitgehend festlegen." (Schwingel, M. (2000): Pierre Bourdieu zur Einführung, S. 64).

Hieraus ist leicht ersichtlich, dass das Individuum auch in Situationen geraten kann, die nicht seinem *Habitus* entsprechen bzw. an die sein *Habitus* nicht angepasst werden kann. BOURDIEU spricht in diesem Fall von „*Mißverhältnissen* zwischen objektiven Strukturen und einverleibten Strukturen". Für ihn stellt „die den objektiven Bedingungen vorgreifende Angepasstheit des Habitus" einen Sonderfall dar, „der (...) zwar besonders häufig auftritt, den man aber nicht verallgemeinern sollte." (Bourdieu (1997), S. 204). Erst in solchen Kontexten des *Missverhältnisses* bzw. des Zusammenbruchs der Selbstverständlichkeit der sozialen Welt wird die Struktur des *Habitus* einer Person sichtbar. Es zeigt sich dann, dass der *Habitus* nicht immer in der Lage ist, adäquate Reaktionen herbeizuführen, weil die aktuelle Situation einem *sozialen Feld* entspricht, das dem der Inkorporation dieses *Habitus* nicht entspricht. Ebenso kann er sich aber auch in Form eines gespaltenen oder inkonsistenten *Habitus* manifestieren, was zur Folge haben kann, dass er leichter an die aktuelle Situation angepasst werden kann. Für beide Sachverhalte gilt allerdings, dass der *Habitus* immer nach der Wiederherstellung bzw. Reproduktion seiner genuinen Produktionsverhältnisse strebt und deshalb nur träge auf Situationen reagiert, die nicht dem Muster seiner ursprünglichen Einverleibung entsprechen (vgl. Bourdieu (1997), S. 206; Bourdieu/Wacquant (1996), S. 168; Krais/Gebauer (2010), S. 71f).

> „Folglich kann es geschehen, daß - nach dem Paradigma Don Quichottes - die Dispositionen mit dem Feld und den für seinen Normalzustand konstitutiven ‚kollektiven Erwartungen' in Mißklang geraten. Dies ist insbesondere dann der Fall, wenn ein Feld eine tiefe Krise durchmacht und seine Regelmäßigkeit (oder sogar seine Regeln) grundlegend erschüttert werden. In Umkehrung dessen, was vor sich geht, wenn der Habitus sich mit der Situation in Einklang befindet und die selbstverständlich wirkende Übereinstimmung ihn, der sie ermöglicht, unsichtbar werden läßt, tritt dort das durch den Habitus konstituierte Prinzip relativ autonomer Legalität und Regularität kraß zutage." (Bourdieu (1997), S. 206).

Diese Trägheit in der Adaptionsfähigkeit des *Habitus* und seine Neigung in den eigenen Produktionsbedingungen verhaftet zu bleiben, nennt BOURDIEU *Hysteresis* (vgl. Bourdieu (2010), S. 239; Bourdieu (1997), S. 206). Sie ist verantwortlich dafür, dass Gelegenheiten und Möglichkeiten nur in einem gewissen Rahmen ergriffen werden können, und minimiert allzu revolutionäres Denken. Die *Hysteresis* wirkt als konservative Instanz zur Bewahrung der Erstkonditionierung des *Habitus* (vgl. Bourdieu (1987), S. 111, S. 116f).

Abschließend ist zu sagen: Das Konzept des *Habitus* zielt auf die Wahrnehmung von Individuen als vergesellschaftete Subjekte, die eine Historie besitzen. In diesem Zusammenhang tritt der ambigue Charakter des *Habitus* als gleichzeitig die soziale Praxis konstituierendes und aus dieser Praxis geborenes Konstrukt zutage. Durch ihn ist das Individuum in der Lage soziale Wirklichkeit zu erschaffen, aber im selben Maße werden ihm durch die Wirklichkeit, der es innewohnt und die es reproduziert, auch Grenzen gesetzt. Innerhalb dieser Grenzen ist das Individuum allerdings dazu befähigt, kreativ, innovativ und ohne größeren kognitiven Aufwand zu handeln. Letztlich allerdings läuft all dies auf einen Zustand des *‚amor fati'* hinaus, indem die Struktur des *Habitus* und der daraus resultierende Geschmack des Individuums dafür sorgt, dass „man hat, was man mag, weil man mag, was man hat, nämlich die Eigenschaften und Merkmale, die einem de facto zugeteilt und durch Klassifikation de jure zu gewiesen werden." (Bourdieu (2010), S. 285f).

2.1.4 Sprache

Sprache stellt einen besonderen Fall des kulturellen Kapitals dar. Sie manifestiert sich im Individuum als *sprachlicher Habitus*, dessen Ausprägung abhängig ist von einer spezifischen Klassenlage oder allgemein gesprochen von einem spezifischen Feld (vgl. Bourdieu, P. (1990): Was heißt sprechen?, S. 40). Das spezielle Feld der Sprache nennt BOURDIEU den *sprachlichen Markt*, der als eine Art Metafeld alle anderen Felder durchdringt. So fungiert nach BOURDIEUs Verständnis jegliche Sprachsituation schon als ein solcher Markt (vgl. Bourdieu (1993), S. 94). Solche Sprachsituationen sind dabei durch folgende Formel determiniert: „sprachlicher Habitus + sprachlicher Markt = sprachlicher Ausdruck, Diskurs" (ebd., S. 115).

Der sprachliche Habitus wirkt hier durch bestimmte Neigungen zum Sprechen bzw. Aussprechen sowie einer Sprachfähigkeit im Sinne der Fähigkeit zum grammatikalisch richtigen Sprechen und der Fähigkeit zur adäquaten Anwendung dieser Fertigkeit in spezifischen Situationen (vgl. Bourdieu (1990), S. 11f). BOURDIEU spricht an dieser Stelle auch von dem *kairos* als Fähigkeit zur treffsicheren Anwendung von Sprache. Worte und Rede müssen danach nicht nur grammatisch einwandfrei sein, sondern auch sozial akzeptabel. *Akzeptabilität* wird dabei hauptsächlich durch die Entsprechung der Sprache mit den intuitiv zu beherrschenden Regeln des sprachlichen Marktes einer Situation erreicht (vgl. Bourdieu (1993), S. 116f). Das heißt, der Sprecher muss Kenntnis über das haben, was in der Situation passend wäre. Der sprachliche Habitus stellt dann die Inkorporation der Beziehung zwischen Sprache und Situation dar. Er ermöglicht es, das passende Wort zu sagen. Durch Sprechen werden dann Produkte sprachlicher Art erzeugt, die vom Sprecher nach der Maßgabe seines sprachlichen Habitus bewertet werden. Er denkt also darüber nach, welche Wirkung seine Rede auf einen Adressaten haben soll. Dadurch werden Form und Inhalt, sowie die Art und Weise des Vortrages und dessen Grad der Zensur festgelegt (vgl. Bourdieu (1989): Satz und Gegensatz, S. 38).

Aber erst die Beziehung zum sprachlichen Markt führt zur vollständigen Determination des Sinns einer Aussage bzw. eines sprachlichen Produktes. Objektiver Sinn entsteht dann aus der Differenz zwischen den sprachlichen Produkten des Sprechers und den sprachlichen Produkten auf dem sprachlichen Markt. Dies trägt der Tatsache Rechnung, dass nur dann ein sprachlicher Markt entsteht, wenn der Sprecher auch einen Empfänger findet, der dazu in der Lage ist, dessen sprachliche Produkte zu erfassen und zu bewerten. Der Empfänger kann dabei allerdings nur auf der Basis seiner individuellen Erfahrung mit dem Kollektiv Mutmaßungen über den Sinn der Aussage eines Sprechers anstellen.

BOURDIEU beschreibt diese Kommunikationsbeziehung auch als Chiffrierung und Dechiffrierung unter Verwendung eines feldspezifischen Codes (vgl. Bourdieu (1990), S. 12f, S. 15, S. 45ff). Weitere Einflussgrößen sind die Ungleichheit der Akteure auf dem sprachlichen Markt und die damit korrespondierende Autorität des Sprechers sowie der Grad der Einheitlichkeit des spezifischen sprachlichen Marktes. Der sprachliche Markt ist nicht frei von Machtverhältnissen, sondern unterliegt sogenannten Preisbildungsgesetzen, die dafür sorgen, dass die Produzenten der Sprache nicht gleich sind. In der Bereitschaft seitens möglicher Empfänger einem Sprecher überhaupt zuzuhören, das heißt seinen Anspruch auf Rede als legitim anzuerkennen, zeigt sich die Autorität des Sprechers. Damit man einander versteht, sollten die Partizipanten an einem spezifischen sprachlichen Markt eine relativ homogene Gruppenstruktur aufweisen. Diese Homogenität sollte sich dabei in der sozialen Herkunft und der Kenntnis bzw. Anerkenntnis der legitimen Sprache niederschlagen (vgl. Bourdieu (1990), S. 27f; Bourdieu (1993), S. 98f, S. 119f, S. 121f). Mit legitimer Sprache beschreibt BOURDIEU Folgendes:

> „Eine legitime Sprache ist eine Sprache mit phonologisch und syntaktisch legitimen Formen, das heißt eine Sprache, die den üblichen Kriterien der Grammatikalität entspricht und neben dem, was sie sagt, ständig auch noch sagt, daß sie es gut sagt. Und dadurch glauben macht, daß das, was sie sagt, wahr ist: Eine der Grundformen, mit denen das Unwahre an die Stelle des Wahren gesetzt werden kann." (Bourdieu (1993), S. 100).

Oder mit anderen Worten legitime Sprache ist die herrschende Sprache, die nicht als herrschend erkannt wird. Sie ermöglicht es Zensur zu üben und sie legt fest, wie und ob etwas überhaupt gesagt werden kann (vgl. Bourdieu (1993), S. 105f).

Besonders deutlich wird die Herrschaft der Sprache, wenn man die Zensureffekte betrachtet, die in Spezialfeldern wirksam werden. Solche Spezialfelder sind beispielsweise das philosophische oder religiöse Feld. Aber auch das wissenschaftliche Feld und seine verschiedenen Unterformen zählen, wie schon weiter oben beschrieben[7], zu den Spezialfeldern. Im Bezug auf die Sprache besitzen diese Spezialfelder jeweils eigene Gesetze, die all die Aussagen zensieren, die nicht mit der Räson des Feldes übereinstimmen (vgl. Bourdieu (1990), S. 118; Bourdieu (1993), S. 126). Die Aufgabe dieser Gesetze ist es, Spezialsprachen zu generieren, die auf der einen Seite den Inhalten des spezifischen Feldes Ausdruck

7 vgl. hierzu Abschnitt „2.1.1 Der Feld-Begriff", S. 25ff (Anm. d. Verf.).

verleihen und auf der anderen Seite das Feld nach außen abschließen und strukturieren. Bourdieu bezeichnet dieses Vorgehen als *Euphemisierungsstrategien* mit dem Ziel „Form zu geben und Formen zu wahren" (Bourdieu (1990), S. 117). Eine besondere Form nimmt diese Art der Zensur im Gegensatz von *Unterkorrektheit* und *Überkorrektheit* an. So kann es sich derjenige leisten sprachliche Regeln zu verletzen, der auf andere Weise in der Lage ist deutlich zu machen, dass er eigentlich korrekt sprechen könnte. Hierbei spielt auch die Ungezwungenheit der Bewegung in einem bestimmten sozialen Feld eine große Rolle. BOURDIEU stellt hierzu zunächst die Sprache des Kleinbürgertums der Sprache der Bourgeoisie gegenüber. Er macht in der Sprache der Kleinbürger dabei einen Hang zur überkorrekten Verwendung der Sprache aus, während in der Sprache der Bourgeoisie eine Ungezwungenheit in der Verwendung der Sprache vorherrschte, die sich in einer Unterkorrektheit der sprachlichen Form ausdrückte. Ein spezielleres Beispiel stellt die Neigung von Intellektuellen zur unterkorrekten Anwendung der Sprache dar. Auch hier hat Sprache wieder abgrenzende Funktion und stellt eine Modifikation der Alltagssprache dar (vgl. Bourdieu (2010), S. 288, S. 356, S. 397ff; Bourdieu (1993), S. 100f u. S. 117).

Es zeigt sich, dass die Sprache eine der sozialen Distinktionsgrößen ist. Sie wirkt dabei in allen Feldern und durch alle Felder. Sie ist dabei eine der Möglichkeiten Feldinhalte zu transportieren und ebenso auch Feldinhalte mittels sprachlicher Zensur zu sanktionieren.

2.2 Die innere Logik der sozialen Felder Natur- und Kulturwissenschaften

Mit den Naturwissenschaften und den Kulturwissenschaften stehen sich zwei diametrale Fachkulturen bzw. Felder gegenüber. Das folgende Kapitel möchte versuchen die Gegensätze dieser beiden Fachdisziplinen herauszuarbeiten. Die Typologien gliedern sich dabei jeweils in die Abschnitte Fachinhalt, Denkstrukturen und Arbeitsweise, Sprache und Lehr- und Lernformen. Unter der Überschrift „Fachinhalt" wird jeweils ein kurzer Überblick über den Forschungsgegenstand der Disziplin und die zugehörigen Fächer gegeben. Unter „Denkstrukturen und Arbeitsweise werden die Methoden sowie die Wahrnehmung der Welt bzw. die Denkweise der jeweiligen Disziplin thematisiert. Der Abschnitt „Sprache" beschäftigt sich jeweils mit der Art und Weise sowie den Werkzeugen des Transports der jeweiligen Fachinhalte. Zum Schluss wird dann noch eine Übersicht über die jeweiligen Lehrveranstaltungsformen und deren Zweck gegeben.

2.2.1 Eine Typologie der Kulturwissenschaften

2.2.1.1 Fachinhalt

Die Kulturwissenschaften sind die Wissenschaften von der Sprache, der Geschichte, der Kunst, der Kultur und den menschlichen Denk- und Verhaltensweisen (vgl. Rothacker, E. (1965): Logik und Systematik der Geisteswissenschaften, S. 3; Kjørup, S. (2001): Humanities, Geisteswissenschaften, Sciences humaines, S. 3). Ihr Gegenstand ist „die *kulturelle Form der Welt*" (Frühwald W.; Jauß, H. R.; Koselleck, R.; Mittelstraß, J.; Steinwachs, B. (1991): Geisteswissenschaften heute, S. 41), die sie erklären und verstehen möchten. Sie beschäftigen sich sowohl mit Kulturleistungen, die immateriellen Charakter und einen hohen Abstraktionsgrad besitzen, wie auch mit den daraus abgeleiteten materiellen Kulturgütern (vgl. Beiner (2009): Humanities, S. 14). Kurz gesagt: Durch die Kulturwissenschaften verschaffen sich moderne Gesellschaften Wissen über sich selbst. Dabei unterscheiden sich die konkreten Inhalte, mit denen sich Kulturwissenschaften beschäftigen, je nach Universität. Es setzt hierbei nicht nur jede Fakultät andere Schwerpunkte, sondern auch die Einzeldisziplinen dieser Fächergruppe unterscheiden sich in ihrer Thematik voneinander, so dass Kulturwissenschaften, was ihre Interessensstruktur angeht, ein eher uneinheitliches Bild abgeben (vgl. Frühwald et al. (1991), S. 41f, Kjørup (2001), S. 19).

Welche Fächer unter den Begriff Kulturwissenschaften gefasst werden, ist höchst unterschiedlich. Folgt man ANZENBACHER, so bilden die Geisteswissenschaften zusammen mit den Sozial- und Wirtschaftswissenschaften die Kulturwissenschaften. Geisteswissenschaften sind nach seinem Verständnis dann Geschichtswissenschaften, Religionswissenschaften, Sprachwissenschaften und Kunstwissenschaften (vgl. Anzenbacher, A. (2002): Einführung in die Philosophie, S. 22). KJØRUP macht die Geisteswissenschaften als die Fächer aus, „die zu den philosophischen Fakultäten der Universitäten gehören" (Kjørup (2001), S. 5), was sich mit der Auffassung ANZENBACHERs deckt. BEINER wiederum spricht davon, dass in manchen Differenzierungen auch die Sozialwissenschaften noch zu den Geisteswissenschaften gerechnet werden (vgl. Beiner (2009), S. 12). Auch GRÜNEWALD vertritt, in Anlehnung an die Notation „Geistes- und Sozialwissenschaften", die Ansicht, dass die Sozialwissenschaften den Geisteswissenschaften zugeordnet werden können. Hierbei besteht nur innerhalb dieser Fächergruppe Differenzierung nach dem Grad der empirischen Ausrichtung der Einzelfächer (vgl. Grünewald, B. (2009): Geist-Kultur-Gesellschaft, S. 18), eine Auffassung, die auch von HABERMAS geteilt wird (vgl. Habermas, J. (1981): Technik und Wissenschaft als „Ideologie", S. 155ff). Alle diese Klassifizierungsversuche finden in ANZENBACHERs Kategorienschema ihren Überbau, so dass ich seine Definition von Kulturwissenschaften für die am besten geeignete halte. Wenn man so will, ließen sich die kulturwissenschaftlichen Disziplinen nach seiner Begriffsbestimmung in eine hermeneutische und eine empirische Ausrichtung unterscheiden.

2.2.1.2 Denkstrukturen und Arbeitsweise

Wie schon angeklungen, handelt es sich bei den Kulturwissenschaften um ein besonders heterogenes Wissenschaftsfeld. Genauso vielseitig wie ihre Inhalte gestalten sich auch ihre Denkstrukturen und die Methoden, die zur Erweiterung des Erkenntnisstandes angewendet werden. So hat man es beim kulturwissenschaftlichen Denken oft mit verschiedenen Denkschulen zutun, die höchstunterschiedliche Ansatzpunkte besitzen. Es liegt nahe, dass je nach Gegenstand und wissenschaftlicher Herangehensweise dann auch unterschiedliche Methoden gebraucht werden. Die folgenden Eigenschaften und Methoden von Kulturwissenschaften stellen daher womöglich auch nur einen Ausschnitt des gesamten Repertoires dieser Fächergruppe dar. Es bleibt aber dabei, dass kulturwissenschaftliches Denken und kulturwissenschaftliche Betrachtungsweisen einzigartige Perspektiven auf Gegenstände erlauben (vgl. Beiner (2009), S. 44, S. 47, S. 50, S. 63f).

Das bedeutendste Merkmal des kulturwissenschaftlichen Denkens ist, dass *kein universal wahres Paradigma* existiert (ebd., S. 55ff). Die Gegenstände kulturwissenschaftlicher Disziplinen sind höchst variabel und entsprechend variabel und vielfältig sind auch die Methoden, die zu deren Erfassung verwendet werden. Meist konstituieren sich die Gegenstände kulturwissenschaftlicher Forschung erst innerhalb ihrer Analyse und in Relation zu ihren Nachbarn. Die Kulturwissenschaften befassen sich dabei aber nur mit solchen Inhalten, die *spezifischen Parametern* genügen. Welche Parameter dies sind, ist interessenabhängig (ebd., S. 59f). Prinzipiell gilt an dieser Stelle aber, dass die Kulturwissenschaften sich auf jeden möglichen Inhalt beziehen können. Auch anderen Disziplinen zugeordnete Wissenschaftsbereiche bilden keine Ausnahme. Der kulturwissenschaftliche Gegenstandsbereich ist universal (ebd., S. 118).

Kulturwissenschaften haben *integrativen und dialogischen Charakter. Integrativ* sind die Kulturwissenschaften in dem Sinne, dass sie anderen Wissenschaften grundlegende Erkenntniswerkzeuge und Wissenschaftsinstrumente zur Verfügung stellen. So stellten sie durch die Synthese von Logik, Grammatik und Rhetorik anderen Wissenschaften das „richtige" Denken, Schreiben, Lesen und Sprechen bereit. Der *dialogische* Aspekt der kulturwissenschaftlichen Disziplinen liegt in der hermeneutischen Tradition des Verstehens, Auslegens und Anwendens dieser Fächergruppe. Sichtbar wird dieses Vorgehen beispielsweise in der Interpretation von Texten, wo auch das Selbstverständnis des Interpretierenden in die Sinnstiftung mit einbezogen wird. Hierbei gilt der Grundsatz, dass tatsächliche Wahrheit erst durch ein Sich-Verstehen im Anderen ermöglicht wird. Erst die Konfrontation bzw. der Dialog erlaubt einen gewissen Grad von Erkenntnissicherheit. Kulturwissenschaftliche Forschungsgegenstände sind oft *immaterieller Natur* und manifestieren bzw. erschließen sich erst im Dialog mit anderen. Kulturwissenschaftliches Forschen wird damit zu einer diskursiven Praxis (vgl. Frühwald et al. (1991), S. 45ff; Beiner (2009), S. 43ff). Anschließend an den *dialogischen* Aspekt sind Kulturwissenschaften auch *kritische Wissenschaften*. Das Wissen dieser Disziplinen muss sich immer wieder kritischen Prüfungen unterziehen und wird dadurch ausdifferenziert. Zweifel und Fragen gehören zum täglichen Brot (vgl. Kjørup (2001), S. 65f), ebenso wie die Beleuchtung von Gegenständen aus verschiedenen Blickwinkeln. Die *Perspektive* auf ein Themengebiet spielt in den Geisteswissenschaften eine große Rolle, da die Art und Weise der Fragestellung die Ergebnisse einer Untersuchung prägen kann (vgl. Beiner (2009), S. 69f). Entsprechend solcher Möglichkeiten der Erkenntnisverzerrung besitzt auch die *Fähigkeit zur Reflexion* einen hohen Stellenwert. Sowohl die Forschungsgegenstände als auch die eigene Methodik zu deren Erschließung unterliegen einem ständigen Prozess des Zusammenstellens, Darlegens, Verständlichmachens, Analysierens, Interpretierens und Bewertens (ebd., S. 104).

Auch für die Methoden, die die Kulturwissenschaften anwenden, existiert kein allgemeingültiges Paradigma (vgl. Kelle, U. (2008): Die Integration qualitativer und quantitativer Methoden in der empirischen Sozialforschung, S. 25ff). Prinzipiell lässt sich die geisteswissenschaftliche Methodik in drei Gruppen einteilen: *quantitative Methoden*, *qualitative Methoden* und *Mixed Methods Designs* bzw. *Triangulation*. Je nach Fragestellung oder Forschungsgegenstand bietet sich eher das eine oder das andere Verfahren bzw. eine Kombination von verschiedenen Verfahren an (vgl. Diekmann, A. (2008): Empirische Sozialforschung, S. 19).

Quantitative Methoden werden in der Regel dann eingesetzt, wenn bereits Informationen über einen Forschungsbereich existieren. Quantitative Forschungsansätze sind entweder hypothesengeleitet oder haben deskriptiven Charakter. Ferner streben sie, in Anlehnung an die Naturwissenschaften, nach der Einhaltung der Gütekriterien *Validität*, *Reliabilität*, *Objektivität* und *Repräsentativität*. Die Einhaltung dieser Gütekriterien ist zumeist aber nur durch die Betrachtung bestimmter Fälle bzw. ausreichend großer Fallzahlen möglich. Entsprechend spielen auch Verfahren der Stichprobenziehung eine große Rolle. Das bekannteste dürfte die sogenannte Zufallsstichprobe sein. Zur Datenerhebung werden standardisierte Verfahren wie beispielsweise Fragebogen, standardisierte Formen des Interviews, Beobachtungen nach vorgegebenen Kriterien oder quantitative Inhaltsanalysen verwendet. Die Operationalisierung der Forschungsfrage erfolgt dabei in Variablenform. Dabei werden die Daten mit Hilfe verschiedenster Skalen auf ein nominales, ordinales oder metrisches Niveau gebracht. Bei der Auswertung der gesammelten Daten kommen in der Regel statistische Verfahren zum Einsatz (vgl. Diekmann (2008), S. 35ff, S. 586ff; Kelle (2008), S. 28; Schnell, R.; Hill, P. B.; Esser, E. (2008): Methoden der empirischen Sozialforschung, S. 127ff, S. 273ff, S. 319ff).

Qualitative Methoden folgen dem *interpretativen Paradigma.* Sie werden vornehmlich zur Exploration von Forschungsfeldern genutzt, über die noch keine oder ungenügende Informationen vorliegen. Die Verfahren dieser Methodentradition orientieren sich an den Gegenständen, die beforscht werden sollen, und erlauben auch verschiedene Perspektiven auf diese Gegenstände. Ein weiterer wichtiger Punkt ist die Reflexivität qualitativen Forschens. Innerhalb des Forschungsprozesses kann und wird die Wirklichkeit von Forscher und Erforschtem immer wieder auf wechselseitige Konsistenz hin überprüft. Theoretische Basis dieser Forschungstradition sind die Phänomenologie, die Hermeneutik und die Textwissenschaften. In der Regel werden hier nur kleine Fallzahlen betrachtet, so dass den naturwissenschaftlich geprägten Gütekriterien der quantitativen Methoden, wenn überhaupt, nur in geringem Maße genügt werden kann. Die Fallauswahl erfolgt dabei je nach Forschungsinhalt als Suche nach Gegenbeispielen, *theoretical sampling* oder qualitativer Stichprobenplan. Typische Verfahrensweisen der Datenerhebung sind Einzelfallstudien, qualitative Interviews, wie beispielsweise narrative oder Leitfadeninterviews, Gruppendiskussionen, Inhaltsanalysen oder teilnehmende Beobachtungen. Die Auswertung der gesammelten Informationen geschieht im Großen und Ganzen durch Kodierung, Kategorisierung und Kontrastierung der Fälle, Aussagen, Textpassagen, Bilder oder Filme, die als Parameter des Forschungsgegenstandes erhoben wurden (vgl. Lamnek, S. (2005): Qualitative Sozialforschung, S. 20ff, S. 47ff, S. 298ff; Flick, U. (2007): Qualitative Sozialforschung, S. 26ff, S. 154ff; Diekmann (2008), S. 34f; Kelle (2008), S. 28; Kelle/Kluge (2010), S. 43ff, S. 56ff).

Der Ansatz der Methodenintegration zielt auf zweierlei Aspekte. Einerseits sollen durch die Verbindung von qualitativen und quantitativen Verfahren die Schwächen der beiden Konzepte wechselseitig aufgehoben werden (vgl. Kelle (2008), S. 47). Andererseits verspricht man sich durch die gleichzeitige Anwendung qualitativer und quantitativer Methoden auf einen Forschungsgegenstand eine „kumulative Validierung von Forschungsergebnissen" (Kelle (2008), S. 50) oder ein „ganzheitliche, holistische Sicht" (Lamnek (2005), S. 280) auf den Forschungsgegenstand zu erzielen (vgl. Denzin, N. (1978): The research act, S. 291ff; Flick, U. (2004): Triangulation, S. 11ff).

2.2.1.3 Sprache

Betrachtet man kulturwissenschaftliche Inhalte und Werke so fällt auf, dass sie generell in der *natürlichen Sprache* verbreitet und diskutiert werden. Allenfalls die Logik als kulturwissenschaftlicher Modus erlaubt es hier Aussagen in eine formale Form zu übersetzen. Die *natürliche Sprache* erfährt darüber hinaus nur insofern eine Einschränkung, dass Forschungsgegenstände nicht immer in der jeweiligen Nationalsprache debattiert werden, sondern vermehrt die allgemeine Wissenschaftssprache Englisch verwendet wird. Neben Englisch existieren aber noch weitere in dieser Hinsicht dominante Sprachen. Die Vormachtstellung dieser Sprachen (z.B. Deutsch, Französisch, Spanisch etc.) ist vermutlich auf das Gewicht der in diesen Sprachen beheimateten Wissenschaftler und Forschung zurückzuführen (vgl. Burkhardt, H. (2008): Geisteswissenschaften-Geist schafft Wissen, S. 12f; Stackelberg, J. von (2009): Künftig nur noch Englisch?, S. 9ff).

2.2.1.4 Lehr- und Lernformen

Die universitären Lehrveranstaltungen der Kulturwissenschaften bestehen in der Regel aus den Formaten Vorlesung, Übung bzw. Proseminar, Seminar und Hauptseminar sowie Tutorium und Lektürekurs. Auch Projektarbeit in Form von Lehrforschungsprojekten ist vertreten. Leistungsnachweise existieren in unbenoteter und benoteter Form, ebenso sind auch reine Teilnahmescheine vertreten. Die üblichen Grundlagen für den Scheinerwerb sind hierbei Protokolle, Referate, Hausarbeiten (auch Projektarbeiten und Kurzessays) und Klausuren, mit einem besonderen Fokus auf Referaten und Hausarbeiten. (vgl. Zacharias, G. (2003): Studienführer Sozialwissenschaften, S. 42f; Fachbereich 03 Universität Marburg (2009): Studien- und Prüfungsordnung für den Studiengang „Philosophie"/"Philosophy", S. 5 §9(6)).

In Vorlesungen wird in Form eines Vortrages ein einführender Überblick über den Gegenstandsbereich des jeweiligen Faches bzw. einer Thematik des Faches gegeben. Oft wird diese Veranstaltungsform in den Kulturwissenschaften durch Diskussionen während der Vorlesung oder am Ende ergänzt. (vgl. Buddrus, V.; Sturzenhecker B. (1987): Papiertiger Uni, S. 55f; Fachbereich 03 Universität Marburg (2007): Studien- und Prüfungsordnung für den Studiengang „Sozialwissenschaften"/„Social Sciences", S. 6 §9(1); Fachbereich 03 Univ. Marburg (2009), S. 5 §9(3)).

Übungen und Proseminare sind meist thematisch einer Vorlesung beigeordnet. Sie dienen zur Einführung in Inhalte und Methoden des Faches und ermöglichen den Studierenden deren praktische Anwendung und Einübung. Inhalt dieser Lehrveranstaltungen ist die angeleitete, aber auch selbständige wissenschaftliche Arbeit anhand von sachbezogenen Medien. Die Inhalte werden dabei von der Lehrperson vorgegeben. Die Studierenden sind dann für die Gestaltung der Sitzungen verantwortlich. Mögliche Gestaltungsformen sind beispielsweise Referate, Rollenspiele oder Kleingruppenarbeit. Zu den Kernelementen gehört auch immer die Diskussion der Sitzungsinhalte. (vgl. Buddrus/Sturzenhecker (1987), S. 56ff, S. 65ff; Zacharias (2003), S. 41; Fachbereich 03 Univ. Marburg (2007), S. 6 §9(2); Fachbereich 03 Univ. Marburg (2009), S. 5 §9(1)).

Seminare und Hauptseminare stellen die häufigste Form der Lehre in den Kulturwissenschaften dar. Ziel dieser Veranstaltungsform ist die vertiefende Erarbeitung von Problemen, Theorien und Methoden des jeweiligen Faches. Des Weiteren soll die kritische Auseinandersetzung mit den Fachinhalten anhand von ausgewählter Literatur geschult werden. Die Studierenden sind dazu angehalten ihr bisher erworbenes Wissen selbständig und konstruktiv einzusetzen. So erfolgt die Stoffvermittlung hier in erster Linie durch die Studierenden selbst und wird durch eine obligatorische Diskussion der jeweiligen Sitzungsinhalte ergänzt. Diese Inhalte sind entweder durch einen Seminarplan vom Lehrenden vorgegeben oder es besteht für die Studierenden die Möglichkeit der Mitbestimmung über die Seminarinhalte. Allerdings orientiert sich die Lehre oft an den Interessen und der Forschung des Lehrenden. (vgl. Buddrus/Sturzenhecker (1987), S. 56; Fachbereich 03 Univ. Marburg (2009), S. 5 §9(5)).

Tutorien und Lektürekurse dienen als Unterstützungsveranstaltungen für Vorlesungen, Übungen oder Seminare. Sie werden in der Regel von studentischen oder akademischen Tutoren geleitet. Hier werden Inhalte der jeweiligen Lehrveranstaltung in Kleingruppen vertieft bzw. nochmals erklärt. Lektürekurse besprechen ausgewählte Literatur und Tutorien unterstützen bei der Erarbeitung theoretischer Inhalte oder wissenschaftlicher Methoden. Als Beispiel seien hier Statistiktutorien oder Tutorien zu Theorieveranstaltungen genannt. Hier werden Aufgaben gerechnet oder Theorien auf konkrete Gegenstände angewendet. (vgl. Zacharias (2003), S. 40; Fachbereich 03 Univ. Marburg (2007), S. 6 §9(1); Fachbereich 03 Univ. Marburg (2009), S. 5 §9(4)).

Lehrforschungsprojekte dienen der Praxisanwendung der Theorien und Methoden eines Faches. Gegenstand solcher praktischen Lehreinheiten ist ein klar umrissenes Projektthema, zu dem unter Anleitung durch Lehrende selbständig geforscht werden soll. Diese Arbeit erfolgt in Gruppen, die für die Planung, Durchführung und Präsentation ihres

Projektes verantwortlich sind (vgl. Zacharias (2003), S. 41; Fachbereich 03 Univ. Marburg (2007), S. 6 §9(3)).

Auch das Selbststudium spielt in den Kulturwissenschaften eine große Rolle und findet seinen Ausdruck größtenteils im Lesen. Die selbständige Erarbeitung von Literatur, die Literaturrecherche und Vor- und Nachbereitung der Lehrveranstaltungen trägt maßgeblich zum Studienerfolg bei. Auch die Anfertigung von Referaten, Protokollen, Thesenpapieren und Hausarbeiten geschieht normalerweise in Eigenregie. Besonderen Wert wird dabei aber auch auf die Beherrschung von Techniken des wissenschaftlichen Arbeitens gelegt (vgl. Buddrus/Sturzenhecker (1987), S. 227ff; Zacharias (2003), S. 87).

2.2.2 Eine Typologie der Naturwissenschaften

2.2.2.1 Fachinhalt

Der Gegenstand der Naturwissenschaften ist die Beschreibung der belebten und unbelebten Natur sowie die Erklärung von natürlichen Kausalitäten. Am Ende dieses Prozesses sollen dann allgemein gültige Naturgesetze stehen (vgl. Raufuss, D. (1989): Die physikalisch-naturwissenschaftliche Denkweise, S. 39f). Sie spalten sich dabei in unterschiedliche Einzeldisziplinen wie Physik, Chemie oder Biologie auf. Dabei gilt die Physik als die grundlegende der verschiedenen naturwissenschaftlichen Disziplinen. Sie beschäftigt sich im Wesentlichen mit den elementaren Vorgängen in der unbelebten Natur und hat die Erschaffung einer umfassenden Theorie zum Ziel, aus der sich alle beobachteten Vorgänge gesetzmäßig ableiten lassen (vgl. Wickel, W. (2001): Studienführer: Informatik, Mathematik, Physik, S. 141; Moog, H.; Federbusch, K. (2002): Physik an Universitäten, S. 1f; Tipler, P. A.; Mosca, G. (2004): Physik für Wissenschaftler und Ingenieure, S. 1ff). Die Chemie beschäftigt sich mit der Charakterisierung, Zusammensetzung und Umwandlungen chemischer Elemente und Gemische. Sie untersucht die Struktur von Substanzen und die Kräfte, die sie zusammenhalten. Besonderes Interesse besteht dabei an der chemischen Reaktion, der Umwandlung der Stoffe (vgl. Mortimer, Ch. E.; Müller U. (2003): Chemie, S. 1ff). Die Biologie befasst sich mit der belebten Natur und deren Entwicklung. Neben der Erforschung der Evolution stehen dabei die komplexen Organisationsstrukturen, die Verzahnung biologischer Systeme und deren Interaktion mit ihrer Umwelt im Vordergrund des Interesses (vgl. Campbell, N. A.; Reece, J. B. (2010): Biologie, S. 3ff).

Auch die Mathematik, eigentlich eine Strukturwissenschaft, möchte ich als Sonderfall den Naturwissenschaften beiordnen, da die Mathematik den Naturwissenschaften erst das nötige Handwerkszeug zur Verfügung stellt (vgl. Moog/Federbusch (2002), S. 42). Die Mathematik ist im Gegensatz zu den Naturwissenschaften eine Wissenschaft „sui generis". Ihr Interesse gilt der logischen Durchdringung abstrakter geistiger Objekte. Ihre Methode ist die Deduktion innerhalb eines Schlusssystems, das einer zweiwertigen Logik unterliegt (vgl. Bauer, L. A. (1988): Mathematik und Subjekt, S. 44ff).

2.2.2.2 Denkstrukturen und Arbeitsweise

Naturwissenschaften und entsprechend auch naturwissenschaftliche Studiengänge stellen besondere Anforderungen an die Denkstrukturen und Arbeitsweisen von Individuen. Nur die Beherrschung und selbstverständliche Verwendung dieser Denkstrukturen und Arbeitsweisen ermöglicht eine erfolgreiche Aneignung der Fachinhalte (vgl. Bauer (1988), S. 26).

In erster Linie müssen Naturwissenschaftler über ein *mathematisches Interesse* verfügen. Auch eine *mathematische Grundbegabung* und die *Fähigkeit zum logischen Denken* sowie eine *Rechenfähigkeit* im Sinne der Fähigkeit zur Lösung sachbezogener Probleme sind erforderlich. Fachinhalte der Naturwissenschaften werden in der Regel mit Hilfe eines von der Mathematik bereitgestellten Formalismus beschrieben, so dass nur durch die Beherrschung dieser Sprache eine Partizipation an den Problemstellungen der Naturwissenschaften möglich ist. Das Erlernen und Beherrschen dieser Sprache setzt bei Individuen besondere *Konzentrationsfähigkeit und Ausdauer* voraus. Da die mathematisch gefassten Texte nur geringe Redundanz aufweisen, ist es nötig sie schritt- bzw. wortweise zu verstehen. Innerhalb von mathematischen Definitionen und Sätzen hat jede festgelegte Voraussetzung eine wichtige Bedeutung für die Kohärenz der dort gemachten Aussagen. Dadurch wird ein tiefes Hineindenken in die stoffliche Materie bis hin zur Verarbeitung im Unterbewusstsein nötig. In diesem Zusammenhang ist auch die *Fähigkeit zur Genauigkeit und Selbstkritik* von großer Bedeutung. Kleinste Fehler in der Anwendung der mathematischen Schlussregeln oder im Aufbau eines Experimentes können schon zu vollkommen falschen Ergebnissen führen. Es ist deshalb unerlässlich die Ergebnisse der eigenen Arbeit ständig kritisch zu hinterfragen. Die Anforderungen der naturwissenschaftlichen Präzision setzen darum auch ein hohes Maß an *Selbstdisziplin* voraus (vgl. Wickel (2001), S. 40, S: 44f; Mohr, H. (2008): Einführung in (natur-)wissenschaftliches Denken, S. 25). Die Beschreibung von Naturvorgängen in einer formalen Sprache ist oft der mangelnden Präzision der natürlichen Sprache geschuldet, ebenso befinden sich die Gegenstände der Naturwissenschaften oft außerhalb der sinnlichen Wahrnehmung (vgl. Mohr (2008), S. 14ff; Büchel, W. (1975): Gesellschaftliche Bedingungen der Naturwissenschaft, S. 91). Ein Naturwissenschaftler muss demnach über ein ausreichendes *Abstraktionsvermögen* verfügen, das es ihm ermöglicht, den Rekurs von konkreten Objekten auf abstrakte Begriffe sowie den Rekurs von abstrakten Objekten auf konkrete Modelle zu realisieren. Je nach Grad der empirischen Ausrichtung des Faches ergeben sich hierbei andere Anforderungen. Anschließend daran ist auch *räumliches Vorstellungsvermögen* für den Naturwissenschaftler unabdingbar. Gerade bei Verständnis und Veranschaulichung von naturwissenschaftlichen Theorien sowie der Weiterentwicklung experimenteller Methoden kann eine Verdeutlichung im Raum von großem Nutzen sein. Um neue wissenschaftliche Ansätze und Verfahren zu finden, benötigen Naturwissenschaftler ebenso ein hohes Maß an *Kreativität und Phantasie*. Oft führt nur intuitives Handeln zu Innovationen oder sogar Paradigmenwechseln (vgl. Büchel (1975), S. 99f; Wickel (2001), S. 45f). Auch eine ausgeprägte *Fähigkeit zur Teamarbeit* ist für den wissenschaftlichen Prozess in den Naturwissenschaften unbedingt erforderlich. Nur selten ist es möglich die Quantität der Fachinhalte alleine zu schultern bzw. ganz alleine zu neuen Erkenntnissen zu kommen (vgl. Wickel (2001), S. 145). Allgemein gesprochen ist es in den Naturwissenschaften wichtiger die Denk- und Arbeitsweisen zu beherrschen als über ein großes Faktenwissen zu verfügen (ebd., S. 46).

Prinzipiell bedienen sich die Naturwissenschaften zweier Erkenntnismethoden, der Induktion und der Deduktion (vgl. Moog/Federbusch (2002), S. 18ff). Die Deduktion ist direkt verbunden mit der mathematischen Affinität dieser Fächergruppe. Die mathematische Beschreibung der Natur fußt auf einem Axiomensystem, das als wahr und widerspruchsfrei angenommen wird. Auf Basis dieser Grundforderungen werden nun neue Aussagen abgeleitet, weitere Begriffe und Operationen definiert sowie Sätze bewiesen (vgl. Wickel (2001), S. 41f). Die Formulierung von empirischen wie auch theoretischen Problemen in dieser Form gilt als sehr elegant (vgl. Mohr (2008), S. 24). Der theoretische Weg besteht dabei darin, das vorhandene Problem formal darzustellen und dessen Lösbarkeit bzw. Unlösbarkeit und gegebenenfalls die Eindeutigkeit der Lösung zu bestimmen. Je nach naturwissenschaftlicher Disziplin und dem Grad deren empirischer Ausrichtung ergeben sich hier verschiedene Abstufungen, was die Exaktheit und den Bezug auf konkrete Wirklichkeit betrifft. Während Physiker eher an konkreten Lösungen interessiert sind und die Validität einer Lösung eher an der Deckungsgleichheit mit der Realität gemessen wird, legen Mathematiker größeren Wert auf eine vollständige logische Durchdringung von Problemen und das abstrakte Weiterentwickeln von Denkansätzen auf Basis formaler Strukturen (vgl. Wickel (2001), S. 42f; Weizsäcker (1972), S. 91). Die Methode des naturwissenschaftlichen Experimentes trägt der Induktion Rechnung. Aus experimentellen Versuchen wird versucht allgemeingültige Gesetzmäßigkeiten abzuleiten (vgl. Büchel (1975), S. 88). Besonders in der Physik als empirischem Fach gehören Experimente zu den tragenden Säulen des Erkenntnisgewinns und werden mit entsprechend hohem Aufwand betrieben (vgl. Moog/Federbusch (2002), S. 14ff).

Naturwissenschaftliche Erkenntnis hat kumulativen Charakter. Das heißt: Eine bewährte naturwissenschaftliche Theorie wird nur dann durch eine bessere ersetzt, wenn die gültigen Aussagen der älteren Theorie in ihr implementiert sind. In den Naturwissenschaften sollen nur neue wahre Sätze zum Theoriegebäude hinzukommen (vgl. Büchel (1975), S. 87).

2.2.2.3 Sprache

Die Mathematik lässt sich als die Sprache der Naturwissenschaften begreifen. Sie bedient sich in ihrer sprachlichen Expression einer speziellen selbstreferenziellen Ausdrucksweise, die nur schwer zu erlernen ist. Je nach Art und Weise des Austausches über mathematische Inhalte ergeben sich verschiedene Unterformen der Sprache Mathematik. In Textform folgt die Mathematik strengen formalen Gestaltungsregeln, die verwendeten Schreibweisen und Symbole betreffend. Auf der Ebene der direkten Kommunikation bzw. Interaktion bekommt Mathematik den Charakter einer Metasprache, die eine Mischung aus Komponenten der formalen Textsprache und der natürlichen Sprache darstellt. Ebenso ist es aber auch möglich, sich in der natürlichen Sprache über Mathematik auszutauschen (vgl. Mehrtens, H. (1990): Moderne, Sprache, Mathematik, S. 410, S. 466f).

Die Sprache Mathematik legt besonderen Wert auf eine präzise und vollständige Ausdrucksweise. Um die Präzision von Aussagen zu gewährleisten, bedient sich die Mathematik möglichst einfacher Symbole und Ausdrücke, die mit einem hohen Maß an Bedeutung versehen sind. Die verwendeten Notationen und Sprechweisen sind so gewählt, dass sie in erster Linie ihrem Zweck dienen. Zusätzlich vermeidet sie jede Form von Redundanz. Auf diese Weise wird es ermöglicht Informationen mit geringem Aufwand, besonders an sprachlichen Mitteln, und gleichzeitig ohne Informationsverlust weiterzugeben. Das Streben nach der Vollständigkeit mathematischer Aussagen steht in einem Spannungsverhältnis zum Gebot der Präzision. In der Regel werden mathematische Aussagen so gefasst, dass alle Informationen, die transportiert werden sollen, in ihnen expliziert werden. Aus Gründen der Komplexität und des Aufwandes ist eine absolute Vollständigkeit aber nicht immer zu erreichen. Der Grad der Vollständigkeit, den eine Aussage benötigt, richtet sich deshalb oft nach dem sozialen Kontext, in dem die Aussage gemacht wird, und nach den Konventionen des Austausches, die für diesen Kontext festgelegt wurden (vgl. Carnap, R. (1973): Grundlagen der Logik und Mathematik, S. 62ff; Maier, H.; Schweiger, F. (1999): Mathematik und Sprache, S. 46ff).

Die sprachliche Gestalt der Mathematik stützt sich im Wesentlichen auf das System einer zweiwertigen Logik. Das bedeutet innerhalb der Mathematik werden Behauptungen aufgestellt, die auf ihre Wahrheit hin überprüft werden. Eine Aussage kann demnach entweder wahr oder falsch sein. Bekommt eine Aussage beide Wahrheitswerte gleichzeitig zugewiesen, so ist dies ein nicht zulässiger Widerspruch (vgl. Mehrtens (1990), S. 474; Maier/Schweiger (1999), S. 14).

Aussagen bestehen aus zwei Elementen, den sogenannten Subjekten und Prädikaten. *Subjekte* bezeichnen die Dinge oder Gattungen, über die eine Aussage gemacht werden soll, während *Prädikate* die Aussage über die *Subjekte* enthalten. Innerhalb einer Aussage lassen sich *Subjekte* auch als Variablen darstellen. Hierbei ist allerdings eine Unterscheidung zwischen gebundenen und freien Variablen nötig. Nur Aussagen zu gebundenen Variablen kann ein Wahrheitswert zugewiesen werden. Der Geltungsbereich mathematischer Aussagen wird mit Hilfe von *Quantoren* festgelegt. Ohne sie ist eine Festlegung des Wahrheitswertes unmöglich. Verknüpft werden mathematische Aussagen über sogenannte *Junktoren.* Ihr Wahrheitswert richtet sich nach den Wahrheitswerten der Elementaraussagen, die durch sie verknüpft werden. Man unterscheidet verschiedene Formen von Verknüpfungen, auf die an dieser Stelle nicht näher eingegangen werden soll. Stellvertretend seien hier die *Konjunktion, Disjunktion, Implikation, Äquivalenz, Subjunktion* und *Bijunktion* genannt (vgl. Maier/Schweiger (1999), S. 14ff; Bronstein, I. N.;Semendjajew, K. A.; Musiol, G.; Mühlig, H. (2001): Taschenbuch der Mathematik, S.297ff).

Quintessenz der mathematischen Fachsprache ist die Festlegung von Wahrheitswerten von Aussagen bzw. die Entscheidung über den Wahrheitswert von Aussagen. Um solches leisten zu können, müssen zwei Dinge erfüllt sein: Es müssen Definitionen der Objekte, Handlungen und Beziehungen vorliegen, über die entschieden werden soll, und es muss ein Regelsystem für den Beweis von Aussagen, bzw. die korrekte Ableitung von Aussagen aus anderen Aussagen, existieren (vgl. Mehrtens (1990), S. 404; Maier/Schweiger (1999), S. 16).

Die Definition von Begriffen geschieht in der Mathematik vornehmlich theoretisch und durch sprachliche Explikation. Sie haben extensiven und expliziten Charakter, was bedeutet, dass nicht ausdrücklich angegebene Zusatzbedingungen unberücksichtigt bleiben, aber auch Grenzfälle integriert werden. Gemäß dem Gebot der Präzision versuchen mathematische Definitionen einen konsistenten und konsequenten Gebrauch von Bezeichnungen zu praktizieren. Das heißt: Jeder Ausdruck und jede Bezeichnung ist mit genau einer Bedeutung belegt und wird auch in jedem Fall durch den gleichen Ausdruck oder das gleiche Symbol dargestellt. Mathematische Definitionen bedienen sich meist eines Rückgriffes auf Oberbegriffe oder einer charakterisierenden Beschreibung. Da eine Definition aber nur bereits definierte Begriffe zur Beschreibung verwenden kann, ergibt sich eine rückwärtslaufende Definitionskette, an deren Schluss letztendlich immer auf undefinierte Grundbegriffe zurückgegriffen werden muss (vgl. Maier/Schweiger (1999), S. 16).

Ein Beweis bezeichnet die Ableitung wahrer Aussagen aus als wahr anerkannten Sätzen. Im Allgemeinen besitzen sie sprachlich gesehen die Gestalt eines Berichtes, der eine lineare Abfolge von Handlungen beschreibt. Zur Vermeidung der oben angesprochenen Problematik eines unendlichen Regresses stellt man an den Anfang einer mathematischen Theorie sogenannte Axiome. Axiome haben zwei wichtige Eigenschaften: Sie stellen unbewiesene als wahr angenommen Aussagen dar und müssen als aufeinander bezogene Struktur aus Einzelaussagen widerspruchsfrei und vollständig sein. Als wahr gelten nur die Sätze, die sich aus den festgelegten Axiomen folgern lassen. Die korrekte Art und Weise einer Ableitung ergeben sich aus einem determinierten System von Regeln, einem logischen Kalkül. In ihm werden die Wahrheitswerte von Aussagen sowie die erlaubten Schluss- und Verfahrensregeln für einen Beweis festgelegt, so dass, vom Bedeutungsinhalt der zu beweisenden Aussagen völlig entkoppelt, rein formale Argumentationslinien ermöglicht werden (vgl. Mehrtens (1990), S. 407f; Maier/Schweiger (1999), S. 18; Courant, R.; Robbins, H. (2001): Was ist Mathematik?, S. XXII).

2.2.2.4 Lehr- und Lernformen

Die universitäre Lehre von Naturwissenschaften stützt sich im Wesentlichen auf vier Lehrformate. Es sind diese: Vorlesungen, den Vorlesungen beigeordnete Übungen, Proseminare bzw. Seminare und Praktika. Ergänzt werden sollen diese Veranstaltungstypen durch das Selbststudium der Studierenden.

Vorlesungen dienen in erster Linie dazu den Studierenden neuen Stoff in Form von Frontalunterricht zu vermitteln und bilden den größten Anteil an den Lehrveranstaltungen. Studierende erhalten hier einen verdichteten Überblick über das wissenschaftliche Grund- und Spezialwissen ihrer Disziplin, der über die Strukturen und Zusammenhänge des Faches aufklären soll. In der Regel sind innerhalb von Vorlesungen kurze Verständnisnachfragen gestattet, eine umfassende und individuelle Antwort kann aber nicht geleistet werden. Ferner stellen sie die erste Station des Lernprozesses dar, die die Erfassung neuer Begrifflichkeiten und den ersten Versuch deren Verstehens beinhalten. Im Detail bedeutet dies, dass die Studierenden versuchen, den dargestellten Stoff (z.B. Beweise oder Herleitungen) grob nachzuvollziehen. (vgl. Wickel (2001), S. 129f, S. 162; Moog/Federbusch (2002), S. 45; Fachbereich 12 Universität Marburg (2010): Studien- und Prüfungsordnung für den Bachelorstudiengang Mathematik, S. 6 §9(2); Fachbereich 13 Universität Marburg (2010): Studien- und Prüfungsordnung für den Studiengang Physik, S. 10 §9(1)).

Flankiert werden Vorlesungen durch Übungen, die bei der Aneignung und Einübung der Studieninhalte helfen sollen. Sie werden von Studierenden höherer Semester oder Wissenschaftlichen Mitarbeitern geleitet, welche den Studierenden den Vorlesungsstoff im Detail erläutern sollen, und besitzen in der Regel eine Teilnehmerstärke von 20 bis 25 Personen. Darüber hinaus soll das erworbene Wissen bzw. die erworbenen Fähigkeiten durch Einübung vertieft werden. Die Verbindung zwischen Vorlesung und Übung wird üblicherweise durch dem Vorlesungsstoff mehr oder weniger entsprechende Übungsaufgaben realisiert. Diese werden von den Studierenden in Eigenarbeit gelöst und müssen im wöchentlichen Abstand abgegeben werden. Nach der Kontrolle durch die Übungsleiter erhalten die Studierenden ihre Lösungen, korrigiert und durch ein Punktesystem bewertet, zurück. Zusätzlich sind sie in der Regel verpflichtet, Lösungen in den Übungen vorzustellen. Übungen sollen somit dazu beitragen, die Studierenden zu einem produktiven und kreativen Umgang mit dem Stoff anzuleiten, so dass sie in die Lage versetzt werden, eigene Ansätze und Lösungen für die vornehmlich mathematischen Probleme in den Naturwissenschaften zu finden (vgl. Wickel (2001), S. 130 u. S. 162; Rauner, M.; Jorda, S. (2002): Big Business und Big Bang, S. 129f; Moog/Federbusch (2002), S. 45; Fachbereich 12 Univ. Marburg (2010), S. 6 §9(3); Fachbereich 13 Univ. Marburg (2010), S. 10 §9(2)).

Vorlesungen und Übungen bilden als Veranstaltungsform eine Einheit, entsprechend ergeben sich die Leistungsnachweise, die sogenannten Übungsscheine, aus einer Gesamtschau dieser Einheit. Die Vergabe des Leistungsnachweises hängt dabei von der regelmäßigen Teilnahme an den Veranstaltungen, einer ausreichenden Anzahl von Übungspunkten und dem Ergebnis einer Abschlussklausur ab. (Wickel (2001), S. 130; Rauner/Jorda (2002), S. 129f).

Seminare und Proseminare sollen die Fähigkeit fördern sich Stoffgebiete in Eigenarbeit zu erschließen. Zu diesem Zweck werden hier fachspezifische Themen von den Studierenden vorbereitet und in Form eines Referates vorgetragen. Die Referate werden dabei in Einzelarbeit oder Kleingruppenarbeit zusammengestellt. Oft ist daran auch noch das Verfassen einer Hausarbeit gekoppelt. Diese Veranstaltungsform dient damit der Aneignung der substanziellen Methoden des jeweiligen Faches sowie einer Vertiefung der Fachinhalte. Sie ermöglicht eine bessere Schulung der fachspezifischen wissenschaftlichen Arbeitsweise als Vorlesungen und Übungen, da zum einen eine individuelle Betreuung der Studierenden möglich ist und zum anderen Fachinhalte anhand von wissenschaftlichen Publikationen erarbeitet werden. Auch das Training der Kompetenz zur selbständigen Weiterentwicklung von fachspezifischen Methoden spielt hier eine große Rolle[8]. (vgl. Wickel (2001), S. 130 u. S. 162; Rauner/Jorda (2002), S. 129; Moog/Federbusch (2002), S. 45; Fachbereich 12 Univ. Marburg (2010), S. 6 §9(4); Fachbereich 13 Univ. Marburg (2010), S. 10 §9(3)).

Besonders in den von Experimenten geprägten Naturwissenschaften wie Physik sind Praktika von großer Bedeutung. In dieser Veranstaltungsform wird durch die Planung, Durchführung und Auswertung von Messreihen[9] und die Schulung der qualitativen sowie quantitativen Abschätzung von Messfehlern an die experimentell wissenschaftliche Arbeitsweise dieser Fächer herangeführt. Im Vordergrund stehen neben der Anwendung des erlernten Wissens besonders die sorgfältige Durchführung, Beobachtung und Protokollierung der experimentellen Vorgänge. Die Durchführung der Experimente erfolgt dabei nach Möglichkeit in Kleinstgruppen von maximal zwei Personen. In weniger empirisch geprägten Fächern wie Mathematik behandeln Praktika die Umsetzung von mathematischen Problemen am Computer bzw. die Erlernung von Programmiersprachen. (vgl. Wickel (2001), S. 162; Rauner/Jorda (2002), S. 129; Moog/Federbusch (2002), S. 45f; Fachbereich 12 Univ. Marburg (2010), S. 6 §9(5); Fachbereich 13 Univ. Marburg (2010), S. 10 §9(4)).

Eine außerordentlich wichtige Säule der naturwissenschaftlichen Lehr- und Lernformen ist das Selbststudium. Die Studierenden sollen und müssen sich Studieninhalte im Alleingang bzw. in Gruppenarbeit mit anderen Studierenden aneignen. Dazu zählt neben der Vertiefung des Veranstaltungsstoffes und des Erlernens von Spezialwissen auch das selbständige Lösen von Übungsaufgaben. (vgl. Hauswaldt, P.; Mahler, R. (1991): Studienführer Mathematik, Naturwissenschaften, S. 125; Rauner/Jorda (2002), S. 130; Fachbereich 12 Univ. Marburg (2010), S. 6f §9(6); Fachbereich 13 Univ. Marburg (2010), S. 10 §9(5)).

---

8 Für das Muster eines möglichen Seminarthemas bspw. aus der Mathematik vgl. Wickel (2001), S. 130

9 Für den möglichen Inhalt eines physikalischen Praktikums vgl. Wickel (2001), S. 162

3. Hypothesen

Die verschiedenen Fachkulturen der Fachgruppen Naturwissenschaften und Kulturwissenschaften führen zu unterschiedlichen Anforderungsprofilen, die Studierende erfüllen müssen, um in diesen Fächern erfolgreich zu sein. Das Anforderungsprofil der Kulturwissenschaften scheint dabei weniger eng gefasst zu sein als das der Naturwissenschaften. Ist dies ein Grund für die vergleichsweise hohen Studienabbruchzahlen in den naturwissenschaftlichen Studiengängen?

3.1 Der Gegensatz von Autonomie und Heteronomie

Die Kommunikationsatmosphären der Felder Naturwissenschaften und Kulturwissenschaften unterscheiden sich stark voneinander. Um die Unterschiede im Kommunikationsverhalten dieser beiden Disziplinen möglichst knapp zu beschreiben, bieten sich meiner Meinung nach zwei Begrifflichkeiten aus dem Werk PIERRE BOURDIEUs an. Hiernach ließen sich Kulturwissenschaften und Naturwissenschaften als heteronomes bzw. autonomes Feld begreifen.

Kulturwissenschaften als *heteronomes Feld* unterliegen in ihren Denkstrukturen, Methoden und ihrer Sprache kaum Restriktionen. Hier gibt es kein allgemeingültiges Paradigma, dem sich unterworfen werden muss. Vielmehr existieren eine große Vielfalt und Freiheit in der Art und Weise des Wissenschaftsbetriebes, was sich auch in der Form und Gangart der Lehrveranstaltungen dieser Disziplinen widerspiegelt. Gegenstand dieser Fächergruppe ist im weitesten Sinne die menschliche Kultur und ihre materiellen und immateriellen Produkte; ein Gegenstand, der ständigem Wandel unterliegt und dessen Wandel sich auch auf die inneren Strukturen dieser Disziplinen auswirkt. Die Lehre der Kulturwissenschaften ist allgemein auf Integration ausgerichtet. Subjektive Sichtweisen genießen einen hohen Stellenwert, was sich auch in der Interaktion von Lehrenden und Studierenden zeigt. Im Allgemeinen herrscht eine Kultur der Offenheit und Ungezwungenheit, so dass die äußere Heteronomie des Feldes zu einer inneren Autonomie der Feldakteure führt. (vgl. Schaeper (1997), S. 110ff; Liebau/Huber (1985), S. 319, S. 327ff).

Die Naturwissenschaften hingegen bilden ein *autonomes Feld*. Denkstrukturen, Methoden und insbesondere die Sprache sind stark formalisiert und kodifiziert. Die Wissensstruktur hat kristalline, kumulativ wachsende, lineare und atomisierte Züge. Gegenstand dieser Fächergruppe ist die Natur bzw. deren quantitative und qualitative Beschreibung. Um diesen Gegenstand erfassen zu können, sind meist technische

Einrichtungen von Nöten, die nur in Gruppen genutzt werden können, da sie beträchtliche materielle Werte darstellen. Dies führt dazu, dass die Autonomie des einzelnen Wissenschaftlers eher gering ausgeprägt ist. Innerhalb der Interaktion von Lehrenden und Studierenden finden sich viele Hierarchieschranken, die zusammen mit der Kommunikationsbehinderung durch die Verwendung einer formalen Fachsprache, subjektiven Befindlichkeiten nur wenig Raum bieten. Allgemein lässt sich die Atmosphäre der Naturwissenschaften damit als von zwischenmenschlicher Distanz und sachlicher Hierarchie geprägt beschreiben. (vgl. Schaeper (1997), S. 111; Liebau/Huber (1985), S. 321, S. 333).

Studierende der Kulturwissenschaften erwarten von ihrem Studium sozialen Kontakt, Gespräch und Diskussion sowohl über Fachinhalte als auch über persönliche Probleme. Insgesamt streben sie nach Persönlichkeitsentwicklung und dem Erwerb fächerübergreifender Kompetenzen. Kommunikation spielt daher eine besonders große Rolle für sie. Studierende der Naturwissenschaften haben in erster Linie Interesse an den Inhalten ihres Studienfaches. Soziale Aspekte wie Persönlichkeitsentwicklung, Führungsfähigkeiten oder fächerübergreifende Kenntnisse sind nachrangig. Trotzdem macht die Organisation des Studiums eines naturwissenschaftlichen Faches, die in vielerlei Hinsicht auf Teamarbeit ausgerichtet ist, Kommunikation und Interaktion mit anderen nötig. Das bedeutet: Auch Naturwissenschaftler benötigen soziale Kompetenzen (vgl. Heublein/Sommer (2000), S. 36), was zu folgenden Thesen führt:

Sowohl in naturwissenschaftlichen als auch in kulturwissenschaftlichen Studiengängen spielen mangelnde soziale Interaktion und Kommunikation zwischen Studierenden und Lehrenden eine große Rolle bei der Entscheidung für einen Studienabbruch. In den Studiengängen der Naturwissenschaften trägt insbesondere die mangelhafte explizite Darstellung von Denkstrukturen und Methoden zu dieser Problematik bei, während in den Kulturwissenschaften die unzureichende allgemeine Kommunikation mit Lehrenden die größere Schwierigkeit darstellt.

3.2 Sozialisation und Pädagogischer Code

Die Fächergruppen Kulturwissenschaften und Naturwissenschaften bieten mit dem Integrationscode und dem Kollektionscode zwei verschiedene Sozialisationsmodelle an. Mit anderen Worten es liegen zwei verschiedene Konzepte zur Ausdifferenzierung des Habitus einer Person vor. Dieser Unterschied schlägt sich auch in den Voraussetzungen für den Eintritt in einen der beiden Sozialisationsmodi nieder. Da die Kulturwissenschaften in ihren Denkstrukturen, Methoden, ihrer Sprache sowie ihren Inhalten einen starken Bezug zur Alltagswelt besitzen, sind hier die Hürden des Studieneinstieges niedriger. Zusätzlich sind die Fachinhalte als zwar zusammenhängendes, aber doch offenes System angeordnet. Die Struktur des kulturwissenschaftlichen Wissens hat interpretativen und zellularen Charakter. Die Denkstrukturen, Methoden, die Sprache und der Gegenstand der Naturwissenschaften wiederum besitzen einen vergleichsweise hohen Abstraktionsgrad, was dazu führt, dass ein hohes Maß an naturwissenschaftlicher Vorbildung benötigt wird, um den Einstieg in solche Disziplinen zu finden. Außerdem bildet das naturwissenschaftliche Wissen ein sich gegenseitig stützendes Gerüst, das ständig durch wahre Aussagen erweitert wird. Insgesamt lässt sich die naturwissenschaftliche Wissensstruktur als linear und kumulativ beschreiben (vgl. Schaeper (1997), S. 111).

Für den Studierenden stellt sich nun folgendes Problem: Je nach Habitus ergeben sich verschiedene Anknüpfungspunkte für eine weitere Ausdifferenzierung dieses Habitus. Die Kulturwissenschaften scheinen dabei die Fähigkeit zu besitzen, Andockmöglichkeiten für eine Vielzahl verschiedenartiger Habitus zu bieten, während die Naturwissenschaften nur auf einige wenige solcher Andockmöglichkeiten zurückgreifen können. Die Naturwissenschaften bieten auf dieser Ebene somit ein eher eindimensionales Sozialisationsmodell an, während die Kulturwissenschaften mehrdimensional ausgerichtet sind (vgl. Krais/Gebauer (2010), S. 56ff).

Im Kontext mit dem im Vergleich zu kulturwissenschaftlichen Fächern frühen Zeitpunkt des Studienabbruchs in naturwissenschaftlichen Fächern und der überdurchschnittlichen Nennung von „Leistungsproblemen" als Hauptabbruchgrund in den Naturwissenschaften ergibt sich hieraus folgende These:

Der Kollektionscode der Naturwissenschaften und die damit einhergehende Eindimensionalität des naturwissenschaftlichen Sozialisationsmodells erschwert den Studieneinstieg, während der Integrationscode der Kulturwissenschaften und die entsprechende Mehrdimensionalität des kulturwissenschaftlichen Sozialisationsmodells für eine Erleichterung des Studieneinstiegs sorgt. Allgemein formuliert hat somit die Beherrschung der Fachkultur, ausgedrückt durch den pädagogischen Code und den fachspezifischen Habitus eines Studienfaches, Auswirkungen auf die Studienmotivation und damit auf das Studienabbruchverhalten.

3.3 Praktischer Sinn und Fachsprache

Praktischer Sinn und *Sprache* bilden zwei Seiten einer Medaille. Auf Studienfächer bezogen möchte ich den praktischen Sinn als die Denkstrukturen und Methoden der Disziplinen begreifen, während die Sprache die Art und Weise des Transports von Fachinhalten beschreibt. Der praktische Sinn befähigt das Individuum dazu, sich ungezwungen und ohne kognitiven Aufwand in den Feldern zu bewegen, die seinem Habitus bzw. dem aus seinem Habitus erwachsenden praktischen Sinn entsprechen. Auch für die Felder Kulturwissenschaften und Naturwissenschaften scheint ein solcher praktischer Sinn zu existieren, der dessen Trägern das Verständnis und die erfolgreiche Verwendung der spezifischen Feldinhalte erleichtert. Der praktische Sinn wird dabei durch Erfahrungen mit Feldern generiert. Eine dieser Erfahrungsmöglichkeiten ist der sprachliche Austausch über die Inhalte der Felder. Hierzu ist es allerdings nötig die entsprechende Sprache zu beherrschen. Hierbei besteht ein grundlegender Unterschied zwischen den Feldern Kulturwissenschaften und Naturwissenschaften. Die Inhalte der Kulturwissenschaften werden einzig und allein mit Hilfe der natürlichen Sprache transportiert. Zumeist handelt es sich dabei um die Muttersprache, aber auch Fremdsprachen kommen zum Einsatz. Gemeinsam ist diesen Sprachen aber immer, dass sie auch für die alltägliche Kommunikation eingesetzt werden bzw. eingesetzt werden können. Mit anderen Worten, es existiert eine Trennung von praktischem Sinn und Sprache. In den Naturwissenschaften ist die Sprache vollkommen entkoppelt von der natürlichen Sprache, die wir im Alltag einsetzen bzw. die verwendete Sprache ist stark von der natürlichen Sprache abstrahiert. Zudem verhält es sich so, dass durch die hier verwendete Sprache auch der praktische Sinn strukturiert wird. Sprache und praktischer Sinn sind im Feld der Naturwissenschaften identisch. Es stellen sich daher zwei Fragen: (1) Wie ist es möglich einen *praktischen Sinn* für die Inhalte der Naturwissenschaften zu entwickeln, wenn für deren Verständnis eine *Sprache* notwendig ist, die sich erst aus dem *praktischen Sinn* ergibt? (2) Wie ist es möglich, sich die naturwissenschaftliche *Sprache* anzueignen, wenn für deren Verständnis sich zuerst ein *praktischer Sinn* für die Inhalte eingestellt haben muss, der erst durch die Beherrschung dieser *Sprache* erfassbar wird? Wie sich dieses Paradoxon konkret darstellt, sollen die folgenden Zitate zeigen:

„Es gibt eine Art impliziten ‚common sense' der praktizierenden Mathematiker darüber, was Mathematik ist und, vor allem, wie Mathematik betrieben wird. Dieser implizite common sense wird gleichsam vom Gegenstand Mathematik in natürlicher

Weise erzeugt und nahegelegt. Er ermöglicht eine pragmatische Charakterisierung der Mathematik aufgrund ihrer faktischen Existenz: Mathematik ist nicht zuletzt das, was Mathematiker bei ihrer Arbeit tun." (Bauer (1988), S. 45).

„Aber ich würde sagen, im wesentlichen ist die Sprechtechnik der Naturwissenschaftler durch eine gewisse Saloppheit und durch das Einfließen nicht sprachlich fundierter Momente gekennzeichnet. (...) , die Sprache der Physiker könne genau deshalb oft unexakt sein, weil die Physik selbst so exakt ist. In ihrem Gebiet, in dem nicht jede Nuance wegen leicht möglicher Mißverständnisse wichtig ist, haben es Physiker gar nicht nötig, ganz genau das zu sagen, was sie wollen. Sie können es vielmehr ziemlich schlampig ausdrücken, da ja jeder, der sie überhaupt versteht, den schlampigen Ausdruck an Hand des gemeinsamen Verständnisses der Sache zurechtstellen kann." (Weizsäcker (1972), S. 90f).

„Ein- oder zweimal habe ich mich provozieren lassen und die Anwesenden gefragt, wie viele von ihnen mir das zweite Gesetz der Thermodynamik angeben könnten. Man reagierte kühl - man reagierte aber auch negativ. Und doch bedeutete meine Frage auf naturwissenschaftlichem Gebiet etwa dasselbe wie: ‚Haben Sie etwas von Shakespeare gelesen?' Ich glaube heute, daß auch bei einer einfacheren Frage - etwa: ‚Was verstehen Sie unter Masse', oder ‚was verstehen Sie unter Beschleunigung?', die für Naturwissenschaftler dasselbe bedeuten wie: ‚Können Sie lesen?' - höchstens einer unter zehn hochgebildeten Menschen das Gefühl gehabt hätte, daß ich dieselbe Sprache spreche wie er." (Snow (1967): Die zwei Kulturen, S. 21).

Mit solchen Situationen und dem darin wirksamen *common sense* sind auch Studierende naturwissenschaftlicher Fächer in ihren Lehrveranstaltungen und beim Selbststudium ständig konfrontiert. Wie sich eine solche Situation im Studienalltag darstellen könnte, lässt das folgende Beispiel erahnen:

„Schüler, die sich für mathematische Probleme interessieren, haben sicherlich selbst schon die Erfahrung gemacht, dass man bei seinen Überlegungen manchmal stundenlang nicht weiterkommt, keine ‚Idee' dafür hat, wie man jetzt weiter vorgeht. Probieren hilft meist wenig und setzt oft voraus, dass man schon weiß, mit welchen Methoden man das Problem anpacken könnte. Hier ist längeres Nachdenken erforderlich, die Fragestellung muss mit ins Unterbewusstsein genommen werden. Nicht selten wird dann die Lösung unerwartet in einer Situation gefunden, in der man gar nicht daran gearbeitet hat. (Wickel (2001), S. 40).

Aus diesen Ausführungen ergeben sich folgende Thesen:

Im Gegensatz zum kulturwissenschaftlichen Studium kann ein Studium der Naturwissenschaften nur dann von Beginn an erfolgreich sein, wenn schon zu Beginn des Studiums die Sprache der Naturwissenschaften sowie die naturwissenschaftlichen Denkstrukturen und Methoden ohne besonderen kognitiven Aufwand beherrscht werden. Insgesamt ist die Studierendenschaft der Kulturwissenschaften bezüglich ihrer Vorbildung heterogener als die Studierendenschaft der Naturwissenschaften.

4. Methodik

Dieses Kapitel beschäftigt sich mit dem Forschungsdesign, dem Untersuchungsinstrument und den Validitätsbedrohungen der vorliegenden Untersuchung. Außerdem werden die verwendeten Auswertungsverfahren kurz dargestellt. Unter dem Punkt Forschungsdesign werden das Erhebungskonzept, die Untersuchungspopulation und die gezogene Stichprobe sowie der Feldzugang thematisiert. Danach folgt die Diskussion der Variablen des verwendeten Untersuchungsinstrumentes. Im Abschnitt Validitätsbedrohungen werden ausgewählte Fehlerquellen und Möglichkeiten der systematischen Verzerrung der Daten diskutiert.

4.1 Forschungsdesign

4.1.1 Erhebungskonzept

Das Erhebungskonzept der vorliegenden Untersuchung stellt ein *Ex-post-facto-Design* dar und ist als solches an ein *Trenddesign* angelehnt. Das heißt die gleichen Variablen werden zu unterschiedlichen Zeitpunkten in verschiedenen, aber vergleichbaren, Stichproben erhoben (vgl. Diekmann (2008), S. 305; Schnell et al. (2008), S. 246f). Die Konstanz der Variablen wurde realisiert, indem in jeder Einzelerhebung das gleiche Untersuchungsinstrument zum Einsatz kam, das auch inhaltlich über den gesamten Erhebungszeitraum nicht verändert wurde. Der Unterschied zu einer konventionellen Trendstudie zeigt sich in der Zeitlichkeit der Einzelerhebungen. Während eine Trendstudie in der Regel zu voneinander verschiedenen Zeitpunkten stattfindet, wurde die Dimension der verschiedenen Erhebungszeitpunkte künstlich herbeigeführt und bewegt sich zudem auf zwei Ebenen. Die erste Zeitebene betrifft dabei den manifesten Erhebungszeitpunkt, der auf das Sommersemester 2010 festgelegt wurde. Da es sich hierbei nur um einen einzelnen Erhebungszeitpunkt handelt, weicht das Untersuchungsdesign an dieser Stelle von dem einer Trendstudie ab. Die zweite Zeitebene bezieht sich auf das Erfordernis, Erhebungen zu verschiedenen Zeitpunkten durchzuführen. Um diese Forderung zu realisieren, wurden Studierende verschiedener Semester befragt. Dabei wurden die Studienfächer, in denen erhoben wurde, konstant gehalten, um eine Vergleichbarkeit zwischen den Befragten zu gewährleisten.

Da Trenddesigns besonders anfällig für Störfaktoren sind, wurde explizit darauf geachtet eine Dokumentation etwaiger Validitätsbedrohungen zu erstellen, die weiter unten im Text zu finden ist (vgl. Schnell et al. (2008), S. 246f).

Zielsetzung dieser Studie war es, die fachspezifische Sozialisation von Kultur- und Naturwissenschaften anhand exemplarischer Studienfächer dieser Fachgruppen darzustellen. Hierzu wurde eine Auswahl von Merkmalen erhoben, die sich aus dem Feld-Habitus-Dualismus nach BOURDIEU ableiten bzw. diesem direkt entnommen sind. Optimale Lösung für eine solche Darstellung wäre ein *Paneldesign* gewesen, welches aufgrund von zeitlichen, organisatorischen und finanziellen Gründen nicht verwirklicht werden konnte. Als *Panel* würde man eine empirische Untersuchung bezeichnen, „die an denselben Personen dieselben Variablen (mit derselben Operationalisierung) zu verschiedenen Zeitpunkten" (Schnell et al. (2008), S. 238) erhebt. Würde man einem Paneldesign folgen, so hätten die Studierenden der verschiedenen Studiengänge von Studienbeginn an bis zum jeweiligen Studienende in jedem Semester mit dem gleichen Untersuchungsinstrument evaluiert werden müssen, um so die individuellen Veränderungen der Befragten anhand deren Antwortverhalten darstellen zu können. Basis eines solchen Vorgehens hätte ein Codesystem sein müssen, mit dem die Fragebogen den einzelnen Studierenden über die verschiedenen Erhebungszeitpunkte zugeordnet werden könnten. Hierzu hätte in jedem Semester eine weitere Erhebungswelle mit einem Pen-Paper-Fragebogen stattfinden müssen, was zu erheblichen finanziellen Aufwendungen geführt hätte. Des Weiteren hätte in jedem Semester ein erneuter Feldzugang organisiert werden müssen, wobei es sehr schwierig geworden wäre, die entsprechenden Lehrenden dazu zu bewegen, Zeit in ihren Lehrveranstaltungen zur Verfügung zu stellen.[10] Zeitliche Probleme hätten sich aus der Verfolgung der Studierenden über die Semester ergeben, da die Auswertung der Erhebung an den zeitlichen Rahmen der Erstellung dieser Arbeit gebunden war.

4.1.2 Untersuchungspopulation und gezogene Stichprobe

Ziel dieser Untersuchung war eine Vollerhebung aller zum Sommersemester 2010 in den Studiengängen B.A. Sozialwissenschaften, B.A. Philosophie, B.Sc. Physik, B.Sc. Mathematik eingeschriebenen Studierenden. Allerdings konnte eine solche Befragung aller Elemente der Grundgesamtheit aufgrund verschiedener organisatorischer Einflüsse, die weiter unten diskutiert werden sollen, nicht vollständig verwirklicht werden. Ergänzt wurde diese systematische Erhebung durch ad-hoc-Erhebungen in den Studiengängen B.Sc. Wirtschaftsmathematik und B.Sc. Informatik. Die so erhobenen Einzelfächer lassen sich aufgrund theoretischer Überlegungen und empirischer Ergebnisse in die

10 vgl. Abschnitt „4.1.3 Feldzugang", S. 62f (Anm. d. Verf.).

Kategorien „Kulturwissenschaften", „Hybride" und „Naturwissenschaften" einteilen.[11]

Die Untersuchungspopulation umfasste insgesamt N = 1216 Studierende, davon konnten n = 410 Personen erreicht werden. Damit entspricht die gezogene Stichprobe einem Anteil von 33,7% an der Population. Die Anteile der einzelnen Studiengänge an der Stichprobe schlüsseln sich wie folgt auf:

Fachgruppe	Studiengang	Absolute Häufigkeiten	Anteil an Stichprobe (in %)	Absolute Häufigkeiten in Population	Anteil der Stichprobe an Population(in %)
Kulturwissenschaften	B.A. Sozialwissenschaften	157	38,3	334	47,0
	B.A. Philosophie	42	10,2	269	15,6
Hybride	B.Sc. Wirtschaftsmathematik	47	11,5	113	41,6
	B.Sc. Informatik	23	5,6	205	11,2
Naturwissenschaften	B.Sc. Physik	97	23,7	220	44,1
	B.Sc. Mathematik	44	10,7	75	58,7
	Gesamt:	410	100	1216	33,7

Quelle: Eigene Berechnungen und Philipps-Universität-Marburg (2010): Studierendenstatistiken der Philipps-Universität-Marburg für das SoSe 2010

Tabelle 1: Erhobene Stichprobe aufgeschlüsselt nach Anteilen an den Fachgruppen bzw. Studiengängen

Setzt man die bisherigen Informationen über Motivation und Design der vorliegenden Untersuchung zueinander in Kontext, so wird deutlich, dass die Auswahl der Untersuchungspopulation auf Basis *„theoretisch relevanter Merkmalskombinationen"* (vgl. Kelle/Kluge (2010), S. 41) getroffen wurde. Das bedeutet, die zu erhebenden Studienfächer wurden auf Basis theoretischer Vorüberlegungen als besonders repräsentativ für die Fächergruppen Kulturwissenschaften und Naturwissenschaften betrachtet. Das Vorgehen bei der Auswahl der Untersuchungskollektive folgt damit in gewisser Weise dem Auswahlprozedere des selektiven Samp-

11 Eine detaillierte Beschreibung des Klassifizierungsprozesses erfolgt im Kapitel „5. Datenauswertung", S. 81ff (Anm. d. Verf.).

ling („*selective sampling*"), das in der qualitativen Sozialforschung verwendet wird. So wurden relevante Fälle in Form der erhobenen Studiengänge ausgewählt. Darüber hinaus wurde darauf geachtet, dass Studierende aller Semester in der Stichprobe vorhanden sind. Somit wurde auch der Forderung nach der Auswahl aufgrund bestimmter Merkmalsausprägungen Rechnung getragen. Lediglich die Größe der Stichprobe wurde nicht theoriegeleitet festgelegt. Vielmehr war es das erklärte Ziel die maximale Obergrenze an Fallzahlen, limitiert durch die Gesamtanzahl der in den entsprechenden Studiengängen eingeschriebenen Studierenden, zu erreichen. (vgl. Kelle/Kluge (2010), S. 41ff, S. 50ff).

4.1.3 Feldzugang

Die Befragung der Studierenden erfolgte mit Hilfe eines standardisierten Fragebogens, der in den Lehrveranstaltungen der oben genannten Studiengänge ausgegeben wurde. Um Zugang zu den Lehrveranstaltungen zu bekommen, wurden die jeweils federführenden Lehrenden per Email angeschrieben. Hierbei bekamen diese ein Anschreiben, das eine Kurzinformation über den Gegenstand des Forschungsvorhabens beinhaltete, und den Fragebogen zugesendet.[12] Die Befragungen sollten während der Lehrveranstaltungen und dabei speziell zu Beginn der Veranstaltung erfolgen. Dazu wurden die Lehrenden gebeten, ca. 15 Minuten ihrer Lehrveranstaltung zur Verfügung zu stellen. Der Zeitpunkt der Befragung wurde in dieser Form gewählt, um das Problem der Unit-Nonresponse zu minimieren.[13] Eine Befragung zu anderen Zeitpunkten führt zu einer Verringerung der Teilnahmebereitschaft seitens der Studierenden.

Um Zugang zu den Lehrveranstaltungen zu erhalten, wurden nur Lehrende angeschrieben, die im Sommersemester 2010 Veranstaltungen in den Studiengängen B.A. Sozialwissenschaften, B.A. Philosophie, B.Sc. Mathematik und B.Sc. Physik anboten. Von 51 Lehrenden erlaubten 32 eine Befragung in ihren Veranstaltungen. Von den übrigen 19 angeschriebenen Lehrenden erfolgte entweder eine negative Rückmeldung oder gar keine Rückmeldung. Insgesamt wurde dadurch in 45 von 89 möglichen Lehrveranstaltungen eine Befragung gestattet, was einer Ausschöpfung von 50,6% entspricht.

12 vgl. „Anhang III: Erhebungsanschreiben und Fragebogen", S. 186ff (Anm. d. Verf.)

13 vgl. hierzu Abschnitt „4.3 Validitätsbedrohungen", S. 74ff (Anm. d. Verf.).

Fachgruppe	Studiengang	Anzahl der angefragten Lehrenden	Anteil der positiven Antworten (in %)	Anzahl der angefragten Veranstaltungen	Anteil der tatsächlichen Erhebungen (in %)
Kulturwissenschaften	B.A. Sozialwissenschaften	15	80,0	29	48,3
	B.A. Philosophie	14	71,4	26	61,5
Hybride	B.Sc. Wirtschaftsmathematik	*Studierende dieser Studiengänge wurden über Veranstaltungen des B.Sc. Mathematik erreicht.*			
	B.Sc. Informatik				
Naturwissenschaften	B.Sc. Physik	8	62,5	8	62,5
	B.Sc. Mathematik	14	35,7	26	38,5
	Gesamt:	51	–	89	–

Quelle: Eigene Berechnungen

Tabelle 2: Anzahl der Erhebungen, die durchgeführt wurden, aufgeschlüsselt nach Fachgruppe bzw. Studiengang

Die Gründe für die Verweigerung einer Befragung in den Lehrveranstaltungen lassen sich in zwei Dimensionen aufspalten. Die erste Dimension betrifft den Zeitaspekt. Oft waren Lehrende nicht dazu bereit Unterrichtszeit für die Durchführung der Befragung zu opfern. Weiteren Einfluss hierbei hatte zudem, dass in manchen Veranstaltungen bereits Befragungen durchgeführt worden waren und weitere Befragungen seitens der Lehrenden aus zeitlichen Gründen nicht erwünscht waren. Die zweite Dimension betrifft die Fallauswahl, so waren in manchen Veranstaltungen keine relevanten Fälle vorhanden. Oft waren die entsprechenden Studierenden schon in anderen Veranstaltungen befragt worden oder entsprachen nicht den für die Untersuchung relevanten Studiengängen.

4.2 Darstellung des Untersuchungsinstrumentes

Das Untersuchungsinstrument der vorliegenden empirischen Studie stellt ein selbst entwickelter standardisierter Fragebogen dar.[14] Insgesamt umfasst er 18 verschiedene Items bzw. Itembatterien, die verschiedene mögliche Bedingungen fachspezifischer Reproduktion auf unterschiedlichen Skalenniveaus erfassen. Neben geschlossenen Items, die entweder

14 vgl. „Anhang III: Erhebungsanschreiben und Fragebogen", S. 187ff (Anm. d. Verf.)

durch verschieden breite Ratingskalen bewertet werden können oder verschiedene Auswahlkategorien anbieten, wurden auch offene Fragen gestellt. Nachfolgend sollen nun die einzelnen Items und Itembatterien inhaltlich und methodisch vorgestellt werden. Darüber hinaus ist zu beachten, dass nicht alle erhobenen Variablen Eingang in die Datenauswertung fanden. Hierfür gab es zwei Hauptgründe: (1) Eine vollständige Auswertung und Darstellung aller Variablen hätte den zeitlichen Rahmen und die Umfangsvorgaben, denen diese Arbeit unterliegt, bei weitem gesprengt. (2) Bei der Datensichtung zeigte sich, dass bei einigen Fragen bzw. Fragenkomplexen aufgrund der Art und Weise ihrer Formulierung die erhobenen Daten nicht präzise genug waren, um sie sinnvoll verwenden zu können. Die nicht ausgewerteten Items sind nachfolgend gesondert markiert.

4.2.1 Item 1 bis 3: Studienfach, Abschluss und Fachsemester

Die Items 1 bis 3 fragen nach dem Studienfach, dem angestrebten Abschluss und der Anzahl der bisher absolvierten Fachsemester inklusive des Fachsemesters, in dem die Befragung stattfand. Die Variable *Studienfach* dient als Distinktionsvariable für die spätere Auswertung der Daten. Durch sie wird es ermöglicht die Studienteilnehmer in die Gruppen Kulturwissenschaften, Naturwissenschaften und Hybride zu unterscheiden. Die Erfassung des angestrebten Abschlusses dient der Homogenität der Stichprobe. Je nach Abschluss ergeben sich andere Anforderungsmuster an die Studierenden, die Auswirkungen auf das Antwortverhalten haben können. Um diesen Einfluss konstant zu halten, werden nur Bachelorstudierende in die Auswertung aufgenommen (vgl. Schnell et al. (2008), S. 221). Die Erfassung der Fachsemesteranzahl dient ebenfalls wie das Studienfach als Distinktionsvariable. Die Erhebung dieser Variable erlaubt es eine zeitliche Dimension in die Auswertung einfließen zulassen, so dass die Annäherung an ein Trenddesign möglich wird. So wird beispielsweise vermutet, dass sich das Antwortverhalten der Studierenden verschiedener Semester unterscheidet, wobei sich ein bestimmter Trend abzeichnen sollte.

4.2.2 Item 4: Gründe für Gedanken über Studienabbruch

Item 4 teilt sich in zwei Teile. Zunächst wird gefragt, ob man sich schon einmal ernsthaft Gedanken über einen Studienabbruch gemacht hat. Wird diese Filterfrage positiv beantwortet, so schließt sich danach eine frei zu beantwortende Frage nach den Gründen für diese Überlegung an. Dieses Item dient in erster Linie zur Ergänzung der vom Fragebogen abgefragten Inhalte. In einem zweiten Schritt kann durch entsprechende

Antworten auf dieses Item die Relevanz der durch den Fragebogen erhobenen Inhalte validiert werden. Aufgrund der Beschränkungen, die der Umfang der vorliegenden Arbeit unterworfen ist, werden die Ergebnisse des offenen Teils dieses Items nicht ausgewertet.

4.2.3 Itembatterie 5: Pädagogischer Code

Diese Itembatterie befasst sich mit zwei Aspekten der Art und Weise des fachspezifischen pädagogischen Codes, die als „Kommunikation" und „Explikation" beschrieben werden können.[15]

Eine Verifikation dieser Faktorstruktur erfolgte mit Hilfe einer explorativen Hauptkomponentenanalyse. Hierzu wurde die oblique Rotationstechnik *„Direct Oblimin"* (Delta-Wert = 0) gewählt, da davon ausgegangen wurde, dass die einzelnen Faktoren nicht voneinander unabhängig sind (vgl. Bortz (2005): Statistik für Human- und Sozialwissenschaftler, S. 547; Bühner, M. (2006): Einführung in die Test- und Fragebogenkonstruktion, S. 184, S. 194, S. 205f). Als Gütekriterien für die Opportunität einer solchen Faktorenanalyse wurden der Bartlett-Test und das Kaiser-Meyer-Olkin-Kriterium herangezogen.[16]

KMO- und Bartlett-Test

Maß der Stichprobeneignung nach Kaiser-Meyer-Olkin	0,878
Bartlett-Test auf Sphärizität (Ungefähres Chi-Quadrat)	1298,257
Df	45
Signifikanz nach Bartlett	,000

Tabelle 3: Bartlett-Test und Kaiser-Meyer-Olkin-Kriterium für die Faktorstruktur der Itembatterie 5

Das Ergebnis des Bartlett-Testes ist hochsignifikant. Dies bedeutet, dass die Variablen in der Erhebungsgesamtheit korreliert sind. Das KMO weist einen Wert auf, der als „gut" eingeordnet werden kann. Die Itembatterie ist damit geeignet für die Durchführung einer Faktorenanalyse und es ist dadurch davon auszugehen, dass die Korrelation der Ausgangsvariablen besonders hoch ist (vgl. Backhaus, K.; Erichson, B.; Plin-

15 vgl. „Anhang I.1 Pädagogischer Code", S. 164ff (Anm. d. Verf.)

16 Für eine detaillierte Beschreibung des Vorgehens vergleiche auch Bühner (2006), S. 210f (Anm. d. Verf.).

ke, W.; Weiber, R. (2008): Multivariate Analysemethoden; S. 335f, Bühner (2006), S. 206f).

Insgesamt wurden zwei Faktoren extrahiert, die einen Varianzanteil von 54,704% erklären. Die Zuordnung der Items zu einem Faktor erfolgte dabei nach zwei Kriterien. Die Faktorladung musste größer als 0,3 sein und Items wurden dem Faktor zugeordnet auf den sie am höchsten luden (vgl. Bühner (2006), S. 208f). Hierbei ergaben sich die Faktoren *„Kommunikation"* und *„Explikation"*, wobei das Item *„Die Lehrenden verhalten sich den Studierenden gegenüber einfühlend"* nicht eindeutig zugeordnet werden konnte. Dieses Item wies Faktorladungen auf, die für beide Faktoren in etwa gleich hoch waren.

„Kommunikation": Die Kommunikation und Interaktion zwischen Lehrenden und Studierenden hat je nach Fachkultur eine andere Charakteristik. Oft werden sie durch die tradierten Hierarchiestrukturen der jeweiligen Fächer begrenzt (vgl. Liebau/Huber (1985), S. 319f).

Als Mittel zur Operationalisierung wurden Items gewählt, die die Kommunikation und das Sozialverhalten zwischen Lehrenden und Studierenden zum Thema haben. Beispiele hierfür sind die Items *„Kommunikation mit Studierenden ist seitens der Lehrenden erwünscht"* und *„Die Lehrenden verhalten sich den Studierenden gegenüber respektvoll"*. Dieser Faktor wurde mit fünf Items abgefragt.

„Explikation": Um die Inhalte eines Studienfaches verstehen zu können, ist es nötig sie in einer verständlichen Art und Weise aufzubereiten. Über diese explizite Darstellung von fachspezifischem Stoff hinaus existieren oft aber noch Verfahren, die nur implizit vermittelt werden, beispielsweise durch die Art und Weise der Ausbildungspraxis. Für das erfolgreiche Bestreiten eines Studiums sind diese impliziten Inhalte meist wichtiger als diejenigen, die expliziert werden (ebd., S. 323). Ziel dieses Faktors ist es den Grad der Explikation dieser impliziten Inhalte in den jeweiligen Fächergruppen darzustellen.

Operationalisiert wurde dies durch Items, die sich mit dem Lösen von Verständnisproblemen durch die Lehrenden befassen. Exemplarisch hierfür sei *„Die Lehrenden haben ein Gespür für Verständnisprobleme"* genannt. Insgesamt umfasste dieser Faktor drei Items.

Zur Bewertung der Aussagen wurde eine 7-stufige Ratingskala verwendet. Die Randausprägungen dieser Skala waren *„Trifft überhaupt nicht zu"* und *„Trifft voll und ganz zu"*. Bei der Formulierung der Items wurde darauf geachtet, dass die Itempolung homogen ist, daher wurden sämtliche Items positiv formuliert (vgl. Bühner (2006), S. 54f, S. 66).

4.2.4 Itembatterien 6 und 7: Fachspezifischer Habitus und Studienmotivation

Die Itembatterien 6 und 7 sollen in erster Linie den Grad der Beherrschung des fachspezifischen Habitus durch die Befragten erfassen. Operationalisiert wird der fachspezifische Habitus dabei durch verschiedene Aspekte des fachspezifischen praktischen Sinns und der Fachsprache. Parallel dazu umfassen die vorgenannten Itembatterien auch Aussagen, mit deren Hilfe Rückschlüsse auf die Studienmotivation der Befragten gezogen werden sollen.[17]

Zur Verifikation der Faktorstruktur wurde dieselbe Verfahrensweise wie in Itembatterie 5 verwendet.

KMO- und Bartlett-Test

Maß der Stichprobeneignung nach Kaiser-Meyer-Olkin	0,894
Bartlett-Test auf Sphärizität (Ungefähres Chi-Quadrat)	3528,317
Df	190
Signifikanz nach Bartlett	,000

Tabelle 4: Bartlett-Test und Kaiser-Meyer-Olkin-Kriterium für die Faktorstruktur der Itembatterien 6 und 7

Der Bartlett-Test zeigte ein hochsignifikantes Ergebnis, wonach davon auszugehen ist, dass die Variablen in der Erhebungsgesamtheit korreliert sind. Das KMO bestätigt dieses Ergebnis mit einem Wert, der als „verdienstvoll" („meritorius") bezeichnet werden kann. Es ist dadurch davon auszugehen, dass die Korrelation der Ausgangsvariablen besonders hoch ist (vgl. Backhaus et al. (2008), S. 335f, Bühner (2006), S. 206f).

Eine Lösung, die drei Faktoren extrahierte, ergab eine erklärte Gesamtvarianz von 54,066%. Zur Faktorzuordnung wurde die gleiche Verfahrenswiese angewendet wie in Itembatterie 5. Im Einzelnen wurden die Faktoren als *„praktischer Sinn"*, „Fach*sprache*" und *„Studienmotivation"* bezeichnet:

„Praktischer Sinn": Der praktische Sinn beschreibt nach Bourdieu die Fähigkeit sich ungezwungen und ohne besonderen kognitiven Aufwand in einem bestimmten Feld bewegen zu können. Mit anderen Worten: Die Beherrschung des praktischen Sinns bedeutet die Beherrschung der

17 vgl. „Anhang I.2 Fachspezifischer Habitus und Studienmotivation", S. 168ff (Anm. d. Verf.)

Wahrnehmungs-, Denk- und Handlungsmuster, die in einem Feld nützlich und angemessen sind.

Operationalisiert wurde dies mit Hilfe von Items, die sich mit dem Verständnis des Lehrstoffes, dem Grad der fachlichen Anforderungen und des Leistungsdrucks sowie der individuellen Eignung der Befragten für ihr Studienfach beschäftigten. Die Itemaussagen bezogen sich dabei immer auf das individuelle Empfinden der Befragten. Exemplarisch hierfür sind die Items *„Die Darstellung des Stoffes erfolgt in mir unverständlicher Weise“*, *„Ich habe das Gefühl, mein eigenes Leistungsvermögen falsch eingeschätzt zu haben“* und *„Die fachlichen Anforderungen sind für mich zu hoch“*. Insgesamt luden auf diesen Faktor zehn verschiedene Items.

„Fachsprache“: Die Beherrschung der Fachsprache ist unabdingbar zum Verständnis der Fachinhalte. Sie stellt damit den primären Mechanismus zur Vermittlung der Wahrnehmungs-, Denk- und Handlungsmuster eines Studienfaches dar und ist dadurch eng mit dem praktischen Sinn verbunden bzw. stellt sogar eine seiner Ausprägungen dar. Der Grad der Beherrschung der Fachsprache lässt daher Rückschlüsse auf die Beherrschung des fachspezifischen Habitus zu.

Operationalisiert wurde dieser Faktor durch Aussagen, die die Kommunikation mit Lehrenden und die Verbalisierung von Fragen zum Gegenstand haben. Auch hier bezogen sich die Items immer auf das subjektive Empfinden der Befragten. Beispiele für die hier verwendeten Aussagen sind *„Ich habe Schwierigkeiten damit Dozenten anzusprechen“* und *„Ich habe Angst, in Lehrveranstaltungen etwas Falsches zu sagen“*. Insgesamt wird dieser Faktor durch fünf Items gemessen.

„Studienmotivation“: Studienmotivation ist hier im Sinne einer Leistungsmotivation zu verstehen. Dabei geht es in erster Linie darum zu bestimmen, inwiefern die Studierenden dazu bereit sind weiterhin Zeit und Energie in ein Studium zu investieren, wenn sie dort mit Misserfolgen konfrontiert sind, die sich aus dem individuellen Beherrschungsgrad der Fachinhalte ergeben. Darüber hinaus soll auch die Abhängigkeit der Leistungsbereitschaft von der Befriedigung fachspezifischer intrinsischer Studienideale untersucht werden. (vgl. Heublein/Sommer (2000), S. 36; Asmussen (2006), S. 120ff; Brunstein, H.; Heckhausen H. (2010): Leistungsmotivation, S. 169ff). In der Terminologie BOURDIEUs könnte man an dieser Stelle auch von der Erfassung des Grades der fachspezifischen *illusio* bzw. *doxa* sprechen.

Operationalisiert wurde dieser Aspekt durch Items, die die Leistungsbereitschaft und die Selbstdisziplin im Bezug auf das Studienfach messen. Die Befragten bekamen zu diesem Zweck u.a. folgende Aussagen präsentiert: *„Ich habe keine Energie zur intensiven Beschäftigung mit dem*

Stoff" und *„Mein Studium ist mir weniger wichtig als andere Lebensbereiche"*. Insgesamt setzte sich dieser Faktor aus fünf Items zusammen.

Die Bewertung der Items erfolgte anhand der gleichen Skala wie schon bei Itembatterie 5. Allerdings waren die Aussagen nun durchgängig negativ formuliert. Die negative Formulierung der Aussagen machte für die bessere Vergleichbarkeit mit den Testwerten der Itembatterie 5 eine Invertierung der angelegten Skala notwendig.

4.2.5 Itembatterie 8: Probleme beim Studieneinstieg

Fragebatterie 8 befasst sich mit einer retrospektiven Bewertung der individuellen fachbezogenen Schwierigkeiten der Studierenden zur Zeit ihres Studienbeginns. Insgesamt bestand diese Batterie aus vier Einzelaussagen, die jeweils durch die gleiche *7-stufige Ratingskala* bewertet werden konnten, die schon zuvor in den Itembatterien 5 bis 7 zum Einsatz kam. (vgl. Diekmann (2008), S. 472) Da auch in dieser Fragebatterie die Items negativ formuliert waren, wurde die angelegte Skala invertiert, um so den leichteren Vergleich mit den Testwerten der weiter oben diskutierten Itembatterien zu ermöglichen. Hintergrund dieser Fragebatterie war es Informationen darüber zu erhalten, ob die Studierenden bereits über einen für ihr Studienfach spezifischen Fachhabitus verfügen bzw. ob sie die Anlagen mitbringen diesen zu erlernen.

4.2.6 Itembatterie 9: Vorkenntnisse und Fähigkeiten

Auf dieser Skala sollte bewertet werden, inwiefern die Vorkenntnisse und Fähigkeiten auf verschiedenen Gebieten ausreichend für das Studium des Faches des jeweiligen Probanden waren. Hierzu sollten die individuellen Kenntnisse und Fähigkeiten der Probanden auf verschiedenen Wissensgebieten in Relation zur den Erfordernissen des jeweiligen Studienfaches bewertet werden. Zur Beurteilung stand den Probanden eine *5-stufige Ratingskala* zur Verfügung mit den Randausprägungen *„Überhaupt nicht vorhanden"* und *„In hohem Maße ausreichend"*. Unter den zu bewertenden Fähigkeiten befanden sich sowohl naturwissenschaftenspezifische wie geisteswissenschaftenspezifische Kompetenzen. Ergänzt wurden diese durch Fertigkeiten, die in beiden Fächergruppen benötigt werden, wobei sie sich lediglich der Level auf dem, die jeweiligen Fähigkeiten benötigt werden, unterschied. Als naturwissenschaftenspezifische Kompetenzen sind Kenntnisse in *„Naturwissenschaften"* und *„Programmiersprachen"* zu nennen. Charakteristisch für Kulturwissenschaften sind Kenntnisse in *„Politik, Geschichte, Philosophie, Psychologie"* und im *„Verfassen von Texten"*. Für beide Fachgruppen gleichermaßen wichtig, wenn auch in unterschiedlichem Ausmaß und auf unterschiedlichem Kenntnisstand, sind „*Mathematik, Fremdsprachen, Zeitmanagement und selbständige Studiengestaltung*" sowie „*Techniken wissenschaftlichen Arbeitens*". Auch hier sollte wieder der Grad der Beherrschung des fachspezifischen Habitus bezogen auf den Studienbeginn ermittelt werden. Als Operationalisierung wurden hierzu verschiedene Ausprägungen der Denkstrukturen und Methoden naturwissenschaftlicher und kulturwissenschaftlicher Fächer gewählt. Itembatterie 9 zielt damit, in Bourdieus Vokabular, auf eine Erfassung bzw. Abbildung des *praktischen Sinns* eines Akteurs.

Diese Itembatterie fand aufgrund der Tatsache, dass die Urteile der Studierenden rein fachspezifisch abgegeben wurden und dadurch unter den verschiedenen Fachgruppen nicht sinnvoll vergleichbar waren, keinen Eingang in die Datenauswertung. So bewegen sich beispielsweise die Anforderungen an mathematische Kenntnisse in den Kulturwissenschaften und in den Naturwissenschaften auf unterschiedlichen Niveaus. Ein Studierender der Kulturwissenschaften könnte daher zur selben Einschätzung seiner mathematischen Kenntnisse kommen wie ein Studierender der Naturwissenschaften, obwohl die Anforderungen an diese Kenntnisse in den Kulturwissenschaften niedriger sind als in den Naturwissenschaften.

4.2.7 Item 10 bis 13: Demographische Standards

Die Erfassung des Geschlechts, des Geburtsjahres, der Hochschulzugangsberechtigung und dem Jahr des Erwerbs der Hochschulzugangsberechtigung der Befragten sind den demographischen Standards des statistischen Bundesamtes entnommen bzw. entlehnt oder abgeleitet (vgl. Destatis (2010): Methoden-Verfahren-Entwicklung: Demographische Standards). Die Frage nach der Art der Hochschulzugangsberechtigung wurde dichotomisiert, da nur Studierende befragt wurden, die „sui generis" über eine Hochschulzugangsberechtigung verfügen müssen. In Deutschland sind dies in der Regel das Abitur oder die Fachhochschulreife. Darüber hinaus sind auch andere Hochschulzugangsberechtigungen möglich, da aber zu vermuten ist, dass Personen mit einem solchen Merkmal nur relativ selten an Hochschulen anzutreffen sind, wird diese Personengruppe unter der Kategorie „Sonstige" geführt. Auch ausländische Hochschulzugangsberechtigungen werden hierunter gefasst.

Eine Einbeziehung der demographischen Standards in die Datenauswertung, beispielsweise als Distinktionsvariablen, erwies sich als wenig sinnvoll. Für die in dieser Untersuchung betrachteten Gegenstände und Zusammenhänge erscheinen Einflüsse durch das Geschlecht, das Geburtsjahr und die Hochschulzugangsberechtigung als irrelevant.

4.2.8 Item 14: Schulische Leistungsfächer

Die Erhebung der schulischen Leistungsfächer der Probanden dient der Abbildung der fachspezifischen Vorbildung und in der späteren Datenanalyse als Indikator fachspezifischer Reproduktion. Dahinter steht die Annahme, dass Studierende durch ihre Leistungsfächer eine besondere Affinität für bestimmte Fachgruppen ausdrücken bzw. in den Leistungsfächern auch auf eine bestimmte Art und Weise sozialisiert werden. Mit anderen Worten: Schon durch die Wahl der Leistungsfächer wird die Grundlage eines fachspezifischen Habitus gelegt. Entsprechend Bourdieus Konzeption der Beziehung von Feld und Habitus stellt der Habitus das Ergebnis einer Sozialisation in einem bestimmten Feld dar. Als Einverleibung der spezifischen Feldmechanik tendiert der Habitus im Folgenden dazu die Bedingungen seines Ursprungs zu reproduzieren. Für die Praxis bedeutet das, dass von entsprechend fachspezifisch sozialisierten Personen immer wieder Felder bzw. Fächer aufgesucht werden, die ihrem Fachhabitus entsprechen. Nur in solchen Feldern bzw. Fächern ist es möglich die Vorteile des aus dem *Habitus* erwachsenden *praktischen Sinns* voll und ganz auszuschöpfen (vgl. Fuchs-Heinritz/König (2005), S. 115ff). Die Sozialisation in einem bestimmten Leistungsfach bedeutet gleichzeitig auch eine erste Spezialisierung auf ein bestimmtes Feld, was u.U. dazu führt, dass andere Felder unerreichbar werden (vgl. Krais/Gebauer (2010), S. 63f; Fuchs-Heinritz/König (2005), S. 131).

4.2.9 Item 15: Freizeitaktivitäten

Dieses Item dient als Distinktionsvariable für die Klassenzugehörigkeit der Befragten und konnte frei beantwortet werden. Je nach Klasse ergeben sich andere Chancen und Voraussetzungen für die Sozialisation und damit auch für die Vorbildung der Studierenden. Folgt man BOURDIEU, so lässt sich die Analyse des Freizeitverhaltens von Personen wie folgt einordnen bzw. analysieren:

Welche Freizeitaktivitäten eine Person attraktiv findet, ist abhängig von deren Geschmack. Nach BOURDIEU hängt der Geschmack eines Menschen eng zusammen mit dessen sozialer Herkunft. So ergeben sich je nach sozialer Schicht Unterschiede in der Wertschätzung kultureller Praktiken. BOURDIEU unterscheidet dabei den *legitimen,* den *mittleren* bzw. *prätentiösen* und den *populären Geschmack* (vgl. Fuchs-Heinritz/König (2005), S. 58). Der *legitime Geschmack* fällt dabei der herrschenden Klasse zu, während der *prätentiöse Geschmack* ein Merkmal der Mittelklasse ist und der *populäre Geschmack* die Vorlieben der niedrigen sozialen Schichten beschreibt. Es ergibt sich vom legitimen Geschmack ausgehend ein Gefälle, was die Bedeutung der Form kultureller Güter und Praktiken vor dessen Inhalt anbetrifft (vgl. Bourdieu (2010), S. 288). Ein Beispiel für die Art und Weise der Distinktionskraft des Geschmacks ist die Vorliebe für bestimmte Arten von Musik. In der herrschenden Klasse besteht eine Affinität für anspruchsvolle Musik, die einen gewissen Bildungsgrad voraussetzt, um sie genießen und verstehen zu können. Am anderen Ende befinden sich die Anhänger des populären Geschmacks, die eher leichte Musik bevorzugen. Der prätentiöse Geschmack bildet die Mittelkategorie dieser Extrempunkte und beschreibt die Präferenz für anspruchsvolle Musik, die allerdings nicht den Grad an Anerkennung genießt wie die „legitime" Musik. Die klassenunterscheidende Distinktionskraft des Geschmacks lässt sich auf vielen verschiedenen Gebieten wie Sport oder Essensgewohnheiten wiederfinden (ebd., S. 36ff, S. 298ff; Schmitt (2010), S. 269).

Auch diese Variable fand keinen Eingang in die Datenauswertung. Auf der einen Seite wurde aus Gründen der Umfangsbeschränkung für diese Arbeit und des zeitlichen Limits für die Anfertigung auf die Auswertung verzichtet. Auf der anderen Seite wurde festgestellt, dass das Item zu wenig ausdifferenziert war, um sinnvolle Ergebnisse zu produzieren. Insgesamt erwiesen sich alle Variablen, die Verbindungslinien zwischen sozialer Herkunft und Studienfachwahl bzw. habitueller Reproduktion aufzeigen sollten als wenig ausgereift.

4.2.10 Item 16: Höchster beruflicher Abschluss der Eltern

Die Erfassung des höchsten beruflichen Abschlusses der Eltern der Befragten zielt auf zwei Aspekte. Auf der einen Seite sollen anhand des sozioökonomischen Status der Eltern Rückschlüsse auf die soziale Herkunft der Befragten ermöglicht werden. Hierzu existiert eine Vielzahl von Skalen, mit denen eine solche Klassifizierung möglich wird (vgl. Wolf, Ch. (1995): Sozioökonomischer Status und berufliches Prestige, S. 104ff). Auf der anderen Seite erlaubt es die Kenntnis der sozialen Herkunft der Befragten, die Möglichkeiten und Ausprägungen der Vorbildung der Befragten zu antizipieren. In der Regel besitzen Personen, die aus bildungsfernen Schichten stammen, einen weniger guten Zugang zu Bildung als Personen, die aus bildungsnahen Schichten stammen. Mögliche Gründe hierfür sind die verschiedenen Grade der Ausstattung mit ökonomischem, kulturellem, sozialem und symbolischem Kapital. Gemessen wird der Grad der Bildungsarmut anhand der Bildungszertifikate der Eltern oder mit BOURDIEUs Worten gesprochen anhand der Menge des erworbenen kulturellen Kapitals (vgl. Isserstedt, W.; Middendorff, E.; Kandulla, M.; Borchert, L.; Leszczensky, M. (2009): Die wirtschaftliche und soziale Lage der Studierenden in der Bundesrepublik Deutschland 2009, S. 111, S. 563ff).

Ebenso wie die vorherige Variable wurden auch die Bildungsabschlüsse der Eltern nicht in die Datenauswertung einbezogen. Rückschlüsse auf die habituelle Reproduktion der Studierenden auf Basis dieser Variablen zu ziehen erschien als zu vage.

4.2.11 Item 17 und 18: Beruf der Mutter und des Vaters

Dieser Frage liegt die Annahme zugrunde, dass der Erwerb geisteswissenschaftlicher und naturwissenschaftlicher Inhalte und entsprechender Sprache, Denkmuster und Methoden schon in der familiären Sozialisation beginnt. Moderator einer solchen fachspezifischen Sozialisation können die Berufe der Eltern sein. Je nach Ausrichtung der Berufe besteht die Möglichkeit, dass auch schon Kinder mit fachspezifischen Inhalten in Kontakt kommen, so dass sich beispielsweise ein implizites Lernen naturwissenschaftlicher oder geisteswissenschaftlicher Denkstrukturen ergibt. Diese Denkstrukturen könnten dann den Grundstock eines fachspezifischen Habitus bilden, der im späteren Leben durch eine besondere Affinität zu der einen oder anderen Wissenschaftsdisziplin zutage tritt. Beispiele für Ausprägungen solcher Affinität können die Wahl bestimmter Leistungsfächer in der Schule oder die Wahl bestimmter Studienfächer sein. Hierbei sollte sich im besten Falle eine gewisse Kontinuität zeigen.

Diese Annahme korrespondiert eng mit der Vorstellung BOURDIEUs, dass der Habitus die Einverleibung der Regeln eines spezifischen bzw. mehrere spezifischer Felder darstellt. So wird hier der praktische Sinn als affektives Verständnis für entsprechende Wissenschaftsinhalte schon in der Primärsozialisation angelegt (vgl. Bourdieu (1987), S. 122; Berger, P.; Luckmann Th. (2007): Die gesellschaftliche Konstruktion der Wirklichkeit, S. 139ff). Des Weiteren trachtet der Habitus danach die Bedingungen seiner Herkunft zu reproduzieren, was sich in der oben angesprochenen Kontinuität zeigen sollte.

Das Datenmaterial aus dieser Variable erwies sich bei einer ersten Sichtung als zu wenig ausdifferenziert, um sinnvolle Rückschlüsse auf die Moderatorenrolle der Elternberufe und die daraus resultierende habituelle Reproduktion bei den Studierenden in Form einer bestimmten Studienfachwahl zu ziehen. Berufsnennungen wie „Lehrer" boten keinen Beleg für eine spezifische Studienfachtendenz. Bleibt man bei diesem Beispiel, so wäre zusätzlich noch die Angabe der Fächer nötig gewesen, die der Elternteil unterrichtet, um Rückschlüsse auf eine bestimmte Fachpräferenz zuzulassen. Sinnvoller wäre an dieser Stelle eine Variable gewesen, die nach den Studienfächern oder dem Gegenstand der Berufsausbildung der Eltern gefragt hätte.

4.3 Validitätsbedrohungen und systematische Verzerrungen

4.3.1 Stichprobeneffekte

Stichprobeneffekte beschreiben Verzerrungen in den erhobenen Daten, die auf die Zusammensetzung einer Stichprobe oder auf das Auswahlverfahren zurückzuführen sind. Bekannte Ausprägungen sind Zeiteinflüsse („history"), Reifungsprozesse („maturation"), verzerrte Auswahlen (z.B. „selection") oder Ausfälle („mortality") (vgl. Bernard, H. R. (2000): Social Research Methods, S. 109ff; Schnell et al. (2008), S. 217ff).

4.3.1.1 Unit-Nonresponse

Ein gängiges Problem sozialwissenschaftlicher Erhebung ist, dass oft nicht alle Fälle, die für eine Stichprobe vorgesehen sind, auch tatsächlich in diese Stichprobe aufgenommen werden können, weil einige Personen die Teilnahme an der Untersuchung ablehnen. Diese Problematik wird als *„Unit-Nonresponse"* bezeichnet. Eine Auflistung möglicher Ausprägungen von *„Unit-Nonresponse"* findet sich bei Schnell et al. (vgl. Schnell et al. (2008), S. 306ff). Man unterscheidet außerdem drei Gruppen von Ausfällen:

(1) „Schwer-Erreichbare" (*„Not-at-homes"*): Ausfälle, die auf spezifische Merkmale der Personen zurückzuführen sind. Eine Möglichkeit des Entgegenwirkens ist es mehrere Kontaktversuche zu realisieren.

(2) „Nicht-Befragbare" (*„unable to answer"*): Ausfall von Personen aufgrund von körperlichen Gebrechen oder Behinderung.

(3) „Verweigerer" („Refusals"): Hier wird die Teilnahme an einer Befragung explizit verweigert. Eine Gegenmaßnahme kann z.B. eine Darstellung des Nutzens für die individuellen Belange der Befragten sein.

Die Problematik des *„Unit-Nonresponse"* trat in der vorliegenden Untersuchung in zwei Dimensionen auf. Die erste Dimension betrifft dabei die Kontaktpersonen oder *„gate-keeper"* in Person der Lehrenden. Die zweite Dimension betrifft die Zielpersonen der Befragung in Person der Studierenden.

Die erste Dimension lässt sich nochmals in „Schwer-Erreichbare" (*„Not-at-homes"*) und „Verweigerer" (*„Refusals"*) unterscheiden. Wie schon weiter oben beschrieben, geschah die Kontaktaufnahme zu den *„gate-keepern"* mittels eines standardisierten Anschreibens, in das der Name des Adressaten und dessen Veranstaltungen, in denen erhoben werden sollte, eingetragen wurden. Um die Ausfälle so gering wie möglich zu halten, wurde nach einer angemessenen Zeit, in der nicht auf das erste Anschreiben reagiert wurde, eine zweite Anfrage an die jeweiligen Dozenten gestellt. „Verweigerer", das heißt Lehrende, die einer Befragung in ihren Veranstaltungen nicht zustimmten, existierten dabei sowohl in der ersten Welle wie auch in der zweiten Welle. Die Anzahl der Dozenten, die auch in der zweiten Welle nicht auf das Anschreiben antworteten, war vergleichsweise gering. Die Verweigerung einer Erhebung erfolgte sowohl in der ersten wie auch in der zweiten Welle. Grund für eine Ablehnung waren beispielsweise Erhebungen ähnlicher Art, die schon zuvor durchgeführt worden waren, so dass nicht die Bereitschaft bestand nochmals Veranstaltungszeit für die vorliegende Studie zu opfern. Darüber hinaus wurde auch oft die zu erwartende Stichprobe als wenig repräsentativ dargestellt.

Auch die zweite Dimension lässt sich in die gleichen Kategorien wie die erste Dimension zerlegen. Eine Nichterreichbarkeit der Studierenden ließ sich auf zwei Ursachen zurückführen. Die erste Ursache ist eng verbunden mit der Verweigerung einer Erhebung durch die Dozenten. So war ein bestimmter Prozentsatz von Studierenden deshalb nicht erreichbar, weil in der Veranstaltung, die sie besuchten, nicht erhoben werden konnte. Ein Ansatz um diesen Anteil möglichst klein zu halten, war es die Erhebung auf möglichst viele Veranstaltungen auszudehnen. Hierbei musste allerdings kontrolliert werden, dass einzelne Zielpersonen nicht doppelt in die Erhebung eingehen. So wurde vor der Durchführung der Befragung darauf hingewiesen, nicht noch einmal an der Befragung teilzunehmen, wenn man schon in einer anderen Veranstaltung teilgenommen hatte. Die zweite Ursache bezieht sich auf die individuelle Motivation der Studierenden zur Teilnahme an den Lehrveranstaltungen. So konnten nur Studierende erreicht werden, die zum Erhebungszeitpunkt auch an der entsprechenden Lehrveranstaltung teilgenommen hatten. Als Gründe für eine Verweigerung der Teilnahme seitens der Studierenden lassen sich Desinteresse und mangelnde Motivation anführen. Desinteresse wurde begegnet, indem die Wichtigkeit der Ergebnisse der Untersuchung für den Studienalltag betont wurde. Mangelnde Motivation sollte durch den Zeitpunkt der Befragung während der Veranstaltung ausgeglichen werden (vgl. Sudman, S.; Kalton, G. (1986): New Developments in the Sampling of special Populations, S. 424f). Als bester Zeitpunkt wurde der Beginn der Veranstaltung ausgemacht. Nicht immer war es möglich diesen Zeitpunkt zu realisieren, was zu einer höheren *„Non-Response"* in diesen Veranstaltungen führte.

4.3.2 Itemeffekte

Die Validität der Antworten auf die Items eines Fragebogens kann durch verschiedene Ursachen bedroht werden. Hierzu zählen beispielsweise absichtliches Verfälschen, Raten oder so genannte Antworttendenzen, denen einzelne Probanden unterliegen. Grundsätzlich werden dabei zwei Arten von Verfälschung unterschieden:

(1) Simulation („*fake good*"): Vortäuschen von Verhalten, das man sonst nicht zeigt.

(2) Dissimulation („*fake bad*"): Verschleiern oder Verbergen von Verhalten, das man normalerweise zeigt.

(vgl. Bühner (2006), S. 60).

In der Praxis kommen diese Effekte zum Tragen, wenn Probanden gezielt versuchen hohe bzw. niedrige Testwerte zu erreichen (vgl. Bortz, J.; Döring N. (2006): Forschungsmethoden und Evaluation, S. 231).

4.3.2.1 Item-Nonresponse

Hiermit ist die „explizite Verweigerung einer Antwort" gemeint (vgl. Schnell et al. (2008), S. 353). Auch diese Art der Antwortverzerrung ließ sich bei der Auswertung der Daten beobachten. Allerdings war die Zahl solcher Antwortausfälle gering. Im Falle der Dimensionsreduzierung mit Hilfe einer Faktorenanalyse wurden etwaige fehlende Werte durch die Mittelwerte der jeweiligen Items ersetzt.

4.3.2.2 Soziale Erwünschtheit

Sozialerwünschtes Antwortverhalten stellt sich in Situationen ein, in denen man sich besonders gut darstellen möchte, in denen negative Konsequenzen drohen oder in denen man ein positives Bild von sich erhalten möchte. Soziale Erwünschtheit („*social desirability*") beschreibt also den Versuch positives Verhalten oder besonders günstige Eigenschaften oder Merkmale hervorzuheben, während gleichzeitig negativ konnotiertes Verhalten oder unerwünschte Eigenschaften bzw. Merkmale verborgen werden sollen. Was als positiv oder negativ wahrgenommen wird, ist dabei individuell, gruppenbezogen oder situational unterschiedlich. Es existieren verschiedene Verfahrensweisen zur Reduktion des Einflusses von Sozialer Erwünschtheit:

(1) Ausbalancierte Antwortvorgaben: Alle Antwortalternativen eines Items besitzen denselben Grad an Sozialer Erwünschtheit.

(2) Kontrollskalen: Es werden Items geschaltet, die besonders sensibel auf sozial erwünschtes Verhalten reagieren.

(3) Objektive Tests: Das Testziel wird durch geschickte Aufgabenwahl und Auswertungstechnik möglichst undurchschaubar gemacht.

(4) Aufforderung zu korrektem Testverhalten: Der Befragung werden Testinstruktionen vorangestellt.

(5) Random-Response-Technik: Die geprüfte Person kann sich aufgrund eines speziellen Zufallsverfahrens absolut sicher sein, dass ihr Antwortverhalten sich nicht rekonstruieren lässt (z.B. Würfeln vor Beantwortung einer Frage und anhand der Augenzahl systematisch entscheiden, ob ehrlich geantwortet wird).

(vgl. Bortz/Döring (2006), S. 232ff; Bühner (2006), S. 60ff).

In der vorliegenden Untersuchung kamen die Punkte (3) und (4) als Biasreduktion zum Einsatz. Es wurde versucht „Objektive Tests" in der Form zu realisieren, dass die Items der Fragebatterien 5 bis 7 als Kontrollfragen für hintergründige Konstrukte dienten. Man spricht an dieser Stelle auch von *latenten Variablen*, die nicht unmittelbar beobachtet werden können (vgl. Schirmer, D.; Blinkert, B. (2006): Empirische Methoden der Sozialforschung, S. 119; Schnell et al. (2008), S 131; Bortz/Döring (2006), S. 3). Es wurde hierzu erstens davon ausgegangen, dass die verwendeten Items die Konstrukte messen können und zweitens, dass die so erfassten Konstrukte auch tatsächlich in der Population vorhanden sind. Eine exploratorische Faktorenanalyse zeigte, dass sich innerhalb der Fragebatterien verschiedene Blöcke von miteinander hochkorrelierenden Fragen bildeten. Diese Blöcke konnten auch deutlich voneinander abgegrenzt werden und ließen sich mit den erwarteten Konstrukten identifizieren. Allerdings lässt sich auf diese Weise nicht vollständig aufklären, ob auch tatsächlich die zuvor festgelegten Konstrukte gemessen werden konnten (vgl. Cattell, R. B.; Warburton, F. W. (1967): Objective Personality and Motivation Tests, S. 1ff). „Aufforderung zu korrektem Testverhalten" wurde in der Form realisiert, dass zu Beginn der Befragung darauf hingewiesen wurde die Fragebogen vollständig auszufüllen und es bei den dargebotenen Antwortalternativen keine Unterscheidung in „richtig" oder „falsch" gibt. Zudem wurde darauf hingewiesen, dass die Teilnahme anonym und freiwillig ist. Entsprechendes wurde auch in einem Begleittext am Anfang des Fragebogens nochmals in Textform dargebracht.

4.3.2.3 Reihenfolgeeffekte

Je nach Position eines Items im Fragebogens oder seiner Position relativ zu einem anderen Item können sich Unterschiede in dessen Beantwortungsschema ergeben. In der Literatur werden fünf Arten von Reihenfolgeeffekten ausgemacht:

(1) Die Reihenfolge, in der die Items präsentiert werden, kann dazu führen, dass einzelne abgefragte Themengebiete an Stellenwert verlieren, weil verschiedene Kontexte aufeinander treffen.

(2) Verschiedene Items überlappen in Hinsicht auf den abgefragten Inhalt, so dass der Eindruck entsteht, dass bestimmte Inhalte mehrfach abgefragt werden.

(3) Die Bewertung von vorausgehenden Items beeinflusst nachfolgende Items.

(4) Fragen am Ende eines Fragebogens werden weniger reflektiert beantwortet. („*fatigue effect*")

(5) Fragen am Anfang eines Fragebogens werden weniger reflektiert beantwortet. („*rapport effect*")

(6) Höherer Grad an Einverständnis mit Items am Anfange eines Fragebogens. („*primacy effect*")

(7) Höherer Grad an Einverständnis mit Items am Ende eines Fragebogens. („*recency effect*")

(8) Die gehäufte Aufeinanderfolge von schweren bzw. leichten Items kann zu einer Über- bzw. Unterforderung der Probanden führen.

(vgl. Bradburn, N. M. (1988): Response Effects, S. 302ff; Sheatsley, P. B. (1988): Questionaire Construction and Item Writing, S. 220ff; Sudman, S.; Bradburn, N. M.; Schwarz, N. (1996): Thinking about answers, S. 130; Bühner (2006), S. 63).

Den Einflüssen (1), (3) und (8) wurde entgegengewirkt, indem die Items in einer Zufallsreihenfolge angeordnet wurden. Hierbei existierte die Bedingung, dass nach Möglichkeit Items, die dieselbe latente Variable messen sollten, nicht aufeinanderfolgten. Die Punkte (4) und (5) wurden kontrolliert, indem am Anfang und am Ende des Fragebogens besonders leichte Items abgefragt wurden, die keinen bis wenig kognitiven Aufwand benötigten. Die latenten Variablen wurden in den Fragebatterien 5 bis 7 in der Regel durch dreigliedrige Frageblöcke abgefragt, so dass Punkt (2) bei der vorliegenden Untersuchung nicht als Bias gewertet wird. *Primacy*- und *Recency*-Effekte konnten nicht kontrolliert werden.

Ein weiterer Reihenfolgeeffekt betrifft die Platzierung freier Fragen im Fragebogen. Werden solche Fragen am Ende eines Fragebogens präsentiert und dienen nur dazu die Inhalte des Fragebogens durch noch nicht abgefragte Inhalte zu ergänzen, so zeigt sich meist eine geringe Ausbeute. Setzt man solche Fragen allerdings an den Anfang eines Fragebogens, so erhält man viel öfter Aussagen, die über den Inhalt des Fragebogens hinausgehen. Außerdem erhöht sich bei einer solchen Positionierung auch die Antwortbereitschaft seitens der Befragten. Vermutlich sind die

Befragten zu Beginn eines Fragebogens weniger stark von der Thematik der Befragung beeinflusst als am Ende, so dass hier noch freies Antworten möglich ist (vgl. Sudman et al. (1996), S. 132f).

4.3.2.4 Antworttendenzen

Mit Antworttendenzen wird die Neigung zu bestimmtem Antwortverhalten abhängig von bestimmten individuellen Merkmalen der Probanden beschrieben. Am häufigsten tritt die sogenannte Zustimmungstendenz („*Akquieszenz*") auf. Hierbei neigen die Befragten dazu unabhängig vom Inhalt der Frage eine zustimmende Antwort zu geben (vgl. Schnell et al. (2008), S. 354f; Bühner (2006), S. 63). Auch hier spielt meist der Wunsch nach einer positiven Selbstdarstellung bzw. eine Darstellung dessen, wie man gern wäre („*possible self*"), eine große Rolle (vgl. Bortz/Döring (2006), S. 232).

In der vorliegenden Studie könnten solche Effekte in Fragebatterie 9 auftreten. Hier wurde darum ersucht eine Bewertung der Vorkenntnisse zu Beginn des Studiums in verschiedenen Wissensgebieten zu geben. Die Bewertung sollte dabei in Relation zu den Erfordernissen des Studienganges erfolgen, in den man eingeschrieben ist. Da die Anforderungen der unterschiedlichen Studiengänge je nach Wissensgebiet stark schwanken können, sind die hier gemachten Bewertungen nicht unbedingt Fachgruppen übergreifend vergleichbar. Greift man beispielhaft die Bewertung mathematischer Vorkenntnisse heraus, so muss man vor Augen behalten, dass die Anforderungen an das mathematische Können in naturwissenschaftlichen Studiengängen höher anzusiedeln sind als in geisteswissenschaftlichen Studiengängen. Ein entsprechender Rollentausch von geisteswissenschaftlichen und naturwissenschaftlichen Studiengängen mag sich bei der Bewertung politischer Vorkenntnisse ergeben. Solche Vorkenntnisse spielen u. U. in naturwissenschaftlichen Studiengängen kaum eine Rolle, während sie in geisteswissenschaftlichen Studiengängen ein notwendiges Instrumentarium darstellen.

Akquieszenz, als ein Spezialfall der Antworttendenzen, könnte als Folge eines Reifungsprozesses bzw. aufgrund von Zeiteinflüssen auftreten (vgl. Schnell et al. (2008), S. 217; Bernard (2000), S. 109f). Je länger die Studieneintrittsphase zurückliegt, desto weniger klar können Erinnerungen an diese sein. Die bisherige studienfachspezifische Sozialisation könnte somit dafür sorgen, dass Unzulänglichkeiten zu Beginn des Studiums verdeckt oder geschönt werden. In den Itembatterien 6 bis 8 sollte Akquieszenz mit Hilfe einer negativen Polung der Itemformulierung begegnet werden (vgl. Bühner (2006), S. 66).

4.4 Darstellung der Auswertungsmethode

Die Erfassung der mit dem Fragebogen erhobenen Daten erfolgte mit Hilfe des Statistikprogramms SPSS 18.0. Dieses Programm wurde auch für die spätere Auswertung verwendet.

Für die Auswertung wurden die Items der Fragebatterien 5 bis 7 in 5 Faktoren zusammengefasst. Hierzu wurde das Verfahren der Faktorenanalyse („Hauptkomponentenanalyse") verwendet. In einem weiteren Schritt wurde der gemittelte Summenscore über die Items der verschiedenen Faktoren gebildet, um Vergleiche auf Faktorebene zu ermöglichen.

Des Weiteren erfolgten Datenaggregationen in den Variablen „Studienfach", „Fachsemester" und „Leistungsfächer". Die Art und Weise der Kategorisierung wird weiter unten beschrieben.

Zur Datenauswertung wurden Verfahren zur Dimensionsreduktion (Faktorenanalyse), zur Überprüfung von Unterschiedshypothesen (Varianzanalyse und t-Test) sowie verschiedene Regressionsverfahren (lineare und logistische Regressions) verwendet. Unterschiedshypothesen wurden im Wesentlichen anhand der Distinktionsvariablen „Urteil über Studienabbruchgedanken", „Fachgruppe" und „Fachsemester" für die Faktoren aus den Fragebatterien 5 bis 7 sowie die Items der Fragebatterie 8 getestet. Eines der Regressionsmodelle wurde aufgestellt, um die Abhängigkeit der Studienmotivation von den Bewertungen der Beherrschung des fachspezifischen Habitus und des fachspezifischen pädagogischen Codes zu untersuchen. Ein weiteres Regressionsmodell untersucht die Beziehung von Studienfachwahl und schulischen Leistungsfächern.

5. Datenauswertung

Im folgenden Kapitel werden ausgesuchte Ergebnisse der Datenanalyse präsentiert. Der Aufbau dieser Darstellung gliedert sich in die Unterpunkte Aggregation, Mittelwertvergleiche und Unterschiedshypothesen sowie Regressionsmodelle. Unter dem Punkt Aggregation wird zunächst vorgestellt, in welcher Art und Weise die für die spätere Datenanalyse verwendeten Variablen kategorisiert bzw. zusammengefasst wurden. Unter dem Punkt Mittelwertvergleiche und Unterschiedshypothese werden primär Unterschiede zwischen den Fachgruppen Naturwissenschaften und Kulturwissenschaften in den Fragebatterien 5 bis 8 untersucht. Der Punkt Regressionsmodelle widmet sich dann der Darstellung des Abhängigkeitsverhältnisses von Studienmotivation und Beherrschung von fachspezifischem Habitus und fachspezifischem pädagogischen Code sowie dem Reproduktionsverhältnis von Studienfachwahl und schulischen Leistungsfächern.

5.1 Aggregation

Für die Datenauswertung wurden innerhalb verschiedener Items- bzw. Itembatterien des Untersuchungsinstruments eine Aggregation der Daten vorgenommen.

5.1.1 Studienfach

Die Variable Studienfach wurde sowohl ungruppiert verwendet als auch in drei Kategorien unterteilt:

(1) *„Naturwissenschaften"*: Physik, Mathematik

(2) *„Hybride"*: Wirtschaftsmathematik, Informatik

(3) *„Kulturwissenschaften"*: Soziologie, Philosophie

Die Unterteilung der Studienfächer in drei Kategorien folgt theoretischen Gründen und empirischen Ergebnissen. Auf Ebene der Theorie bilden die Fächer in der Klasse „Hybride" Kombinationen aus Kultur- und Naturwissenschaften ab. Im Falle des Studienfaches Wirtschaftsmathematik wird dies besonders deutlich. Wirtschaftswissenschaften zählen per definitionem zu den Kulturwissenschaften, während Mathematik ein Fach der Naturwissenschaften darstellt. Im Falle des Studienfaches Informatik ist auf die Studieninhalte dieses Faches zu achten. Betrachtet man die Inhalte, so beobachtet man, dass ein Großteil der Informatik aus dem Erlernen verschiedener formaler Sprachen und deren Anwendung besteht. Die Informatik könnte auf dieser Ebene auch in den Bereich der

Sprachwissenschaften, eine geisteswissenschaftliche Disziplin, eingeordnet werden.

Empirisch lässt sich diese Klassifizierung mit Hilfe der Fachsozialisation vor Beginn des Studiums begründen, die durch die in der Schule belegten Leistungsfächer operationalisiert wird. Die Fächer in den Fachgruppen „Naturwissenschaften", „Hybride" und „Geisteswissenschaften" rekrutieren sich jeweils in ähnlicher Art und Weise aus den verschiedenen Leistungsfachkategorien.

Kombination der Leistungsfächer

Studienfach:		Mathematik		Physik	
		Häufigkeit	Prozent	Häufigkeit	Prozent
Gültig	Nur naturwissenschaftliche Fächer	26	59,1	66	68,0
	Nur geisteswissenschaftliche Fächer	4	9,1	2	2,1
	Kombinationen natur/geist/sonstige	12	27,3	26	26,8
	Gesamt	42	95,5	94	96,9
Fehlend		2	4,5	3	3,1
Gesamt		44	100	97	100

Tabelle 5: **Kombination der Leistungsfächer in den Naturwissenschaften (Mathematik, Physik)**

So machen in den Naturwissenschaften Studierende mit rein naturwissenschaftlichen Leistungsfächern den Löwenanteil aus, während Kombinationen von verschiedenen Fächern und rein geisteswissenschaftliche Leistungsfächer auf den Plätzen zwei und drei folgen.

Kombination der Leistungsfächer

Studienfach:		Informatik		Wirtschaftsmathematik	
		Häufigkeit	Prozent	Häufigkeit	Prozent
Gültig	Nur naturwissenschaftliche Fächer	9	39,1	16	34,0
	Nur geisteswissenschaftliche Fächer	1	4,3	1	2,1
	Kombinationen natur/geist/sonstige	11	47,8	22	46,8
	Gesamt	21	91,3	39	83,0
Fehlend		2	8,7	8	17,0
Gesamt		23	100	47	100

Tabelle 6: Kombination der Leistungsfächer in den Hybriden (Informatik, Wirtschaftsmathematik)

In den Hybriden hingegen bilden Studierende mit Kombinationen aus verschiedenen Leistungsfächern die größte Gruppe, während Studierende mit rein naturwissenschaftlichen Leistungsfächern auch die zweitgrößte Gruppe bilden und Studierende mit rein geisteswissenschaftlichen Leistungsfächern kaum vertreten sind.

Kombination der Leistungsfächer

Studienfach:		Sozialwissenschaften		Philosophie	
		Häufigkeit	Prozent	Häufigkeit	Prozent
Gültig	Nur naturwissenschaftliche Fächer	11	7,0	3	7,1
	Nur geisteswissenschaftliche Fächer	77	49,0	12	28,6
	Kombinationen natur/geist/sonstige	55	35,0	21	50,0
	Gesamt	143	91,1	36	85,7
Fehlend		14	8,9	6	14,3
Gesamt		157	100	42	100

Tabelle 7: Kombination der Leistungsfächer in den Kulturwissenschaften (Sozialwissenschaften, Philosophie)

In den Kulturwissenschaften findet man ein Übergewicht an Studierenden, die bisher eine kulturwissenschaftliche Fachsozialisation genossen haben, während Studierende mit Kombinationen verschiedener Leistungsfächer am zweithäufigsten zu finden sind. Studierende mit bisher rein naturwissenschaftlicher Fachsozialisation finden sich hier anteilmäßig auf dem letzten Platz.

Die Einordnung der übrigen Fächer in die Kategorien Naturwissenschaften und Kulturwissenschaften ergibt sich aus den Typologien dieser Fachgruppen. Der Fokus der Datenanalyse liegt dabei auch auf eben diesen beiden Fachgruppen, so dass die Fachgruppe „Hybride" nur in einige wenige Analysen mit einfließt.

5.1.2 Fachsemester

Die Daten der Variablen Fachsemester wurden in vier Kategorien zusammengefasst:

(1) *„1. bis 2. Semester"*

(2) *„3. bis 4. Semester"*

(3) *„5. bis 6. Semester"*

(4) *„7. und höhere Semester"*

Die Kategorisierung erfolgte dabei anhand der Quartilgrenzen und theoretischen Überlegungen auf Basis der Ergebnisse der HIS-Studie „Ursachen des Studienabbruchs in Bachelor- und in herkömmlichen Studiengängen" (vgl. Heublein et al. (2009), S. 47ff). Hier wurde gefunden, dass die durchschnittliche Studiendauer bis zum Studienabbruch in den Kulturwissenschaften 5 bis 6 Semester beträgt, während in den Naturwissenschaften durchschnittlich 4 Semester bis zum Studienabbruch studiert werden. Für Bachelorstudiengänge allgemein ergab sich bei Studienabbrechern eine durchschnittliche Studiendauer von ca. 2 Semestern.

Fachsemester (gesamt)

	Fachsemester	Häufigkeit	Prozent
Gültig	1	28	6,8
	2	132	32,2
	3	21	5,1
	4	106	25,9
	5	12	2,9
	6	70	17,1
	7	5	1,2
	8	20	4,9
	9	3	0,7
	10	9	2,2
	12	2	0,5
	Gesamt	408	99,5
Fehlend		2	0,5
Gesamt		410	100
Median:	4,00		
Minimum:	1	Maximum:	12
Perzentile:	25%	50%	75%
	2,00	4,00	6,00

Tabelle 8: **Häufigkeitsverteilung der Fachsemester (gesamt)**

5.1.3 Leistungsfächer

Die hier erhobenen Leistungsfächer wurden in drei Klassen eingeordnet. Dabei wurden nur die Fächer des ersten und zweiten Leistungsfaches beachtet. Für die einzelnen Klassen ergaben sich dadurch Leistungsfachkombinationen aus folgenden Fächern:

(1) *„nur naturwissenschaftliche Fächer"*: Bautechnik, Biologie, Chemie, Chemietechnik, Elektrotechnik, Erdkunde, Ernährung, Ernährungslehre, Geographie, Gesundheit, Informatik, Informationstechnik, Mathematik, Naturwissenschaften, Physik, Praktische Informatik, Sciences, Technikwissenschaft

(2) *„nur kulturwissenschaftliche Fächer"*: BWL, Deutsch, Englisch, Erziehungswissenschaften, evang. Religion, Französisch, Gemeinschaftskunde, Geschichte, Kunst, Latein, Pädagogik, Philosophie, Politik, Psychologie, Religion, soziale Arbeit, Sozialkunde, Sozialwesen, Sozialwissenschaften, Soziologie, Spanisch, Wirtschaft, Wirtschaft/Verwaltung

(3) *„Kombinationen aus natur-/kulturwissenschaftlichen/sonstigen Fächern"*: Kombinationen aus den oben genannten Fächern ergänzt durch Sport und Musik

5.1.4 Bedingungsfaktoren und Studienmotivation

Die Itembatterien 5 bis 7 wurden in insgesamt fünf Faktoren unterteilt: „Kommunikation", „Explikation", „Praktischer Sinn", „Fachsprache", diese Faktoren sollen nachfolgend als Bedingungsfaktoren bezeichnet werden, und „Studienmotivation".

Bei der Betrachtung der Daten dieser Konstrukte ist zu beachten, dass die Items, die die Faktoren „Kommunikation" und „Explikation" messen, positiv formuliert wurden. Die Items der Faktoren „Praktischer Sinn", „Fachsprache" und „Studienmotivation" wurden dagegen negativ formuliert. Um die verschiedenen Faktoren leichter miteinander vergleichen zu können, wurde die Skala der letztgenannten invertiert. Das bedeutet: Hohe Testwerte entsprechen einem positiven Urteil über den Gegenstandsbereich. Für die einzelnen Faktoren ergibt sich dadurch folgendes Bewertungsschema:

Faktor		**Niedriger Testwert**	**Hoher Testwert**
(1)	*„Kommunikation"*	Restriktive Kommunikationsatmosphäre	Offene Kommunikationsatmosphäre
(2)	*„Explikation"*	Implizite Inhalte werden <u>nicht</u> expliziert	Implizite Inhalte werden expliziert
(3)	*„Praktischer Sinn"*	Denk-, Wahrnehmungs- und Handlungsmuster werden <u>nicht</u> beherrscht	Denk-, Wahrnehmungs- und Handlungsmuster werden beherrscht
(4)	*„Fachsprache"*	Fachsprache wird <u>nicht</u> beherrscht	Fachsprache wird beherrscht
(5)	*„Studienmotivation"*	Niedrige Studienmotivation	Hohe Studienmotivation

Tabelle 9: Klassifikation der Testwerte für die Bedingungsfaktoren

Um Unterschiedshypothesen anhand der Faktoren durchführen zu können, wurden die Summenscores der Items berechnet, die auf die jeweiligen Faktoren laden. Damit die Daten weiterhin auf der ursprünglichen Ratingskala interpretiert werden können, wurden diese Summenscores durch die jeweilige Anzahl der auf die einzelnen Faktoren ladenden Items gemittelt.

Zwischen den einzelnen Faktoren zeigten sich zudem folgende Zusammenhänge:

Korrelationen (Bedingungsfaktoren und Studienmotivation)

		Praktischer Sinn	Fachsprache	Studienmotivation	Kommunikation	Explikation
Praktischer Sinn	Pearsons r	1	0,520**	0,407**	0,220**	0,274**
	Sig. (2-seitig)	-	0,000	0,000	0,000	0,000
	N	386	383	378	363	378
Fachsprache	Pearsons r	0,520**	1	0,317**	0,292**	0,164**
	Sig. (2-seitig))	0,000	-	0,000	0,000	0,001
	N	383	400	390	375	389
Studienmotivation	Pearsons r	0,407**	0,371**	1	0,239**	0,113*
	Sig. (2-seitig)	0,000	0,000	-	0,000	0,028
	N	378	390	394	369	382
Kommunikation	Pearsons r	0,220**	0,292**	0,239**	1	0,575**
	Sig. (2-seitig)	0,000	0,000	0,000	-	0,000
	N	363	375	369	382	375
Explikation	Pearsons r	0,274**	0,164**	0,113*	0,575**	1
	Sig. (2-seitig)	0,000	0,001	0,028	0,000	-
	N	378	389	382	375	397

** Die Korrelation ist auf dem Niveau von 0,01 (2-seitig) signifikant.

* Die Korrelation ist auf dem Niveau von 0,05 (2-seitig) signifikant.

Tabelle 10: Korrelationsmatrix von Bedingungsfaktoren und Studienmotivation

Die Korrelationen zwischen den Faktoren innerhalb der einzelnen Itembatterien sind relativ hoch und zeigen durchweg hochsignifikante positive Zusammenhänge an. Außerdem zeigt sich, dass die Werte des Faktors „Studienmotivation“ ansteigen, wenn auch die Werte der Faktoren „Praktischer Sinn“, „Fachsprache“, „Kommunikation“ und „Explikation“ ansteigen und andersherum. Inhaltlich bedeutet dies, dass eine hohe Studienmotivation an eine kommunikative Atmosphäre, ein gute Vermittlung impliziter Inhalte, eine Beherrschung der Denk-, Wahrnehmungs- und Handlungsmuster sowie an die Beherrschung der Fachsprache gebunden ist. Werden die Denk-, Wahrnehmungs- und Handlungsmuster eines Studienfaches sowie die Fachsprache nicht beherrscht, sowie die Kommunikationsatmosphäre als eher restriktiv empfunden und wird auch der Grad der Explikation impliziter Fachinhalte niedriger bewertet, so sinkt auch die Studienmotivation.

5.1.5 Probleme beim Studieneinstieg

Wie die Items der Fragebatterien 6 und 7 sind auch die Items der Fragebatterie 8 negativ formuliert worden. Um ein einheitliches Bild für die Interpretation der Testwerte zu erhalten, wurde auch hier die angelegte Skala für die Datenauswertung invertiert. Das bedeutet: Hohe Testwerte entsprechen einem positiven Urteil über den abgefragten Gegenstand, während niedrige Testwerte einem negativen Urteil entsprechen.

Korrelationen (Probleme beim Studieneinstieg

		Ich hatte/habe Schwierigkeiten beim Einstieg ins Studium.	Ich bin/war nicht genügend motiviert für das Studium meines Faches.	Ich habe/hatte falsche Erwartungen an das Studium.	Ich habe/hatte mangelnde Vorkenntnisse.
Ich hatte/habe Schwierigkeiten beim Einstieg ins Studium.	Pearsons r	1	0,268**	0,381**	0,392**
	Sig. (2-seitig)	-	0,000	0,000	0,000
	N	405	405	404	402

Fortsetzung von Korrelationen (Probleme beim Studieneinstieg) siehe nächste Seite…

...Fortsetzung von Korrelationen (Probleme beim Studieneinstieg)

		Ich hatte/habe Schwierigkeiten beim Einstieg ins Studium.	Ich bin/war nicht genügend motiviert für das Studium meines Faches.	Ich habe/hatte falsche Erwartungen an das Studium.	Ich habe/hatte mangelnde Vorkenntnisse.
Ich bin/war nicht genügend motiviert für das Studium meines Faches.	Pearsons r	0,268**	1	0,393**	0,188**
	Sig. (2-seitig)	0,000	-	0,000	0,000
	N	405	408	407	405
Ich habe/hatte falsche Erwartungen an das Studium.	Pearsons r	0,381**	0,393**	1	0,346**
	Sig. (2-seitig)	0,000	0,000	-	0,000
	N	404	407	408	404
Ich habe/hatte mangelnde Vorkenntnisse.	Pearsons r	0,392**	0,188**	0,346**	1
	Sig. (2-seitig)	0,000	0,000	0,000	-
	N	402	405	404	405

** Die Korrelation ist auf dem Niveau von 0,01 (2-seitig) signifikant.

Tabelle 11: Korrelationsmatrix der Problemdimensionen beim Studieneinstieg

Alle Items der Fragebatterie 8 korrelieren hochsignifikant positiv miteinander. Das bedeutet: Steigt der Skalenwert einer der abgefragten Problemdimensionen an, so steigen auch die Skalenwerte aller anderen Problemdimensionen an. Entsprechend andersherum verhält es sich beim Absinken eines Skalenwertes.

5.2 Unterschiedshypothesen und Mittelwertvergleiche

5.2.1 Bedingungsfaktoren und Studienmotivation

5.2.1.1 Bedingungsfaktoren getrennt nach Fachgruppen

Nachfolgend soll überprüft werden, ob sich zwischen den Fachgruppen Unterschiede im Antwortverhalten auf die Faktoren „Praktischer Sinn",

„Fachsprache", „Kommunikation", „Explikation" sowie „Studienmotivation" ergeben und welche Richtung diese Unterschiede besitzen.

Allgemein gilt, dass die Urteile zu den verschiedenen Bedingungsfaktoren über alle Fachgruppen hinweg im eher positiven Bereich der Skala liegen. Allerdings zeigt sich dabei, dass die Beherrschung des fachspezifischen praktischen Sinns von den Naturwissenschaften ausgehend über die Hybride hin zu den Kulturwissenschaften zunimmt. Auch die Explikation impliziter Inhalte verbessert sich von den Naturwissenschaften hin zu den Kulturwissenschaften. Für die Kommunikationsatmosphäre zeigt sich ein gegenläufiger Trend. Diese wird von den Naturwissenschaften verglichen mit den anderen Fachgruppen für offen gehalten. Für die Faktoren, die keine signifikanten Unterschiede aufweisen, ergibt sich das gleiche Muster wie für den Faktor „Kommunikation". Die Studienmotivation sowie die Beherrschung der Fachsprache nehmen von den Naturwissenschaften zu den Kulturwissenschaften ab.

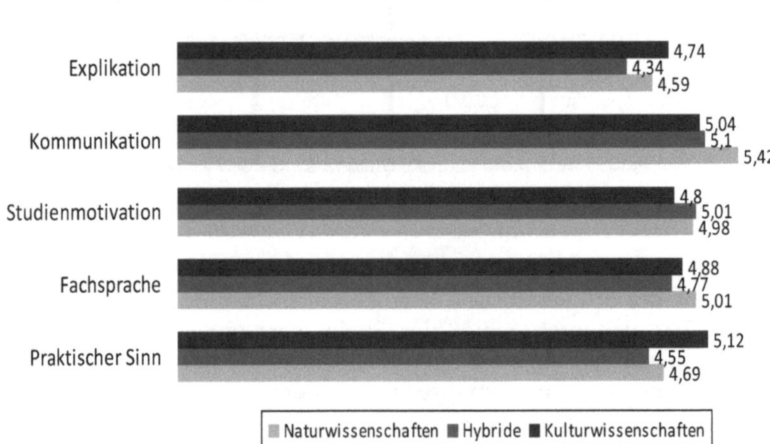

Abbildung 1: **Mittelwerte von Bedingungsfaktoren und Studienmotivation getrennt nach Fachgruppen**[18]

Vergleicht man nun die Fachgruppen Naturwissenschaften und Kulturwissenschaften paarweise, so ergeben sich folgende Signifikanzen:

18 vgl. „Anhang II.1 Bedingungsfaktoren und Studienmotivation", S. 174 (Anm. d. Verf.)

t-Test für unabhängige Stichproben

		Levene-Test der Varianzgleichheit		T-Test für die Mittelwertvergleiche				
		F	Sig.	T	df	Sig. (2-seitig)	Mittlere Differenz	Standardfehler der Differenz
Praktischer Sinn	Gleiche Varianzen	0,215	0,643	-4,015	316	0,000	-0,43118	0,10738
	Ungleiche Varianzen	-	-	-3,986	276,917	0,000	-0,43118	0,10816
Fachsprache	Gleiche Varianzen	0,000	0,999	1,037	331	0,300	0,13057	0,13057
	Ungleiche Varianzen	-	-	1,041	294,222	0,299	0,13057	0,13008
Studienmotivation	Gleiche Varianzen	1,490	0,223	1,757	326	0,080	0,18039	0,10268
	Ungleiche Varianzen	-	-	1,770	300,872	0,078	0,18039	0,10190
Kommunikation	Gleiche Varianzen	0,262	0,609	4,205	319	0,000	0,385	0,092
	Ungleiche Varianzen	-	-	4,230	292,452	0,000	0,385	0,091
Explikation	Gleiche Varianzen	6,573	0,011	-1,521	327	0,129	-0,153	0,100
	Ungleiche Varianzen	-	-	-1,477	258,673	0,141	-0,153	0,103

Tabelle 12: t-Test; Bedingungsfaktoren und Studienmotivation getrennt nach Natur-/Kulturwissenschaften

Die Naturwissenschaften und Kulturwissenschaften unterscheiden sich in den Faktoren „Praktischer Sinn" und „Kommunikation" signifikant voneinander. Zudem wird der Unterschied auf dem Faktor „Studienmotivation" nahezu signifikant. Im Faktor „Explikation" weisen die beiden Gruppen einen Varianzunterschied auf, der auf unterschiedliches Antwortverhalten hinweist.

Naturwissenschaftler schätzen ihre individuelle Kenntnis von den Denk-, Wahrnehmungs- und Handlungsmuster ihrer Fachgruppe verglichen mit Kulturwissenschaftlern als niedriger ein. Dagegen empfinden Kulturwissenschaftler die Kommunikationsatmosphäre ihrer Fachgruppe als vergleichsweise restriktiv und Naturwissenschaftler die Kommunikationsatmosphäre ihrer Fachgruppe als vergleichsweise offen. Die Studienmotivation ist in den Kulturwissenschaften etwas niedriger als in den Naturwissenschaften. Der Faktor „Explikation" wird von den Naturwissenschaftlern weniger eindeutig beantwortet, als von den Kulturwissenschaftlern. Zudem bewerteten die Kulturwissenschaftler die Explikation von impliziten Fachinhalten in ihrer Fachgruppe positiver verglichen mit der Bewertung des Explikationsgrades in den Naturwissenschaften.

Zwischen den Naturwissenschaften und den Kulturwissenschaften zeigen sich sowohl strukturelle Unterschiede (pädagogischer Code) als auch Unterschiede, die eher das Individuum betreffen (fachspezifischer Habitus). Die Unterschiede im Faktor „Praktischer Sinn" deuten daraufhin, dass die Wahrnehmungs-, Denk- und Handlungsmuster der Kulturwissenschaften im Vergleich zu den Naturwissenschaften leichter zu erlernen sind. Möglicherweise korrespondiert hiermit der vergleichsweise geringere Explikationsgrad in den Naturwissenschaften. Interessant ist dabei, dass Studierende der Naturwissenschaften im Gegensatz zu Studierenden der Kulturwissenschaften geringerer Probleme mit der Beherrschung der jeweiligen Fachsprache haben. Die positivere Bewertung der Studienmotivation in den Naturwissenschaften ist womöglich darauf zurückzuführen, dass für Studierende dieser Fachrichtung eher allgemeines Fachinteresse, individuelle Begabungen und Interesse an Wissenschaft eine Rolle spielen. Studierenden der Kulturwissenschaften hingegen sind eher Selbstentfaltung und fächerübergreifender Kompetenzerwerb wichtig, was durch die Einführung der Bachelorstudiengänge in dieser Fachgruppe eingeschränkt wurde. Ähnlich verhält es sich mit dem Ergebnis im Faktor „Kommunikation". Studierende der Naturwissenschaften haben eher weniger Interesse an sozialen Kompetenzen und Persönlichkeitsentwicklung. Dagegen stehen die Studierenden der Kulturwissenschaften, die ein besonderes Interesse an Diskussion und Gespräch oder allgemein an sozialen Kontakten haben. Die vergleichsweise als offener empfundene Kommunikationsatmosphäre in den Naturwissenschaften sollte vor diesem Hintergrund kritisch betrachtet werden, da Naturwissenschaftler womöglich mit einem geringeren Maß an Kommunikation zufrieden sind als dies Kulturwissenschaftler sind. (vgl. Heublein/Sommer (2000), S. 36).

5.2.1.2 Bedingungsfaktoren getrennt nach Urteil über Studienabbruchgedanken

Die unten aufgeführte Abbildung zeigt die Mittelwerte der Faktoren „Praktischer Sinn", „Fachsprache", „Studienmotivation", „Kommunikation" und „Explikation" getrennt nach Studierenden, die auf die Frage nach ernsthaften Gedanken über einen Studienabbruch mit „Ja" bzw. „Nein" geantwortet haben. Nachfolgend sollen die Studierenden, die hierbei mit „Ja" geantwortet haben als Gruppe „Ja" und ihr Pendant als Gruppe „Nein" bezeichnet werden. In diese Analyse gehen sämtliche Fachgruppen ein.

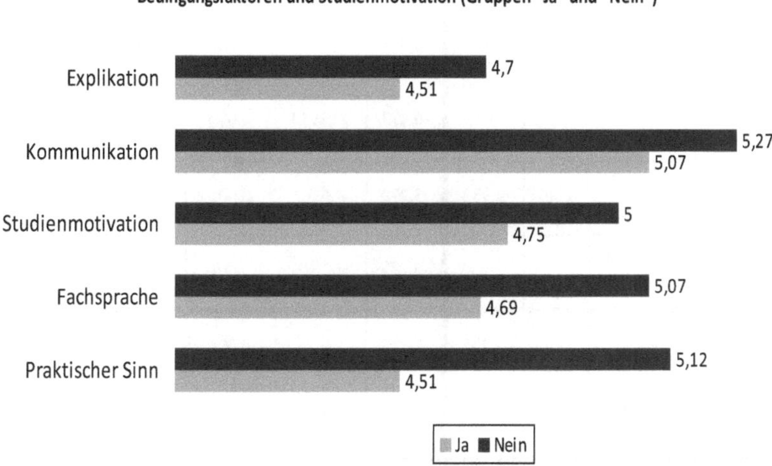

Abbildung 2: **Mittelwerte von Bedingungsfaktoren und Studienmotivation getrennt nach Urteil über Studienabbruchgedanke[19]**

Sowohl die Gruppe „Ja" als auch die Gruppe „Nein" bewerten alle Faktoren tendenziell positiv oder zumindest mittelmäßig. Das bedeutet: Zwischen diesen beiden Gruppen existiert, was die Richtung der Urteile über ihr Studienfach angeht, kein Unterschied. Sowohl die Studierenden aus der Gruppe „Ja" als auch die Studierenden der Gruppe „Nein" beherrschen die Wahrnehmungs-, Denk- und Handlungsmuster sowie die Fachsprache ihres Studienfaches. Ebenso bewerten beide Gruppen die

19 vgl. „Anhang II.1 Bedingungsfaktoren und Studienmotivation", S. 175 (Anm. d. Verf.)

Kommunikationsatmosphäre ihres Studienfaches als tendenziell offen und die Explikation impliziter Studieninhalte als tendenziell gut. Auch die Studienmotivation liegt in beiden Gruppen auf einem eher hohen Level.

t-Test für unabhängige Stichproben

		Levene-Test der Varianzgleichheit		T-Test für die Mittelwertvergleiche				
		F	Sig.	T	df	Sig. (2-seitig)	Mittlere Differenz	Standardfehler der Differenz
Praktischer Sinn	Gleiche Varianzen	1,047	0,307	-6,591	384	0,000	-0,61194	0,09285
	Ungleiche Varianzen			-6,492	325,143	0,000	-0,61194	0,09426
Fachsprache	Gleiche Varianzen	0,007	0,932	-3,272	398	0,001	-0,38021	0,11621
	Ungleiche Varianzen			-3,279	362,764	0,001	-0,38021	0,11596
Studienmotivation	Gleiche Varianzen	0,003	0,955	-2,719	392	0,007	-0,25072	0,09219
	Ungleiche Varianzen			-2,712	352,264	0,007	-0,25072	0,09243
Kommunikation	Gleiche Varianzen	1,011	0,315	-2,377	380	0,018	-0,201	0,084
	Ungleiche Varianzen			-2,335	326,009	0,020	-0,201	0,086
Explikation	Gleiche Varianzen	1,542	0,215	-2,031	395	0,043	-0,191	0,094
	Ungleiche Varianzen			-2,000	336,721	0,046	-0,191	0,096

Tabelle 13: t-Test; Bedingungsfaktoren und Studienmotivation getrennt nach Urteil über Studienabbruchgedanke

Trotz dieser gleich verlaufenden Tendenz in beiden Gruppen, befinden sich die Studierenden der Gruppe „Ja“ auf allen Faktoren in ihrer

Bewertungstendenz unter dem Level des jeweiligen Gesamtmittelwerts und auch immer unter dem Niveau der Einstufung durch die Gruppe „Nein". Dieser Unterschied wird für jeden der fünf Faktoren signifikant.

Besonders die Faktoren „Praktischer Sinn" und „Fachsprache", die eher individuelle Probleme mit den Studienstrukturen abbilden (Beherrschung des fachspezifischen Habitus), stechen hierbei hervor, wird der Unterschied hier doch sogar hochsignifikant. Inhaltlich bedeutet dieses Ergebnis, dass Studierende, die mit dem Gedanken eines Studienabbruchs spielen, eine erhöhte Tendenz dazu besitzen die Denk-, Wahrnehmungs- und Handlungsmuster ihres Studienfaches nicht zu beherrschen. Ebenso zeigt sich, allerdings in geringerem Umfang, dass sie dazu neigen die Fachsprache ihres Studienfaches nicht zu beherrschen. Studierende allerdings, die nicht mit dem Gedanken an einen Studienabbruch spielten, haben vergleichsweise geringere Probleme mit den Denk-, Wahrnehmungs- und Handlungsmustern ihres Studienfaches und tendieren zum Verständnis der vorherrschenden Fachsprache.

Für die Faktoren „Kommunikation" und „Explikation" zeichnet sich ein ähnliches Bild. Diese Faktoren bilden eher Probleme ab, die sich aus den strukturellen Bedingungen des jeweiligen Studienfaches, dem pädagogischen Code, ergeben. Hier bewegt sich der Unterschied zwischen den Gruppen auf einem niedrigeren Signifikanzniveau. Das lässt darauf schließen, dass Schwierigkeiten, die sich rein aus den Strukturen des Studienfaches ergeben und damit dem individuellen Einfluss weitestgehend entzogen sind, einen geringeren Einfluss auf einen Abbruchgedanken haben. Die Kommunikationsatmosphäre wird von den Studierenden aus der Gruppe „Ja" als weniger offen empfunden als von Studierenden der Gruppe „Nein". Für erstere sind somit die Lehrenden des Studienfaches weniger gut zu erreichen als für letztere. Studierende, die sich noch keine Gedanken über einen Studienabbruch gemacht haben, bewerten auch den Explikationsgrad in Bezug auf implizite Fachinhalte oder Fachinhalte allgemein positiver, als dies Studierende tun, die bereits über einen Studienabbruch nachgedacht hatten.

Der Faktor „Studienmotivation" zeigt in dieser Analyse genau das Verhalten, das aufgrund der weiter oben aufgetragenen Interkorrelationsmatrix (vgl. Tabelle 10) zu erwarten war. Werden die oben genannten Faktoren „negativ" bewertet, so sinkt auch die Studienmotivation. Dieses Verhalten ist besonders bei denjenigen Studierenden zu finden, die sich schon einmal Gedanken über einen Studienabbruch gemacht haben. Eine gegensätzliche Tendenz lässt sich bei den Studierenden beobachten, die sich noch keine Gedanken über einen Studienabbruch gemacht haben.

Interessant für den Kontext der Reproduktion von Studienstrukturen ist, dass strukturelle Bedingungsfaktoren wie „Kommunikation“ und „Explikation“ eine scheinbar geringere Rolle für Gedanken über einen Studienabbruch spielen als individuelle Unzulänglichkeiten der Studierenden, wie die Beherrschung der Denk-, Wahrnehmungs- und Handlungsmuster oder der Fachsprache des Studienfaches. Die Studierenden machen tendenziell eher die eigenen Fähigkeiten zum Verständnis des Lehrstoffes für ein Scheitern verantwortlich als die Art und Weise des Stoffvortrages oder der Stoffaufbereitung. Allerdings ist hierbei zu bedenken, dass nach Bourdieu auch der praktische Sinn und die Sprache Teil eines Feldes sind bzw. erst aus einem solchen hervor gehen. Entsprechend dem Dualismus von Feld und Habitus sind strukturelle und individuelle Elemente hier nicht ohne Weiteres voneinander zu trennen.

5.2.1.3 Bedingungsfaktoren fachgruppenweise getrennt nach Urteil über Studienabbruchgedanke

Nun soll die im vorherigen Abschnitt dargestellte Analyse der Bedingungsfaktoren für Gedanken über Studienabbruch nach Fachgruppen getrennt betrachtet werden. Hierbei werden allerdings nur die Fachgruppen Naturwissenschaften und Kulturwissenschaften untersucht.

5.2.1.3.1 Naturwissenschaften

In der unten aufgetragenen Abbildung werden die Mittelwerte der Bedingungsfaktoren getrennt nach den Gruppen „Ja“ und „Nein“ für die Fachgruppe Naturwissenschaften dargestellt.

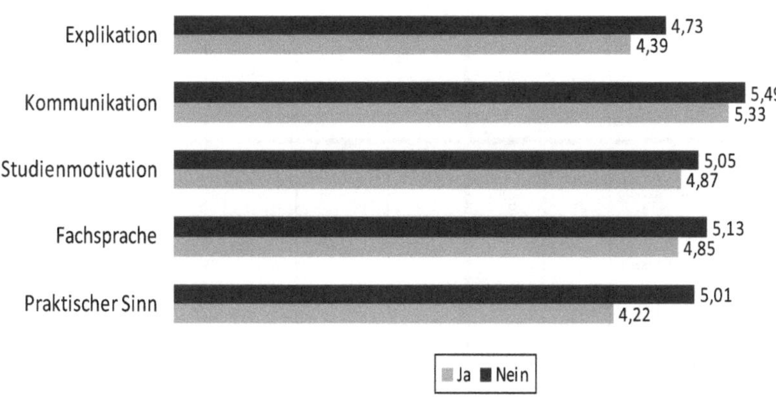

Abbildung 3: Mittelwerte von Bedingungsfaktoren und Studienmotivation getrennt nach Urteil über Studienabbruchgedanke für die Fachgruppe „Naturwissenschaften"[20]

Wie schon zuvor in der Gesamtschau bewegt sich auch hier die allgemeine Bewertungstendenz für die einzelnen Faktoren im eher positiven Bereich. Mit anderen Worten: Die Wahrnehmungs-, Denk- und Handlungsmuster sowie die Fachsprache werden von Studierenden naturwissenschaftlicher Fächer, ob sie nun zur Gruppe „Ja" oder „Nein" gehören tendenziell eher beherrscht. Die Kommunikationsatmosphäre wird von beiden Gruppen als eher offen empfunden. Im Falle des Explikationsgrades ist die Gruppe „Ja" eher neutral eingestellt, während die Gruppe „Nein" zu einer leicht positiven Bewertung tendiert. Auch die Studienmotivation bewegt sich für beide Gruppen eher im positiven Bereich.

20 vgl. „Anhang II.1 Bedingungsfaktoren und Studienmotivation", S. 176 (Anm. d. Verf.)

t-Test für unabhängige Stichproben

		Levene-Test der Varianzgleichheit		T-Test für die Mittelwertvergleiche				
		F	Sig.	T	df	Sig. (2-seitig)	Mittlere Differenz	Standardfehler der Differenz
Praktischer Sinn	Gleiche Varianzen	2,327	0,130	-5,043	131	0,000	-0,79229	0,15711
	Ungleiche Varianzen			-4,812	94,788	0,000	-0,79229	0,16465
Fachsprache	Gleiche Varianzen	1,894	0,171	-1,419	134	0,158	-0,28500	0,20081
	Ungleiche Varianzen			-1,388	108,585	0,168	-0,28500	0,20540
Studienmotivation	Gleiche Varianzen	0,900	0,344	-1,141	135	0,256	-0,17729	0,15534
	Ungleiche Varianzen			-1,112	105,382	0,269	-0,17729	0,15942
Kommunikation	Gleiche Varianzen	3,209	0,076	-1,202	132	0,231	-0,166	0,138
	Ungleiche Varianzen			-1,161	103,919	0,248	-0,166	0,143
Explikation	Gleiche Varianzen	3,250	0,074	-2,019	134	0,045	-0,342	0,170
	Ungleiche Varianzen			-1,945	101,890	0,055	-0,342	0,176

Tabelle 14: t-Test; Bedingungsfaktoren und Studienmotivation getrennt nach Urteil über Studienabbruchgedanke für die Fachgruppe „Naturwissenschaften"

Obwohl in dieser Fachgruppe die Antworttendenzen in etwa der gleichen Richtung folgen, liegen die Urteile der Gruppe „Ja" verglichen mit dem jeweiligen Gesamtmittelwert der Faktoren im negativen Bereich und auch auf jedem Faktor unterhalb der Bewertungen der Gruppe „Nein". Signifikante Unterschiede ergeben sich hierbei für die Faktoren

„Praktischer Sinn“ und „Explikation“, wobei ersterer sogar hochsignifikant wird. Zudem ist zu beachten, dass sich die Varianzen in den Faktoren „Kommunikation“ und „Explikation“ nahezu signifikant unterscheiden. Dabei sind sich die Studierenden aus der Gruppe „Ja“ weniger einig über ihre Bewertung des Faktors „Kommunikation“. Hier gehen Bewertungen von „Trifft voll und ganz zu“ (1) bis „Trifft nicht zu“ (6) ein, während die Skala der Gruppe „Nein“ sich zwischen „Trifft voll und ganz zu“ (1) und „Trifft weniger zu“ (5) bewegt.

Ausgehend von diesen Ergebnissen lässt sich schließen, dass für den Abbruch eines naturwissenschaftlichen Studiums besonders die Beherrschung der Wahrnehmungs-, Denk- und Handlungsmuster der Naturwissenschaften sowie die Explikation impliziter Fachinhalte und die Kommunikationsatmosphäre eine Rolle spielen.

Bei dieser Schlussfolgerung ist allerdings zu beachten, dass die Faktoren „Kommunikation“ und „Studienmotivation“ bei der Betrachtung der Einzelfächer Mathematik und Physik Abweichungen von den oben beschriebenen Ergebnissen aufweisen.

Im Fach Mathematik ist der Mittelwert der Gruppe „Ja“ für den Faktor „Studienmotivation“ größer als der Mittelwert der Gruppe „Nein“. Eine Erklärung für dieses Ergebnis sind womöglich die formalen Strukturen der mathematischen Denk-, Wahrnehmungs- und Handlungsmuster. Während Studierende, die eine Tendenz zur Beherrschung des fachspezifischen praktischen Sinnes aufweisen, über ein Verständnis der formalen Strukturen der Mathematik verfügen, besitzen Studierende, die den fachspezifischen praktischen Sinn weniger gut beherrschen kein Verständnis für diese formalen Strukturen. Von Studierenden mit mangelndem fachspezifischem praktischem Sinn wird somit nicht erkannt, dass das Studienfach Mathematik in seiner Stoffstruktur dem kumulativen Paradigma folgt. Solche Studierende nehmen die Fachinhalte, die in den Lehrveranstaltungen gelehrt werden, nur als singuläre Lehrsätze wahr. Unterstützt wird diese These durch die tendenziell negative Bewertung des Explikationsgrades durch die Studierenden in der Gruppe „Ja“. Studierende, die über ein Verständnis für den kumulativen Charakter der mathematischen Fachinhalte verfügen, nehmen die Aneinanderreihung von mathematischen Fakten dagegen als trivial wahr, da sich für diese Gruppe Verbindungslinien zwischen den Lehrsätzen ergeben, die kausale Schlüsse zulassen. Aus diesem Verständnis für die Zusammenhänge der Fachinhalte resultiert dann eine tendenziell geringere Motivation sich in den Lehrveranstaltungen mit als trivial empfundenen mathematischen Aussagen zu befassen. Die Gruppe „Ja“ dagegen erwartet von den Lehrveranstaltungen, dass sie die impliziten Zusammenhänge des Stoffes erklären. Das Fach Physik besitzt im Kontrast zur Mathematik einen hohen empirischen Anteil, folgt ansonsten aber auch dem kumulativen Paradigma. Dieser empirische Anteil ist es, der dafür sorgt, dass in den Lehrveranstaltungen dieses Faches noch unvorhersehbare Zusammenhänge thematisiert werden können und werden. Entsprechend hoch ist die Motivation der Gruppe „Nein", an diesen Lehrveranstaltungen teilzunehmen und sich für ihr Studienfach zu begeistern. Dagegen steht die Gruppe „Ja", die auch hier wieder eine Erhöhung des Explikationsgrades verlangt, da sie den „Praktischen Sinn" und die „Fachsprache" der Physik tendenziell nicht beherrscht. Der empirische Anteil der Physik führt bei dieser Gruppe zu einer Verstärkung der Wahrnehmung, dass es sich beim Fachinhalt nur um singuläre Sätze handelt. Die Zusammenhänge werden noch undurchsichtiger und es wird immer weniger verstanden. Dies führt dazu, dass diese Gruppe eine mangelnde Studienmotivation entwickelt.

Die Abweichung auf dem Faktor „Kommunikation" ergibt sich dadurch, dass das Fach Mathematik den oben beschriebenen Ergebnissen folgt, während im Fach Physik zwischen den Gruppen der „Ja" und „Nein" keine Unterschiede bestehen. Dies lässt darauf schließen, dass die Kommunikation zwischen Lehrenden und Studierenden im Fach Physik besser organisiert ist als im Fach Mathematik.

Es bleibt festzuhalten, dass Studierende der Fachgruppe Naturwissenschaften sowohl strukturelle Aspekte als auch individuelle Aspekte für ein Scheitern im Studium bzw. für mangelnde Studienmotivation verantwortlich machen.

5.2.1.3.2 Kulturwissenschaften

In der unten aufgetragenen Abbildung werden die Mittelwerte der Bedingungsfaktoren getrennt nach den Gruppen „Ja" und „Nein" für die Fachgruppe Kulturwissenschaften dargestellt.

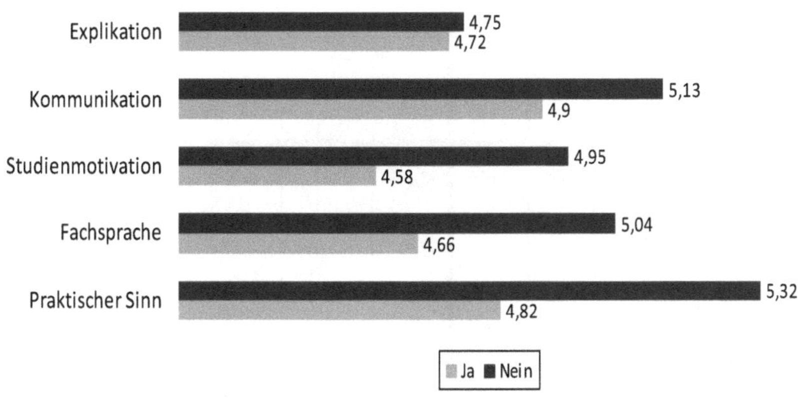

Abbildung 4: Mittelwerte von Bedingungsfaktoren und Studienmotivation getrennt nach Urteil über Studienabbruchgedanke für die Fachgruppe „Kulturwissenschaften“[21]

Auch in den Kulturwissenschaften zeigt sich wieder das gleiche Bild wie in den anderen Fachgruppen, was die allgemeinen Antworttendenzen angeht. Insgesamt werden alle Faktoren von beiden Gruppen im positiven Bereich der angelegten Skala bewertet. Somit werden sowohl von der Gruppe „Ja“ als auch von der Gruppe „Nein“ die Wahrnehmungs-, Denk- und Handlungsmuster sowie die Fachsprache eher beherrscht. Die Kommunikationsatmosphäre wird als tendenziell offen angesehen und der Explikationsgrad wird positiv bewertet. Auch die Studienmotivation bewegt sich im positiven Bereich.

21 vgl. „Anhang II.1 Bedingungsfaktoren und Studienmotivation“, S. 177 (Anm. d. Verf.)

t-Test für unabhängige Stichproben

		Levene-Test der Varianzgleichheit		T-Test für die Mittelwertvergleiche				
		F	Sig.	T	df	Sig. (2-seitig)	Mittlere Differenz	Standardfehler der Differenz
Praktischer Sinn	Gleiche Varianzen	0,199	0,656	-3,769	183	0,000	-0,50436	0,13380
	Ungleiche Varianzen			-3,793	165,049	0,000	-0,50436	0,13296
Fachsprache	Gleiche Varianzen	1,145	0,286	-2,243	195	0,026	-0,37902	0,16896
	Ungleiche Varianzen			-2,295	187,121	0,023	-0,37902	0,16516
Studienmotivation	Gleiche Varianzen	2,893	0,091	-2,773	189	0,006	-0,37356	0,13470
	Ungleiche Varianzen			-2,809	177,604	0,006	-0,37356	0,13301
Kommunikation	Gleiche Varianzen	0,494	0,483	-1,942	185	0,054	-0,235	0,121
	Ungleiche Varianzen	0,945		-1,885	145,467	0,061	-0,235	0,125
Explikation	Gleiche Varianzen		0,332	-0,224	191	0,823	-0,027	0,122
	Ungleiche Varianzen			-0,218	153,651	0,828	-0,027	0,125

Tabelle 15: t-Test; Bedingungsfaktoren und Studienmotivation getrennt nach Urteil über Studienabbruchgedanke für die Fachgruppe „Kulturwissenschaften"

Trotz des allgemein positiven Trends ergeben sich auch in dieser Fachgruppe wieder signifikante Unterschiede zwischen den Gruppen „Ja" und „Nein". Überzufällige Differenzen ergeben sich für die Faktoren „Praktischer Sinn", „Fachsprache" und „Studienmotivation". Die Richtung dieser Unterschiede deckt sich dabei abermals mit den Ergebnissen aus der Gesamtschau. Allgemein gilt für alle Faktoren, dass Studierende der Gruppe „Nein" vergleichsweise bessere Urteile abgeben als Studierende der Gruppe „Ja".

Um die hier gefundenen Signifikanzen korrekt interpretieren zu können, muss auch die Einzelfachebene betrachtet werden. Hierbei wird deutlich, dass die beschriebenen Signifikanzen durchweg auf den Einfluss der großen Stichprobe aus dem Studienfach Sozialwissenschaften zurückzuführen sind. Lediglich zum Faktor „Praktischer Sinn" trägt auch das Fach Philosophie einen gewissen Teil bei. Die Tatsache, dass der Faktor „Explikation" keinen signifikanten Unterschied anzeigt, lässt darauf schließen, dass die impliziten Inhalte der Kulturwissenschaften allgemein leicht zugänglich sind.

Ein Scheitern schreiben Studierende der Kulturwissenschaften in der Regel dem mangelnden individuellen Verständnis von den Denk-, Wahrnehmungs- und Handlungsmustern ihrer Fachgruppe zu. Strukturelle Schwierigkeiten bilden eher weniger Bedingungsfaktoren für Gedanken über einen Studienabbruch. Trotz allem sind sie eine Größe, die sich auf die Studienmotivation auswirkt.

5.2.1.3.3 Zusammenfassung

Insgesamt herrscht in allen betrachteten Fachgruppen über die Gruppen „Ja" und „Nein" hinweg die Meinung vor, dass die fachspezifischen Wahrnehmungs-, Denk- und Handlungsmuster sowie die Fachsprache beherrscht werden. Die Kommunikationsatmosphäre wird insgesamt als offen empfunden und auch der Explikationsgrad erscheint ausreichend. Dies schlägt sich in einer positiven Bewertung für den Faktor „Studienmotivation" nieder. Trotz dieser gemeinsamen positiven Tendenz ergeben sich für die einzelnen Faktoren Unterschiede zwischen den Gruppen „Ja" und „Nein".

Ernsthafte Gedanken über einen Studienabbruch werden sowohl durch individuelle Probleme mit dem jeweiligen Studienfach als auch durch Schwierigkeiten, die sich aus der Struktur der Studienfächer ergeben, ausgelöst. Diese Beziehung lässt sich über alle Studienfächer, die in dieser Studie untersucht wurden, hinweg beobachten. Besonders der Faktor „Praktischer Sinn" ist hierbei hervorzuheben, da hier der Unterschied zwischen Studierenden, die sich bereits Gedanken über einen Studienabbruch gemacht haben und ihren Pendants, sowohl in der Gesamtschau als auch in jeder der betrachteten Fachgruppen, signifikant wurde. In den Naturwissenschaften spielt zusätzlich der Explikationsgrad eine große Rolle. Studierende, die mit dem Gedanken eines Studienabbruchs gespielt haben, halten die Explikation impliziter Studieninhalte für weniger gut als ihre Pendants, sind sich in ihrem Urteil darüber innerhalb ihrer Gruppe allerdings tendenziell unsicher. Bei den Kulturwissenschaften zeigen sich auch auf den Faktoren „Fachsprache", „Studienmotivation" und „Kommunikation" signifikante bzw. nahezu signifikante Ergebnisse. Diese Signifikanzen sind allerdings vollständig auf den Einfluss der großen Stichprobe aus den Sozialwissenschaften zurückzuführen. Es lässt sich festhalten, dass in den Naturwissenschaften sowohl strukturelle als auch individuelle Probleme einen Einfluss auf das Studienabbruchverhalten haben. Das heißt: Sowohl der naturwissenschaftliche Kollektionscode als auch der fachspezifische Habitus spielen eine Rolle. Bei den Kulturwissenschaften verschiebt sich dieser Einfluss auf die individuelle Ebene. Sonderfall ist hierbei das Fach Sozialwissenschaften, bei dem sämtliche Ebenen von Problematiken Einflüsse ausüben.

5.2.1.4 Bedingungsfaktoren und positives Urteil zu Studienabbruchgedanken getrennt nach Fachgruppen

Der nachfolgende Abschnitt diskutiert die Unterschiede zwischen den Studierenden, die ein positives Urteil zum Gedanken über einen Studienabbruch abgaben, der Fachgruppen Natur- und Kulturwissenschaften hinsichtlich der Bedingungsfaktoren und der Studienmotivation.

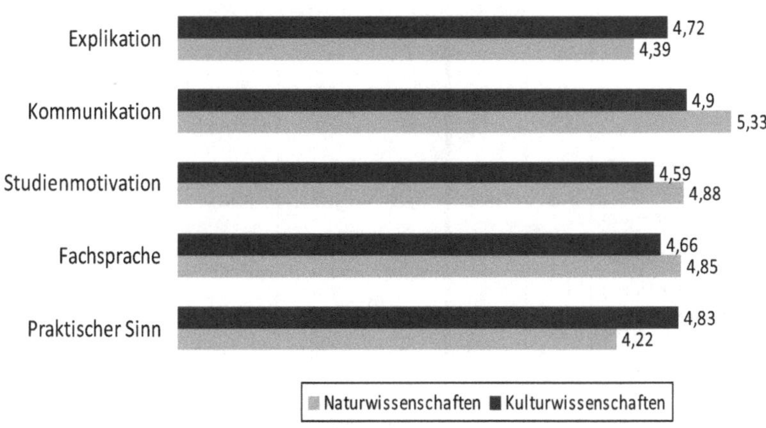

Abbildung 5: Mittelwerte von Bedingungsfaktoren und Studienmotivation bei positivem Urteil zu Studienabbruchgedanke getrennt nach Naturwissenschaften/ Kulturwissenschaften[22]

Aus Abbildung 5 lässt sich ersehen, dass die Studierenden der Gruppe „Ja“ aus natur- bzw. kulturwissenschaftlichen Studiengängen sich in jedem Bedingungsfaktor und auch in der Studienmotivation augenscheinlich voneinander unterscheiden. Die Explikation von Fachinhalten und die Beherrschung des fachspezifischen praktischen Sinns werden in den Naturwissenschaften vergleichsweise schlechter bewertet. Andersherum sieht es bei der Beherrschung der Fachsprache und der Kommunikationsatmosphäre aus. In den Naturwissenschaften wird die Fachsprache vergleichsweise besser beherrscht und die Kommunikationsatmosphäre wird als vergleichsweise offener angesehen. Die Studienmotivation wird von den Studierenden der Gruppe „Ja“ aus den Naturwissenschaften besser bewertet als von ihren Pendants aus den Kulturwissenschaften.

Testet man die Unterschiede auf Signifikanz, so resultiert folgendes Ergebnis:

22 vgl. „Anhang II.1 Bedingungsfaktoren und Studienmotivation“, S. 178 (Anm. d. Verf.)

t-Test für unabhängige Stichproben

		Levene-Test der Varianzgleichheit		T-Test für die Mittelwertvergleiche				
		F	Sig.	T	df	Sig. (2-seitig)	Mittlere Differenz	Standardfehler der Differenz
Praktischer Sinn	Gleiche Varianzen	0,871	0,352	-3,623	128	0,000	-0,605	0,167
	Ungleiche Varianzen			-3,532	103,301	0,001	-0,605	0,171
Fachsprache	Gleiche Varianzen	2,614	0,108	0,954	136	0,342	0,189	0,198
	Ungleiche Varianzen			0,928	106,971	0,355	0,189	0,204
Studienmotivation	Gleiche Varianzen	0,614	0,435	1,825	133	0,070	0,291	0,160
	Ungleiche Varianzen			1,794	109,111	0,076	0,291	0,162

Fortsetzung von t-Test für unabhängige Stichproben siehe nächste Seite...

...Fortsetzung von t-Test für unabhängige Stichproben

		Levene-Test der Varianzgleichheit		T-Test für die Mittelwertvergleiche				
		F	Sig.	T	df	Sig. (2-seitig)	Mittlere Differenz	Standardfehler der Differenz
Kommunikation	Gleiche Varianzen	0,084	0,773	2,751	133	0,007	0,429	0,156
	Ungleiche Varianzen			2,747	122,206	0,007	0,429	0,156
Explikation	Gleiche Varianzen	3,663	0,058	-1,969	134	0,051	-0,338	0,172
	Ungleiche Varianzen			-1,905	103,877	0,060	-0,338	0,177

Tabelle 16: t-Test; Bedingungsfaktoren und Studienmotivation bei positivem Urteil zu Studienabbruchgedanke getrennt nach Naturwissenschaften/Kulturwissenschaften

Der Signifikanztest ergab hochsignifikante Unterschiede zwischen den Gruppen „Ja" der Natur- und Kulturwissenschaften für die Beherrschung des fachspezifischen praktischen Sinns und der Kommunikationsatmosphäre. Nahezu signifikant werden die Unterschiede im Explikationsgrad und der Studienmotivation.

Die Ursachen für diese Unterschiede sind höchstwahrscheinlich in den unterschiedlichen Ausrichtungen der fachspezifischen pädagogischen Codes, in den fachspezifisch voneinander abweichenden Erwartungen an das Studium, im Gegensatz von formaler und natürlicher Sprache als Wissenschaftssprache sowie in der Verschiedenheit der Forschungsgegenstände von Natur- und Kulturwissenschaften zu suchen. Diese verschiedenen Aspekte wirken dabei zusammen und bedingen sich auch gegenseitig. So stellt der Kollektionscode der Naturwissenschaften in Verbindung mit dem formalen Charakter der naturwissenschaftlichen Fachsprache eine besondere Herausforderung für die Studierenden dar. Fachinhalte bauen hier linear aufeinander auf und sind zudem noch in einer relativ schwer zugänglichen Sprache formuliert. Dagegen steht der Integrationscode der Kulturwissenschaften und die, an die natürliche Sprache angelegte, Wissenschaftssprache dieser Disziplinen. Fachinhalte sind hier lose miteinander verknüpft und weitestgehend in der Alltagssprache abgefasst. Der Einstieg in die Inhalte wird dadurch leichter und kann zu unterschiedlichen Zeitpunkten erfolgen, ohne dass das Gesamtverständnis darunter leidet. Kommunikation und Interaktion ist in den naturwissenschaftlichen Studiengängen, was den rein sozialen Austausch angeht, eher sekundär, während gerade dieser Aspekt in den Kulturwissenschaften einen besonders hohen Stellenwert hat.

5.2.1.5 Bedingungsfaktoren getrennt nach Fachsemestern und Fachgruppen

Eine Trennung der Bedingungsfaktoren „Praktischer Sinn", „Fachsprache", „Kommunikation" und „Explikation" sowie „Studienmotivation" nach Fachsemestern zeigte keinerlei signifikante Unterschiede.

Nun soll die oben beschriebene Trennung nach Fachsemestern nochmals nach Fachgruppen getrennt betrachtet werden. Hierbei gehen nur die Fachgruppen Naturwissenschaften und Kulturwissenschaften in die Analyse ein.

5.2.1.5.1 Naturwissenschaften

In den Naturwissenschaften zeigte sich nur für den Faktor „Praktischer Sinn" ein nahezu signifikanter Unterschied zwischen den verschiedenen Fachsemestern.[23]

Ein Vergleich der Mittelwerte dieses Faktors über die verschiedenen Semester zeigt, dass sich die Beherrschung des fachspezifischen praktischen Sinns mit zunehmender Semesterzahl verbessert. Den niedrigsten Level hat sie dabei in den ersten beiden Semestern. Betrachtet man zusätzlich das Verhalten der Varianzen, so fällt auf, dass das Antwortverhalten bei Studierenden im 3. bzw. 4. Semester vergleichsweise homogen ist, während in den übrigen Semestern ein heterogeneres Antwortverhalten zu beobachten ist. Die Varianzen sinken zunächst, mit dem niedrigsten Level bei Studierenden im 3. und 4. Semester, um in den folgenden Semestern wieder anzusteigen.

Betrachtet man die Mittelwerte und Varianzen der verschiedenen Faktoren über die Semester hinweg, so zeigt sich hier insbesondere für die Varianzen, dasselbe Muster, wie beim Faktor „Praktischer Sinn". Das heißt: Mit steigender Semesterzahl gehen die Meinungen der Studierenden über die verschiedenen Faktoren wieder auseinander. Gleichzeitig lässt sich aber beobachten, dass die einzelnen Faktoren sukzessive positiver bewertet werden. Möglicherweise ist dies ein Hinweis auf Reifungseffekte. Studierende niedriger Semester tun sich schwer mit den

23 vgl. „Anhang II.1 Bedingungsfaktoren und Studienmotivation", S. 179 (Anm. d. Verf.)

Anforderungen, die ein naturwissenschaftliches Studium an sie stellt, da hier schnell viel Stoff bewältigt werden muss, was zu einem erhöhten Frustpotential führen kann. Einige Studierende können diese Phase bewältigen, während andere schon in diesem frühen Stadium des naturwissenschaftlichen Studiums scheitern. Die durchschnittliche Studiendauer eines Studienabbrechers in naturwissenschaftlichen Studiengängen beträgt 4,1 Semester (vgl. Heublein et al. (2009), S. 48). Das Absinken der Varianz im Antwortverhalten in der Kategorie der Dritt- und Viertsemester ließe sich nun damit erklären, dass die Studierenden, die schon den Eintrittsanforderungen eines naturwissenschaftlichen Studiums nicht ausreichend nachkommen konnten, zu diesem Zeitpunkt bereits aus dem Studium ausgeschieden sind. Übrig geblieben sind nur die Studierenden, die über die nötigen Fähigkeiten für die erfolgreiche Bewältigung eines solchen Studiums verfügen. Dafür spricht auch der zu diesem Zeitpunkt ansteigende Beherrschungsgrad der fachspezifischen Wahrnehmungs-, Denk- und Handlungsmuster sowie der Fachsprache. Wobei dieser Trend für die fachspezifischen Wahrnehmungs-, Denk- und Handlungsmuster dauerhaft ist. Auch eine positivere Bewertung der Kommunikationsatmosphäre und des Explikationsgrades ist zu beobachten. Ebenso zeigt sich eine Erhöhung der Studienmotivation (ebd., S. 50). Die in den darauf folgenden Semestern ansteigende Varianz im Antwortverhalten, aber gleichzeitig sich steigernden positiven Bewertungen der Faktoren, sprechen dafür, dass die Studierenden ihr Verständnis für die Naturwissenschaften soweit geschult haben, dass sie nun Kritik üben können, an dem was gelehrt wird. Möglicherweise treffen an dieser Stelle verschiedene Interessenlagen aufeinander, wobei diejenigen Studierenden, die weiterhin positive Bewertungen machen, ihre Interessen befriedigt sehen, während eine andere Gruppe alternative Studienschwerpunkte fordert.

Fachsemester (gruppiert): Naturwissenschaften

		Praktischer Sinn	Fachsprache	Studienmotivation	Kommunikation	Explikation
1. bis 2. Semester	Mittelwert	4,3444	4,9459	4,8256	5,24	4,31
	Varianz	1,064	1,384	0,809	0,722	1,006
	Standardabweichung	1,03135	1,17629	0,89933	0,849	1,003
	N	36	37	39	37	36

Fortsetzung von Fachsemester (gruppiert): Naturwissenschaften siehe nächste Seite...

...Fortsetzung von Fachsemester (gruppiert): Naturwissenschaften

		Praktischer Sinn	Fachsprache	Studienmotivation	Kommunikation	Explikation
3. bis 4. Semester	Mittelwert	4,7378	5,1745	5,1362	5,55	4,77
	Varianz	0,655	1,292	0,760	0,461	0,696
	Standardabweichung	0,80940	1,13645	0,87189	0,679	0,834
	N	45	47	47	45	46
5. bis 6. Semester	Mittelwert	4,8290	5,1062	4,8533	5,56	4,64
	Varianz	1,110	1,030	0,852	0,686	1,056
	Standardabweichung	1,05363	1,01471	0,92316	0,828	1,028
	N	31	32	30	31	32
7. und höhere Semester	Mittelwert	4,9300	4,6211	5,0700	5,24	4,54
	Varianz	0,875	1,942	0,742	0,706	1,250
	Standardabweichung	0,93533	1,39347	0,86152	0,840	1,118
	N	20	19	20	20	21
Insgesamt	Mittelwert	4,6811	5,0178	4,9750	5,42	4,58
	Varianz	0,932	1,348	0,794	0,632	0,961
	Standardabweichung	0,96552	1,16118	0,89125	0,795	0,980
	N	132	135	136	133	135

Tabelle 17: Mittelwerte, Varianzen und Standardabweichungen von Bedingungsfaktoren und Studienmotivation getrennt nach Fachsemestern für die Fachgruppe „Naturwissenschaften"

5.2.1.5.2 Kulturwissenschaften

Für die Kulturwissenschaften ergeben sich auf den Bedingungsfaktoren zwischen den Semestern keine signifikanten Unterschiede. Ausgehend davon scheinen sich alle Semester auf einem ähnlichen Level zu bewegen, was die Bewertung der verschiedenen Faktoren angeht.[24]

Betrachtet man die Mittelwerte und Varianzen der Faktoren über die Semester, so ergeben sich verschiedene Muster. Die Varianzen im Antwortverhalten sinken über die Semester. Die Mittelwerte dagegen zeigen verschiedene Antworttendenzen auf. Die Bewertung des Faktors „Praktischer Sinn“ steigt, die des Faktors „Fachsprache“ bleibt mit Ausnahme eines leichten Ausreißers bei den Studierenden im 5. und 6. Semester auf dem gleichen Level. Die Studienmotivation sinkt zunächst ab, steigt aber bei den Studierenden des 7. und höherer Semester wieder leicht an. Die Einschätzung der Kommunikationsatmosphäre und des Explikationsgrades hingegen tendiert über die Semester zum Negativen. Eine Erklärung für dieses Verhalten könnte das Verlangen nach sozialem Kontakt und Diskussion sein, welches typisch ist für Studierende dieser Fachgruppe. Eventuell werden diese Ideale nicht ausreichend bedient (vgl. Heublein/Sommer (2000), S. 36).

Fachsemester (gruppiert): Kulturwissenschaften

		Praktischer Sinn	Fachsprache	Studienmotivation	Kommunikation	Explikation
1. bis 2. Semester	Mittelwert	5,0551	4,8839	4,8911	5,17	4,88
	Varianz	0,871	1,421	0,775	0,736	0,665
	Standardabweichung	0,93347	1,19212	0,88033	0,858	0,816
	N	89	93	90	90	90
3. bis 4. Semester	Mittelwert	5,1397	4,7803	4,6712	4,92	4,67
	Varianz	0,933	1,588	1,078	0,615	0,674
	Standardabweichung	0,96608	1,26000	1,03841	0,784	0,821
	N	58	61	59	57	60

Fortsetzung von Fachsemester (gruppiert): Kulturwissenschaften siehe nächste Seite...

24 vgl. „Anhang II.1 Bedingungsfaktoren und Studienmotivation“, S. 180 (Anm. d. Verf.)

...Fortsetzung von Fachsemester (gruppiert): Kulturwissenschaften

		Praktischer Sinn	Fachsprache	Studienmotivation	Kommunikation	Explikation
5. bis 6. Semester	Mittelwert	5,2367	5,1273	4,7438	4,88	4,54
	Varianz	0,613	1,087	0,700	0,477	0,777
	Standardabweichung	0,78278	1,04261	0,83664	0,691	0,882
	N	30	33	32	30	33
7. und höhere Semester	Mittelwert	5,3429	4,7778	4,9111	4,91	4,56
	Varianz	1,550	1,084	1,301	1,001	0,556
	Standardabweichung	1,24480	1,04137	1,14066	1,000	0,745
	N	7	9	9	9	9
Insgesamt	Mittelwert	5,1223	4,8878	4,7989	5,03	4,74
	Varianz	0,864	1,396	0,876	0,676	0,691
	Standardabweichung	0,92948	1,18142	0,93594	0,822	0,831
	N	184	196	190	186	192

Tabelle 18: Mittelwerte, Varianzen und Standardabweichungen von Bedingungsfaktoren und Studienmotivation getrennt nach Fachsemestern für die Fachgruppe „Kulturwissenschaften"

5.2.1.5.3 Zusammenfassung

Für die Fachgruppe Naturwissenschaften gilt allgemein, dass sich die Urteile über die verschiedenen Faktoren mit steigender Semesterzahl verbessern. Diese absolute Verbesserung beginnt ab der Kategorie „3. bis 4. Semester" und ist auch mit einem homogeneren Antwortverhalten verbunden. Eine mögliche Erklärung hierfür ist, dass zu diesem Zeitpunkt Studierende, die größere Probleme mit den fachspezifischen Wahrnehmungs-, Denk- und Handlungsmuster, der Fachsprache, der Kommunikationsatmosphäre und dem Explikationsgrad dieser Fachgruppe hatten, bereits aus dem Studium ausgeschieden sind. Die naturwissenschaftliche Studierendenschaft wird damit homogener.

In den Kulturwissenschaften zeigen sich keine signifikanten Unterschiede über die Semester. Insgesamt verbessern sich die Urteile in den

Bedingungsfaktoren der individuellen Ebene, wie „Praktischer Sinn" und „Fachsprache", während die strukturelle Ebene mit den Faktoren „Kommunikation" und „Explikation" eine negative Tendenz aufweist. Grund hierfür ist womöglich das starke Bedürfnis von Kulturwissenschaftlern nach Gesprächen und Austausch mit anderen, dem nicht ausreichend nachgekommen wird. Die Studienmotivation zeigt eine positive Tendenz. Die Varianz im Antwortverhalten sinkt bis ins 6. Semester, um danach dramatisch anzusteigen. Betrachtet man diesen Befund als Ausreißer, so lässt sich auch hier wieder ein Ansteigen der Gruppenhomogenität erkennen.

5.2.2 Probleme beim Studieneinstieg

5.2.2.1 Probleme beim Studieneinstieg getrennt nach Fachgruppen

Die folgende Passage betrachtet die Unterschiede hinsichtlich der Probleme während der Studieneingangsphase nach Fachgruppen getrennt. Der Fokus liegt dabei auf den Unterschieden zwischen Natur- und Kulturwissenschaften.

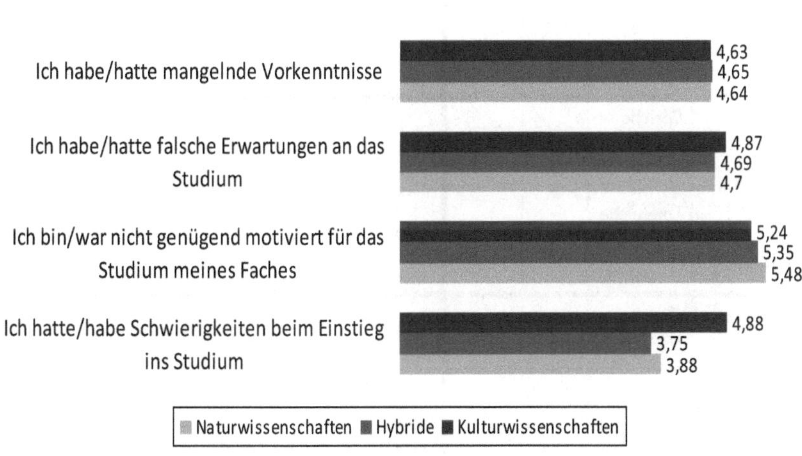

Abbildung 6: Mittelwerte der verschiedenen Problemdimensionen zu Studienbeginn getrennt nach Fachgruppen[25]

25 vgl. „Anhang II.2 Probleme beim Studieneinstieg", S. 181 (Anm. d. Verf.)

Mangelnde Vorkenntnisse scheinen in keiner der betrachteten Fachgruppen ein größeres Problem in der Studienanfangsphase gewesen zu sein. Die Erwartungen an das Studium wurden für Studierende der Kulturwissenschaften verglichen mit den beiden anderen Fachgruppen tendenziell eher erfüllt. Am höchsten motiviert zu Studienbeginn waren allerdings die Studierenden der Naturwissenschaften gefolgt von Studierenden der Hybride. Studierende der Kulturwissenschaften waren vergleichsweise weniger motiviert für ihr Fachstudium. Verglichen mit den restlichen Fachgruppen hatten die Studierenden kulturwissenschaftlicher Fächer weniger Probleme mit dem Studieneinstieg. In den Naturwissenschaften und den Hybriden gestaltete sich die Studieneingangsphase vergleichsweise schwieriger.

Testet man die Unterschiede zwischen den Fachgruppen Naturwissenschaften und Kulturwissenschaften auf Signifikanz ergeben sich folgende Werte:

t-Test für unabhängige Stichproben

		Levene-Test der Varianzgleichheit		T-Test für die Mittelwertvergleiche				
		F	Sig.	T	df	Sig. (2-seitig)	Mittlere Differenz	Standardfehler der Differenz
Ich hatte/habe Schwierigkeiten beim Einstieg ins Studium.	Gleiche Varianzen	2,565	0,110	-5,360	334	0,000	-0,998	0,186
	Ungleiche Varianzen			-5,304	285,845	0,000	-0,998	0,188
Ich bin/war nicht genügend motiviert für das Studium meines Faches.	Gleiche Varianzen	1,841	0,176	1,543	337	0,124	0,238	0,154
	Ungleiche Varianzen			1,567	316,974	0,118	0,238	0,152

Fortsetzung von t-Test für unabhängige Stichproben siehe nächste Seite...

...Fortsetzung von t-Test für unabhängige Stichproben

		Levene-Test der Varianzgleichheit		T-Test für die Mittelwertvergleiche				
		F	Sig.	T	df	Sig. (2-seitig)	Mittlere Differenz	Standardfehler der Differenz
Ich habe/hatte falsche Erwartungen an das Studium	Gleiche Varianzen	0,076	0,783	-1,115	336	0,265	-0,178	0,160
	Ungleiche Varianzen			-1,114	300,308	0,266	-0,178	0,160
Ich habe/hatte mangelnde Vorkenntnisse	Gleiche Varianzen	0,134	0,715	0,057	334	0,954	0,010	0,178
	Ungleiche Varianzen			0,057	295,658	0,955	0,010	0,179

Tabelle 19: t-Test; Probleme beim Studieneinstieg getrennt nach Naturwissenschaften/ Kulturwissenschaften

Studierende der Kulturwissenschaften haben hiernach signifikant weniger Schwierigkeiten in der Studieneingangsphase als Studierende der Naturwissenschaften.

5.2.2.2 Probleme beim Studieneinstieg getrennt nach Urteil über Studienabbruchgedanke

Im folgenden Abschnitt werden die Items der Fragebatterie 8 getrennt nach den Gruppen „Ja" und „Nein" betrachtet.

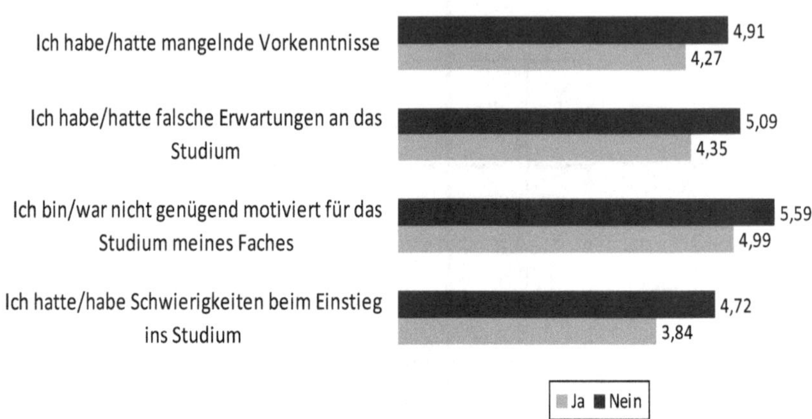

Abbildung 7: Mittelwerte der verschiedenen Problemdimensionen zu Studienbeginn getrennt nach Urteil über Studienabbruchgedanken[26]

Abbildung 7 zeigt deutlich, dass Studierende, die über einen Studienabbruch nachgedacht hatten, größere Probleme mit dem Studieneinstieg hatten als Studierende, die keinen Studienabbruchgedanken hatten. Die gleiche Tendenz zeigt sich in den Vorkenntnissen, den Studienerwartungen und der fachspezifischen Studienmotivation zu Beginn des Studiums. Bei der Interpretation der Mittelwerte ist allerdings die große Streuung der Testwerte für die verschiedenen Items und über alle Gruppen zu beachten. Diese Varianz im Antwortverhalten ist möglicherweise auf die in dieser Fragebatterie verlangte Bewertung vergangener Erlebnisse zurückzuführen.

Testet man die Unterschiede zwischen den Mittelwerten der Gruppen „Ja“ und „Nein“ auf Signifikanz, so ergibt sich Folgendes:

26 vgl. „Anhang II.2 Probleme beim Studieneinstieg“, S. 182 (Anm. d. Verf.)

t-Test für unabhängige Stichproben

		Levene-Test der Varianzgleichheit		T-Test für die Mittelwertvergleiche				
		F	Sig.	T	df	Sig. (2-seitig)	Mittlere Differenz	Standardfehler der Differenz
Ich hatte/habe Schwierigkeiten beim Einstieg ins Studium.	Gleiche Varianzen	9,727	0,002	-5,105	403	0,000	-0,878	0,172
	Ungleiche Varianzen			-4,988	334,305	0,000	-0,878	0,176
Ich bin/war nicht genügend motiviert für das Studium meines Faches.	Gleiche Varianzen	0,345	0,557	-4,376	406	0,000	-0,595	0,136
	Ungleiche Varianzen			-4,319	350,053	0,000	-0,595	0,138
Ich habe/hatte falsche Erwartungen an das Studium	Gleiche Varianzen	2,406	0,122	-5,271	406	0,000	-0,738	0,140
	Ungleiche Varianzen			-5,218	352,551	0,000	-0,738	0,141
Ich habe/hatte mangelnde Vorkenntnisse	Gleiche Varianzen	0,682	0,409	-3,967	403	0,000	-0,631	0,159
	Ungleiche Varianzen			-3,928	352,945	0,000	-0,631	0,161

Tabelle 20: t-Test; Probleme beim Studieneinstieg getrennt nach Urteil über Studienabbruchgedanke

Die Unterschiede zwischen den Gruppen „Ja“ und „Nein“ werden für sämtliche abgefragten Problemdimensionen hochsignifikant. Es ist demnach anzunehmen, dass, wenn schon zu Beginn des Studiums die eigenen Vorkenntnisse als weniger gut erfahren werden und zudem falsche

Erwartungen an das Studium bzw. eine niedrige Motivation für das Fachstudium vorherrschen, Gedanken über einen Studienabbruch bestärkt werden. Weiterer Beleg für diesen Zusammenhang ist die weiter oben schon besprochene Korrelationsmatrix für die Items der Fragebatterie 8. Hier zeigte sich, dass alle abgefragten Problemdimensionen des Studieneinstieges signifikant positiv miteinander korrelieren und sich somit gegenseitig bedingen.

5.2.2.3 Probleme beim Studieneinstieg fachgruppenweise getrennt nach Urteil über Studienabbruchgedanke

Nachfolgend sollen nun die Bewertungen der Probleme beim Studieneinstieg getrennt nach den Gruppen „Ja" und „Nein" zum Studienabbruchgedanken für die Fachgruppen Naturwissenschaften und Kulturwissenschaften betrachtet werden.

5.2.2.3.1 Naturwissenschaften

Wie in der unten aufgetragenen Abbildung zu erkennen ist, weisen in den Naturwissenschaften, die Studierenden, die noch nicht über einen Studienabbruch nachgedacht haben, geringere Probleme beim Studieneinstieg auf als Studierende, die schon einmal mit dem Gedanken an einen Studienabbruch spielten.

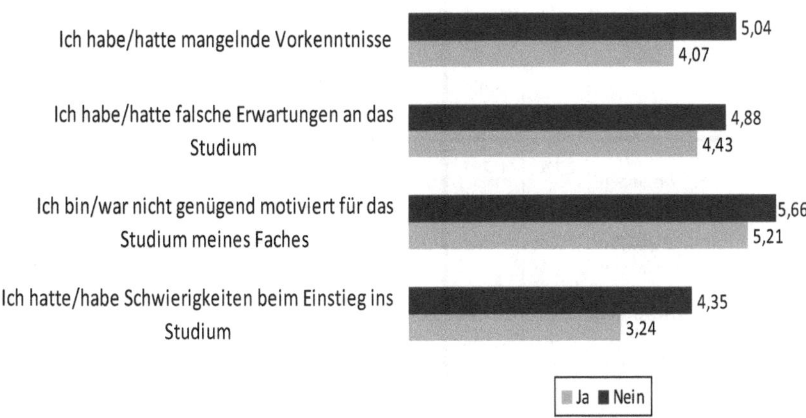

Abbildung 8: Mittelwerte der verschiedenen Problemdimensionen zu Studienbeginn getrennt nach Urteil über Studienabbruchgedanken für die Fachgruppe „Naturwissenschaften“[27]

Bei der Beurteilung der Mittelwerte sollte allerdings die große Varianz beachtet werden, die die Werte aller Items sowohl in der Gruppe „Ja“ als auch in der Gruppe „Nein“ aufweisen. Möglicherweise ergeben sich diese großen Antwortstreuungen aus dem Umstand, dass es sich hier um retrospektive Bewertungen einer mehr oder weniger weit zurückliegenden Situation handelt.

Testet man diese Unterschiede zwischen den Gruppen „Ja“ und „Nein“ auf Signifikanz, so ergibt sich folgendes Bild:

27 „Anhang II.2 Probleme beim Studieneinstieg“, S. 183 (Anm. d. Verf.)

t-Test für unabhängige Stichproben

		Levene-Test der Varianzgleichheit		T-Test für die Mittelwertvergleiche				
		F	Sig.	T	df	Sig. (2-seitig)	Mittlere Differenz	Standardfehler der Differenz
Ich hatte/habe Schwierigkeiten beim Einstieg ins Studium.	Gleiche Varianzen	1,120	0,292	-3,870	137	0,000	-1,104	0,285
	Ungleiche Varianzen			-3,789	112,989	0,000	-1,104	0,291
Ich bin/war nicht genügend motiviert für das Studium meines Faches.	Gleiche Varianzen	0,107	0,745	-2,035	139	0,044	-0,456	0,224
	Ungleiche Varianzen			-2,016	118,785	0,046	-0,456	0,226
Ich habe/hatte falsche Erwartungen an das Studium	Gleiche Varianzen	0,120	0,729	-1,817	139	0,071	-0,448	0,247
	Ungleiche Varianzen			-1,813	121,860	0,072	-0,448	0,247
Ich habe/hatte mangelnde Vorkenntnisse	Gleiche Varianzen	1,294	0,257	-3,585	138	0,000	-0,966	0,269
	Ungleiche Varianzen			-3,452	103,938	0,001	-0,966	0,280

Tabelle 21: t-Test; Probleme beim Studieneinstieg getrennt nach Urteil über Studienabbruchgedanke für die Fachgruppe „Naturwissenschaften"

Die Unterschiede in der Bewertung der Schwierigkeiten beim Einstieg in das Studium sowie der Bewertung der Vorkenntnisse werden hochsignifikant. Der Unterschied in der Motivation für das Fachstudium weist ein gerade noch signifikantes Ergebnis auf.

Die hochsignifikanten Unterschiede in den Problemdimensionen Studieneinstieg und Vorkenntnisse sind ein Hinweis darauf, dass der Kollektionscode der Naturwissenschaften den Einstieg ins Studium erschwert. Er setzt nicht nur bereits ein bestimmtes Maß an Vorkenntnissen voraus, sondern verlangt schon von Studienbeginn an einen besonderen Einsatz von den Studierenden. Das heißt, der kumulative Aufbau des Studienstoffes verbunden mit der Quantität der Inhalte stellt die Studierenden schon von Beginn an vor eine große Herausforderung. Entsprechend leicht zu verstehen ist in diesem Zusammenhang auch die signifikant niedrigere Motivation der Studierenden der Gruppe „Ja" sich mit den Fachinhalten zu beschäftigen. Sich der Herausforderung des naturwissenschaftlichen Kollektionscodes zu stellen, bedeutet ein hohes Maß an ideellem Fachinteresse.

5.2.2.3.2 Kulturwissenschaften

Auch in den Kulturwissenschaften unterscheiden sich die Gruppen „Ja" und „Nein" zum Studienabbruchgedanken in ihren Bewertungen für die Problemdimensionen des Studieneinstiegs. Studierende, die der Gruppe „Ja" angehören, weisen in allen Problemdimensionen niedrigere Werte auf als Studierende, die der Gruppe „Nein" zugeordnet werden können.

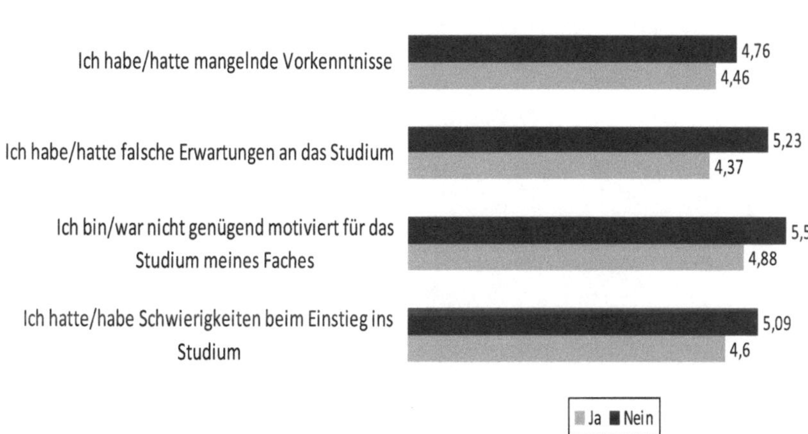

Abbildung 9: Mittelwerte der verschiedenen Problemdimensionen zu Studienbeginn getrennt nach Urteil über Studienabbruchgedanken für die Fachgruppe „Kulturwissenschaften"[28]

28 „Anhang II.2 Probleme beim Studieneinstieg", S. 184 (Anm. d. Verf.)

Wie schon bei den Naturwissenschaften ist auch hier bei der Einstufung der Mittelwerte zu beachten, dass das Antwortverhalten der Studierenden für alle Problemdimensionen und über alle Gruppen hinweg eine große Streuung aufweist. Wiederum kann hierfür der retrospektive Charakter der Bewertungsaufgabe verantwortlich sein.

Ein Signifikanztest der Unterschiede brachte folgende Ergebnisse:

t-Test für unabhängige Stichproben

		Levene-Test der Varianzgleichheit		T-Test für die Mittelwertvergleiche				
		F	Sig.	T	df	Sig. (2-seitig)	Mittlere Differenz	Standardfehler der Differenz
Ich hatte/habe Schwierigkeiten beim Einstieg ins Studium.	Gleiche Varianzen	1,805	0,181	-2,070	195	0,040	-0,485	0,234
	Ungleiche Varianzen			-2,040	166,991	0,043	-0,485	0,238
Ich bin/war nicht genügend motiviert für das Studium meines Faches.	Gleiche Varianzen	0,042	0,837	-3,011	196	0,003	-0,616	0,205
	Ungleiche Varianzen			-2,983	170,558	0,003	-0,616	0,207
Ich habe/hatte falsche Erwartungen an das Studium	Gleiche Varianzen	2,450	0,199	-4,354	195	0,000	-0,869	0,200
	Ungleiche Varianzen			-4,265	160,908	0,000	-0,869	0,204
Ich habe/hatte mangelnde Vorkenntnisse	Gleiche Varianzen	0,205	0,651	-1,316	194	0,190	-0,303	0,230
	Ungleiche Varianzen			-1,326	181,533	0,187	-0,303	0,229

Tabelle 22: **t-Test; Probleme beim Studieneinstieg getrennt nach Urteil über Studienabbruchgedanke für die Fachgruppe „Kulturwissenschaften"**

Hochsignifikante Unterschiede zwischen der Gruppe „Ja" und der Gruppe „Nein" ergeben sich für die fachspezifische Studienmotivation und die Erwartungen an das Studium zu Beginn des Studiums. Noch signifikant wird der Unterschied für die Bewertung des Studieneinstiegs.

Gar keine Rolle scheinen Vorkenntnisse in den Kulturwissenschaften zu spielen.

Die hochsignifikanten Unterschiede in den Problemdimensionen der Motivation für das Fachstudium und den Erwartungen an das Studium verweisen auf die Ansprüche, die Studierende kulturwissenschaftlicher Fächer an ihr Studium haben. Sie sind dabei eher an einer ganzheitlichen Förderung ihrer Persönlichkeit und dem Erwerb fächerübergreifender Fähigkeiten interessiert. Ihre Motivation ein bestimmtes Fach zu studieren ist daher nicht allein auf die dort gelehrten Fachinhalte beschränkt, sondern umfasst auch den Wunsch nach sozialem Kontakt und persönlichem Austausch. Bietet ihr Studium keine Möglichkeiten für die Befriedigung solcher Bedürfnisse, können die Erwartungen an das Studium nicht erfüllt werden und die fachspezifische Studienmotivation leidet. Dass dagegen kein Unterschied in der Bewertung des Vorkenntnisstandes zwischen den Gruppen „Ja" und „Nein" existiert, ist mit großer Wahrscheinlichkeit auf den kulturwissenschaftliche Integrationscode zurückzuführen. Kennzeichen dieses spezifischen pädagogischen Codes ist es, dass die Struktur der Studieninhalte zellulären Charakter hat. Somit wird es den Studierenden ermöglicht an verschiedenen Stellen in den Studienstoff einzusteigen, ohne dass das Verständnis für die Gesamtheit der Fachinhalte leidet.

5.2.2.3.3 Zusammenfassung

Die Unterschiede in der Bewertung der Problemdimensionen des Studieneinstieges sind in den Naturwissenschaften mit großer Wahrscheinlichkeit auf den Kollektionscode dieser Disziplinen zurückzuführen. Die Studierenden werden dadurch schon früh mit einer großen Stofffülle konfrontiert, die in ihrem Aufbau und ihrer Gesamtheit linear begriffen werden muss. Ohne das Verständnis für die Grundlagen der Naturwissenschaften können auch spätere komplexe Zusammenhänge nicht verstanden werden.

In den Kulturwissenschaften zeichnet sich ein gegensätzliches Bild. Der Integrationscode dieser Disziplinen verhindert, dass zu Beginn des Studiums Probleme aufgrund mangelnder Vorkenntnisse entstehen. Dafür spielt eher die Erfüllung von Bedürfnissen eine Rolle, die nicht unbedingt an das Studienfach gebunden sind. Werden die Vorstellungen von einem Studium, das Interaktion und Kommunikation mit anderen ermöglicht, nicht erfüllt, so sinkt die fachspezifische Studienmotivation und der Wunsch nach einem Studienabbruch steigt.

5.2.2.4 Probleme beim Studieneinstieg und positives Urteil zu Studienabbruchgedanken getrennt nach Fachgruppen

Der folgende Abschnitt behandelt die Unterschiede in den Problemen bei Studieneinstieg von Studierenden, die bereits über einen Studienabbruch nachgedacht hatten, zwischen den Fachgruppen Naturwissenschaften und Kulturwissenschaften.

Betrachtet man die unten abgebildete Grafik, so zeigt sich, dass Studierende der Gruppe „Ja" aus kulturwissenschaftlichen Studiengängen zu Studienbeginn weniger Probleme mit mangelnden Vorkenntnissen hatten als Studierende der Gruppe „Ja" aus naturwissenschaftlichen Studiengängen. Auch gestaltete sich der Einstieg in das Studium allgemein für die entsprechenden Studierenden aus den Kulturwissenschaften leichter als für ihre Pendants aus den Naturwissenschaften. Die Gruppe „Ja" der Naturwissenschaften war dagegen stärker motiviert für ihr Fachstudium. Im Punkt der Studienerwartungen liegen Naturwissenschaften und Kulturwissenschaften gleich auf.

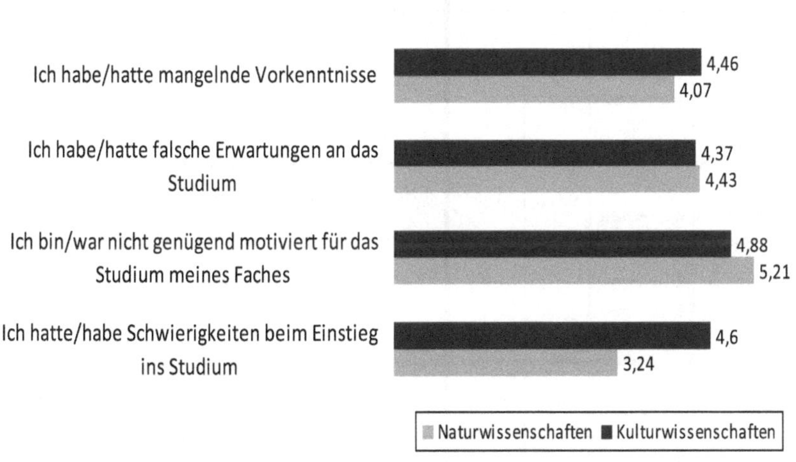

Abbildung 10: Mittelwerte der verschiedenen Problemdimensionen zu Studienbeginn bei positivem Urteil zu Studienabbruchgedanke getrennt nach Naturwissenschaften/ Kulturwissenschaften[29]

29 „Anhang II.2 Probleme beim Studieneinstieg", S. 185 (Anm. d. Verf.)

Ein Test der Unterschiede auf Signifikanz ergab folgende Ergebnisse:

t-Test für unabhängige Stichproben

		Levene-Test der Varianzgleichheit		T-Test für die Mittelwertvergleiche				
		F	Sig.	T	df	Sig. (2-seitig)	Mittlere Differenz	Standardfehler der Differenz
Ich hatte/habe Schwierigkeiten beim Einstieg ins Studium.	Gleiche Varianzen	0,101	0,752	-4,572	139	0,000	-1,361	0,298
	Ungleiche Varianzen			-4,540	119,651	0,000	-1,361	0,300
Ich bin/war nicht genügend motiviert für das Studium meines Faches.	Gleiche Varianzen	0,470	0,494	1,347	139	0,180	0,327	0,243
	Ungleiche Varianzen			1,368	129,060	0,174	0,327	0243
Ich habe/hatte falsche Erwartungen an das Studium	Gleiche Varianzen	0,060	0,807	0,259	138	0,796	0,065	0,252
	Ungleiche Varianzen			0,260	124,216	0,796	0,065	0,251
Ich habe/hatte mangelnde Vorkenntnisse	Gleiche Varianzen	0,120	0,729	-1,379	138	0,170	-0,388	0,281
	Ungleiche Varianzen			-1,348	110,523	0,180	-0,388	0,288

Tabelle 23: t-Test; Probleme beim Studieneinstieg bei positivem Urteil zu Studienabbruchgedanke getrennt nach Naturwissenschaften/Kulturwissenschaften

Signifikanz ergab sich nur für den Unterschied bezüglich der Schwierigkeiten beim Einstieg ins Studium allgemein.

Zusammen mit den augenscheinlichen Unterschieden, die in der grafischen Darstellung der Mittelwerte sichtbar wurden, zeigen sich auch hier wieder die Einflüsse der verschiedenen pädagogischen Codes in den Natur- und Kulturwissenschaften. Mangelnde Vorkenntnisse zu Studienbeginn spielen in den naturwissenschaftlichen Studiengängen bei der Entscheidung für einen Studienabbruch eine gewichtigere Rolle als in den kulturwissenschaftlichen Studiengängen. Der Kollektionscode in der erstgenannten Fachgruppe verlangt, um überhaupt erfolgreich in ein solches Studium starten zu können, schon ein gewisses Vorwissen. Der Lehrstoff baut linear auf dieses Wissen auf. Der Integrationscode in den Kulturwissenschaften ermöglicht es den Studierenden dagegen immer wieder Anschluss an die Studieninhalte zu erhalten, auch wenn zwischendurch Studieninhalte nicht verstanden wurden. Auch dass die Motivation für das Fachstudium in den naturwissenschaftlichen Studiengängen eine vergleichsweise größere Rolle bei der Entscheidung für einen Studienabbruch spielt als in den kulturwissenschaftlichen Studiengängen, lässt sich auf Basis der Fachkultur erklären. Studierende naturwissenschaftlicher Studiengänge sind insbesondere an den speziellen Fachinhalten ihres Faches interessiert. Dieses Interesse ist dabei zumeist intrinsisch motiviert. Lässt dieses Interesse nach, so schwindet auch die Motivation sich weiterhin den Anforderungen des naturwissenschaftlichen Kollektionscodes auszusetzen und der Wunsch nach einem Studienabbruch wächst.

5.3 Regressionsmodelle

5.3.1 Studienmotivation

Mit Hilfe eines linearen Regressionsmodells soll nun überprüft werden, inwiefern der Faktor „Studienmotivation" von den Faktoren „Praktischer Sinn", „Fachsprache", „Kommunikation" und „Explikation" beeinflusst wird. Dabei werden die Fachgruppen Naturwissenschaften und Kulturwissenschaften jeweils einzeln betrachtet. Bei der Berechnung der Regressionsmodelle wurde schrittweise vorgegangen, so dass nur diejenigen Faktoren in das Modell Eingang finden, die einen überzufällig hohen Beitrag zum Bestimmtheitsmaß R^2 leisten (vgl. Backhaus et al. (2008), S. 67ff, S. 100ff).

5.3.1.1 Naturwissenschaften

In den unten aufgetragenen Tabellen werden das Bestimmtheitsmaß R^2, die Signifikanzprüfung des Regressionsmodells, die Signifikanzprüfung der Regressionskoeffizienten und die vom Regressionsverfahren ausgeschlossenen Variablen für die Fachgruppe Naturwissenschaften dargestellt.

Lineare Regression: Modellzusammenfassung

Modell	R	R^2	Korrigiertes R^2	Standardfehler des Schätzers	Durbin-Watson-Statistik
1	0,467[a]	0,218	0,212	0,773	2,025

Signifikanzprüfung (ANOVA)

Modell		Quadratsumme	df	Mittel der Quadrate	F	Sig.
1	Regression	20,174	1	20,174	33,797	0,000[a]
	Nicht standardisierte Residuen	72,226	121	0,597		
	Gesamt	92,400	122			

a. Einflussvariablen: (Konstante), Praktischer Sinn

b. Fachgruppe: Naturwissenschaften

c. Abhängige Variable: Studienmotivation

Tabelle 24: Determinationskoeffizient, Standardfehler des Schätzers und Signifikanzprüfung des Regressionsmodells (Fachgruppe Naturwissenschaften)

Insgesamt erklärt der Faktor „Praktischer Sinn" 21,2% der Varianz im Faktor „Studienmotivation". Das bedeutet 79% der Abweichungen im Faktor „Studienmotivation" sind auf andere Einflüsse zurückzuführen. Anscheinend wirken noch andere Faktoren auf die Studienmotivation in den Naturwissenschaften ein, die hier nicht berücksichtigt wurden. Diese Vermutung wird von der Höhe des Standardfehlers des Schätzers unterstützt. Er zeigt an, dass bei einer Streuung von $s = 0{,}773$ ($\bar{y} = 3$), die Ausprägungen des Faktors „Studienmotivation" durch das vorliegende Modell mit einer Fehlerwahrscheinlichkeit von ca. 0,258 antizipiert werden kann (vgl. Backhaus et al. (2008), S. 75). Allerdings wird der Zusammenhang zwischen der abhängigen Variable „Studienmotivation" und der unabhängigen Variable „Praktischer Sinn" signifikant. Vor diesem Hintergrund ist das Niveau des Determinationskoeffizienten als relativ hoch einzuschätzen. Die Beherrschung der fachspezifischen Wahrnehmungs-, Denk- und Handlungsmuster scheint demnach einer der besonderen Faktoren zu sein, durch den das Interesse an einem naturwissenschaftlichen Studium aufrechterhalten werden kann.

Regressionskoeffizienten

Modell		Nicht standardisierte Koeffizienten		Standardisierte Koeffizienten		
		Regressionskoeffizient B	Standardfehler	Beta	T	Sig.
1	(Konstante)	3,002	0,351		8,561	0,000
	Praktischer Sinn	0,424	0,073	0,467	5,813	0,000

a. Fachgruppe: Naturwissenschaften

b. Abhängige Variable: Studienmotivation

Ausgeschlossene Variablen

Modell		Beta In	T	Signifikanz	Partielle Korrelation	Kollinearitätsstatistik (Toleranz)
1	Fachsprache	0,037a	0,395	0,694	0,036	0,751
	Kommunikation	0,027a	0,321	0,749	0,029	0,941
	Explikation	-0,134a	-1,544	0,125	-0,140	0,852

a. Einflussvariablen im Modell: (Konstante), Praktischer Sinn

b. Fachgruppe: Naturwissenschaften

c. Abhängige Variable

Tabelle 25: Signifikanzprüfung der Regressionskoeffizienten und ausgeschlossene Variablen (Fachgruppe Naturwissenschaften)

Durch die Signifikanzprüfung des Regressionskoeffizienten wird das Resultat der Modellprüfung nochmals untermauert. Auch hier zeigt sich ein hochsignifikanter Zusammenhang, was auf einen Einfluss des Faktors „Praktischer Sinn“ auf den Faktor „Studienmotivation“ schließen lässt (ebd., S. 76f). Als erklärende Variablen ausgeschlossen wurden die Faktoren „Fachsprache“, „Kommunikation“ und „Explikation“, da diese keinen signifikanten Beitrag zur weiteren Varianzaufklärung leisten konnten. Es ergibt sich daher folgende Regressionsfunktion:

*Studienmotivation = 3,002 + 0,424*praktischer Sinn* (ebd., S. 65f).

Ausgehend von diesen Ergebnissen scheint für die erfolgreiche Bewältigung eines naturwissenschaftlichen Studiums insbesondere die Beherrschung entsprechender naturwissenschaftlicher Denkstrukturen von Bedeutung zu sein. Für die Studierenden bilden damit individuelle Unzulänglichkeiten, wie mangelndes mathematisches Abstraktionsvermögen und Defizite in der Fähigkeit zu logischem Denken die Hauptursachen für ein Scheitern in naturwissenschaftlichen Studiengängen. Interessant ist, dass die Beherrschung der Fachsprache keinen signifikanten Einfluss auf die Studienmotivation hat, sind doch die Denkstrukturen und die Sprache der Naturwissenschaften eng miteinander verbunden. Kritik an den Strukturen dieser Fächergruppe wird eher nicht geübt. Allenfalls der vergleichsweise hohe t-Wert des Faktors „Explikation" kann noch als ein solcher Kritikpunkt verstanden werden.

5.3.1.2 Kulturwissenschaften

In den unten aufgetragenen Tabellen werden das Bestimmtheitsmaß R^2, die Signifikanzprüfung des Regressionsmodells, die Signifikanzprüfung der Regressionskoeffizienten und die vom Regressionsverfahren ausgeschlossenen Variablen für die Fachgruppe Kulturwissenschaften dargestellt.

Lineare Regression: Modellzusammenfassung

Modell	R	R^2	Korrigiertes R^2	Standardfehler des Schätzers	Durbin-Watson-Statistik
1	0,477[a]	0,228	0,223	0,840	
2	0,512[b]	0,262	0,253	0,823	1,856
3	0,537[c]	0,288	0,275	0,811	

Fortsetzung von Lineare Regression: Modellzusammenfassung/Signifikanzprüfung (ANOVA) siehe nächste Seite...

Signifikanzprüfung (ANOVA)

Modell		Quadratsumme	df	Mittel der Quadrate	F	Sig.
1	Regression	34,324	1	34,324	48,655	0,000[a]
	Nicht standardisierte Residuen	116,399	165	0,705		
	Gesamt	150,722	166			
2	Regression	39,527	2	19,763	29,149	0,000[b]
	Nicht standardisierte Residuen	111,195	164	0,678		
	Gesamt	150,722	166			
3	Regression	43,464	3	14,488	22,018	0,000[c]
	Nicht standardisierte Residuen	107,258	163	0,658		
	Gesamt	150,722	166			

a. Einflussvariablen: (Konstante), Praktischer Sinn

b. Einflussvariablen: (Konstante), Praktischer Sinn, Kommunikation

c. Einflussvariablen: (Konstante), Praktischer Sinn, Kommunikation, Fachsprache

d. Fachgruppe: Kulturwissenschaften

e. Abhängige Variable: Studienmotivation

Tabelle 26: Determinationskoeffizient, Standardfehler des Schätzers und Signifikanzprüfung des Regressionsmodells (Fachgruppe Kulturwissenschaften)

In den Kulturwissenschaften wird der Faktor „Studienmotivation" durch die Faktoren „Praktischer Sinn", „Kommunikation" und „Fachsprache" erklärt. Ein Regressionsmodell, das aus diesen drei Variablen besteht erklärt 27,5% der Varianz im Faktor „Studienmotivation". Allerdings ergibt sich auch hierbei noch eine mögliche Fehlerwahrscheinlichkeit von 0,255 (s = 0,811; $\bar{y}$ = 3,18). Zudem bleiben 72,5% der Streuung in der abhängigen Variablen unaufgeklärt und müssen auf andere Einflüsse zurückgeführt werden. Die Signifikanzprüfung des Gesamtmodells zeigt allerdings ein signifikantes Ergebnis. Dies erlaubt es, das Modell zu verallgemeinern. Ausgehend hiervon ist das Niveau des Determinationskoeffizienten als hervorragend zu bezeichnen. In den Kulturwissenschaften scheinen damit sowohl der fachspezifische praktische Sinn, die Kommunikationsatmosphäre als auch die Fachsprache eine große Rolle für das Interesse an einem solchen Studium zu spielen.

Regressionskoeffizienten

Modell		Nicht standardisierte Koeffizienten		Standardisierte Koeffizienten		
		Regressionskoeffizient B	Standardfehler	Beta	T	Sig.
1	(Konstante)	2,343	0,351		6,486	0,000
	Praktischer Sinn	0,483	0,069	0,477	6,975	0,000
2	(Konstante)	1,483	0,471		3,149	0,002
	Praktischer Sinn	0,431	0,070	0,426	6,122	0,000
	Kommunikation	0,224	0,081	0,193	2,770	0,006
3	(Konstante)	1,337	0,468		2,858	0,005
	Praktischer Sinn	0,316	0,084	0,312	3,769	0,000
	Kommunikation	0,218	0,080	0,188	2,734	0,007
	Fachsprache	0,158	0,064	0,199	2,446	0,016

a. Fachgruppe: Kulturwissenschaften

b. Abhängige Variable: Studienmotivation

Fortsetzung von Regressionskoeffizienten/Ausgeschlossene Variablen siehe nächste Seite...

Ausgeschlossene Variablen

Modell		Beta In	T	Sig.	Partielle Korrelation	Kollinearitätsstatistik (Toleranz)
1	Fachsprache	0,205[a]	2,484	0,014	0,190	0,663
	Kommunikation	0,193[a]	2,770	0,006	0,211	0,929
	Explikation	0,098[a]	1,434	0,153	0,111	0,996
2	Fachsprache	0,199[b]	2,446	0,016	0,188	0,663
	Explikation	-0,005[b]	-0,056	0,955	-0,004	0,702
3	Explikation	-0,007	-0,094	0,925	-0,007	0,702

a. Einflussvariablen: (Konstante), Praktischer Sinn

b. Einflussvariablen: (Konstante), Praktischer Sinn, Kommunikation

c. Einflussvariablen: (Konstante), Praktischer Sinn, Kommunikation, Fachsprache

d. Fachgruppe: Kulturwissenschaften

e. Abhängige Variable: Studienmotivation

Tabelle 27: Signifikanzprüfung der Regressionskoeffizienten und ausgeschlossene Variablen (Fachgruppe Kulturwissenschaften)

Die Signifikanzprüfung der Regressionskoeffizienten zeigt nochmals, dass durchaus ein Zusammenhang zwischen den hier verwendeten unabhängigen Variablen und der gewählten abhängigen Variablen besteht. Den größten Einfluss entwickelt dabei der Faktor „Praktischer Sinn", gefolgt von der Fachsprache und der Kommunikationsatmosphäre. Der Faktor „Explikation" konnte keinen signifikanten Beitrag zur Varianzaufklärung leisten und wurde aus dem Regressionsmodell ausgeschlossen. Es ergibt sich daher folgende Regressionsfunktion:

*Studienmotivation = 1,337 + 0,316*praktischer Sinn + 0,218*Kommunikation + 0,158*Fachsprache.*

Auch in den Kulturwissenschaften trägt die Beherrschung des fachspezifischen praktischen Sinns maßgeblich zur Studienmotivation bei. Zusammen mit den weiteren Einflussfaktoren „Kommunikation" und „Fachsprache" bedeutet dies, dass insbesondere der Dialog über Fachinhalte, aber auch das Gespräch mit Kommilitonen oder Lehrenden, für die Studierenden dieser Fachgruppe im Vordergrund steht. Auch die

Wahrnehmungs-, Denk- und Handlungsstrukturen der Kulturwissenschaften sind tendenziell auf Diskurs auslegt. Ebenso wurde in anderen Untersuchungen bereits gefunden, dass Studierende der Kulturwissenschaften besonderen Wert auf sozialen Kontakt mit anderen legen (vgl. Heublein/Sommer (2000), S. 36).

5.3.1.3 Zusammenfassung

Die Regression auf den Faktor „Studienmotivation" hat gezeigt, dass in allen betrachteten Fachgruppen das Verständnis für die fachspezifischen Denkstrukturen einen immensen Einfluss auf die Studienzufriedenheit hat. Allerdings ist dieser Einfluss für jede Fachgruppe anders zu interpretieren.

In den Naturwissenschaften scheint es eher um ein generelles Verständnis der Inhalte und deren Anwendung zu gehen, was durch den Beinahe-Einfluss des Faktors „Explikation" zu vermuten ist. Hier scheint ein erfolgreiches Studium stark an entsprechende Begabungen gebunden zu sein.

In den Kulturwissenschaften stehen die Themen Dialog und soziale Kontakte im Vordergrund. Der Austausch mit Kommilitonen und Lehrenden über die Fachinhalte ist eine der Hauptstudienmotivationen. Schon die Wahrnehmungs-, Denk- und Handlungsmuster dieser Fachgruppe haben diesen integrativ-dialogischen Charakter, welcher auch einer der Gründe für die Aufnahme eines kulturwissenschaftlichen Studiums ist. Ein Kulturwissenschaftler verlangt somit nach einem hohen Maß an Interaktions- und Kommunikationsmöglichkeiten mit anderen. Ist dies nicht in ausreichendem Maße gewährleistet, so leidet darunter die Studienmotivation.

5.3.2 Leistungsfächer und Studienfachwahl

Das Verfahren der logistischen Regression dient dazu, auch für binäre bzw. nominalskalierte Variablen Regressionsmodelle zu entwickeln. Die abhängige Variable weist hierbei nominales Skalenniveau auf, während die unabhängige Variable sowohl metrischen als auch kategorialen Charakter haben kann (vgl. Backhaus et al. (2008), S. 244f). Im Unterschied zur linearen Regression, die einen Je-desto-Zusammenhang zwischen der unabhängigen und abhängigen Variable beschreibt, macht die logistische Regression eine Je-desto-Aussage über die unabhängige Variable und die Eintrittswahrscheinlichkeit der Ausprägungen der abhängigen Variable (ebd., S. 251).

Nachfolgend soll nun der Zusammenhang zwischen den in der Schule belegten Leistungsfächern und der Studienfachwahl durch ein entsprechendes Regressionsmodell dargestellt werden. Hierbei soll es primär um die Determinanten der Wahl von naturwissenschaftlichen und kulturwissenschaftlichen Studienfächern gehen. Die Fachgruppe Hybride findet keinen Eingang in diese Analyse. Zur Veranschaulichung des Modells soll zunächst die folgende Kontingenztabelle betrachtet werden.

Kreuztabelle: Kombination der Leistungsfächer/Fachgruppen

			Fachgruppe		
			Naturwissenschaften	Kulturwissenschaften	Gesamt
Kombination der Leistungsfächer	Nur naturwissenschaftliche Fächer	Anzahl	92	14	106
		Erwartete Anzahl	45,8	60,2	106,0
		% der Gesamtzahl	29,2%	4,4%	33,7%
	Nur kulturwissenschaftliche Fächer	Anzahl	6	89	95
		Erwartete Anzahl	41,0	54,0	95,0
		% der Gesamtzahl	1,9%	28,3%	30,2%
	Kombination natur/kultur/sonstige	Anzahl	38	76	114
		Erwartete Anzahl	49,2	64,8	114,0
		% der Gesamtzahl	12,1%	24,1%	36,2%
Gesamt		Anzahl	136	179	315
		Erwartete Anzahl	136,0	179,0	315,0
		% der Gesamtzahl	43,2%	56,8%	100,0%

Tabelle 28: Kontingenztabelle Kombination der Leistungsfächer (unabhängige Variable) und Fachgruppe des Studienfaches (abhängige Variable)

In der oben abgebildeten Kreuztabelle sind die Studienfächer der Studierenden nach Fachgruppen in Abhängigkeit zu deren Leistungsfächer in der Schule kategorisiert nach verschiedenen Kombinationsmöglichkeiten aufgetragen. Es ist leicht zu erkennen, dass Studierende, die rein kulturwissenschaftliche bzw. rein naturwissenschaftliche Leistungsfächer gewählt hatten, auch bei der Wahl ihres Studienfaches dieser Fachgruppe treu bleiben. Weiterhin fällt auf, dass Studierende, die eine Leistungsfachkombination aus verschiedenen Fachgruppen gewählt hatten, deutlich häufiger ein kulturwissenschaftliches Studienfach anstatt eines naturwissenschaftlichen Faches wählen. Zieht man zusätzlich die erwarteten Häufigkeiten zu Rate, so ist zu vermuten, dass zwischen der Leistungskurswahl und der Studienfachwahl ein statistischer Zusammenhang besteht. Eine Signifikanzprüfung mit Hilfe des χ^2-Tests zeigte, dass die beiden Variablen voneinander abhängig sind. Verantwortlich für diese Abhängigkeiten dürfte die deutliche Häufung von Studierenden mit kulturwissenschaftlichen Leistungsfächern in kulturwissenschaftlichen Studiengängen sein, ebenso die deutliche Häufung von Studierenden mit naturwissenschaftlichen Leistungsfächern in naturwissenschaftlichen Studiengängen. Dies scheint ein Hinweis darauf zu sein, dass eine fachspezifische Sozialisation schon vor Beginn eines Universitätsstudiums begonnen hat. Unterstützt wird diese Auffassung durch die Werte der Richtungs- und Zusammenhangsmaße.

Richtungsmaße

			Wert	Asymptotischer Standardfehler[a]	Näherungsweises T[b]	Näherungsweise Sig.
Nominal	Lambda	Symmetrisch	0,430	0,054	6,369	0,000
		Kombination der Leistungsfächer (abhängig)	0,333	0,070	3,999	0,000
		Fachgruppe (abhängig)	0,574	0,049	8,378	0,000
	Goodman-und-Kruskal-Tau	Kombination der Leistungsfächer (abhängig)	0,216	0,028		0,000[c]
		Fachgruppe (abhängig)	0,442	0,047		0,000[c]

a. Die Nullhypothese wird nicht angenommen

b. Unter Annahme der Null-Hypothese wird der asymptotische Standardfehler verwendet

c. Basierend auf Chi^2-Näherung

Fortsetzung von Richtungsmaße siehe nächste Seite...

...Fortsetzung von Richtungsmaße

Symmetrische Maße

		Wert	Näherungsweise Signifikanz
Nominal	Phi	0,665	0,000
	Cramers-V	0,665	0,000

Tabelle 29: Richtungsmaße und Korrelationen für die Variablen Leistungsfachwahl und Studienfachwahl

Lambda und Tau zeigen, dass bei Kenntnis der Kategorie des schulischen Leistungsfaches in ca. 50% aller Fälle richtig prognostiziert werden kann, welcher Fachgruppe das Studienfach angehören wird. Zudem werden die Werte der Richtungsmaße jeweils signifikant. Betrachtet man zusätzlich noch die Zusammenhangsmaße, so zeigt sich hier mit Cramer-V = 0,665 ein hoher Korrelationswert, der ebenso signifikant wird. Setzt man beide Signifikanzen in Kontext, so scheint hier ein bedeutender Zusammenhang zwischen der Leistungsfach- und der Studienfachwahl zu bestehen (vgl. Backhaus et al. (2008), S. 309ff).

Mit dem Habituskonzept erklärt könnte dies bedeuten, dass der fachspezifische Habitus der jeweiligen Studierenden bereits zu einem hohen Grad einseitig ausdifferenziert wurde, so dass ein Umschwenken auf eine andere Fachkultur nicht mehr ohne Weiteres möglich war. Die vergleichsweise erhöhte Anzahl von Studierenden mit Leistungsfachkombinationen aus verschiedenen Fächern in den Kulturwissenschaften könnte zusätzlich ein Hinweis darauf sein, dass die Adaption der Fachkultur der Kulturwissenschaften den Studierenden leichter fällt. Oder anders gesagt: Die naturwissenschaftliche Fachkultur stellt einen Studierenden, der bisher nicht ausschließlich in naturwissenschaftlichen Fächern sozialisiert wurde, vor besondere Hürden. Es liegt der Schluss nahe, dass der Zugang zum kulturwissenschaftlichen Denken leichter ist als der Zugang zum naturwissenschaftlichen Denken.

5.3.2.1 Logistische Regression

Das erstellte Regressionsmodell verwendet als Referenzkategorie die Ausprägung Kulturwissenschaften der Variablen *Studienfachwahl.* Das bedeutet: Die Wahrscheinlichkeit ein naturwissenschaftliches Studienfach zu wählen bei einer bestimmten Leistungsfachkombination wird immer in Relation zur Wahrscheinlichkeit, die Referenzkategorie unter diesen Voraussetzungen zu wählen, angegeben. Die Wahrscheinlichkeit ein kulturwissenschaftliches Studium zu beginnen, sollte in den Fällen von rein kulturwissenschaftlichen Leistungsfächern und von Leistungsfachkombinationen aus verschiedenen Fächern am größten sein. Naturwissenschaften werden mit größerer Wahrscheinlichkeit studiert, wenn zuvor rein naturwissenschaftliche Leistungsfächer gewählt wurden.

Insgesamt gingen 315 Fälle in die Berechnung des Regressionsmodells ein. Aus den Ergebnissen des Likelihood-Ratio-Tests, die in der nachfolgenden Tabelle aufgetragen sind, folgt, dass die unabhängige Variable „schulisches Leistungsfach" einen bedeutenden Einfluss auf die abhängige Variable „Studienfach" hat. Die Signifikanz des Tests weist daraufhin, dass das aufgestellte Regressionsmodell insgesamt eine gute Trennkraft besitzt. Durch die Kenntnis der Variablen „schulisches Leistungsfach" lässt sich demnach gut unterscheiden, welches Studienfach gewählt wird (vgl. Backhaus et al. (2008), S. 261ff; S. 281).

Informationen zur Modellanpassung

Modell	Kriterien für die Modellanpassung	Likelihood-Quotienten-Tests		
	-2Log-Likelihood	Chi-Quadrat	Freiheitsgrade	Sig.
Nur konstanter Term	171,179	-	-	-
Endgültig	13,015	158,165	2	0,000

Pseudo-R²

Cox und Snell	0,395
Nagelkerke	0,530
McFadden	0,367

Tabelle 30: Signifikanzprüfung der Modellanpassung mit Hilfe des Likelihood-Ratio-Test und Pseudo-R²-Statistiken

Die Werte der Pseudo-R^2-Maße bestätigen die Signifikanz der Trennkraft des Regressionsmodells nochmals. So erreicht McFaddens-R^2 einen Wert, der knapp unter der Marke „gut" angesiedelt ist, was auf eine gute Trennkraft der unabhängigen Variablen hinweist. Die Modellanpassung kann als gut bewertet werden. Cox und Snell-R^2 zeigt ebenfalls einen nahezu „guten" Wert. Nagelkerkes-R^2 schließlich zeigt an, dass 53% der Varianz in der Variable „Studienfach" durch die Variable „schulisches Leistungsfach" erklärt werden können. Dieser Wert ist als sehr gut zu bewerten (ebd., S. 263ff; S. 270).

Parameterschätzer

Fachgruppe[a]		B	Standardfehler	Wald	Df	Sig.	Exp(B)	95%Konfindenzintervall für Exp(B) Untergrenze	Obergrenze
Naturwissenschaften	Konstanter Term	-0,693	0,199	12,171	1	0,000			
	Nur naturwissenschaftliche Fächer	2,576	0,349	54,488	1	0,000	13,143	6,632	26,045
	Nur kulturwissenschaftliche Fächer	-2,004	0,466	18,470	1	0,000	0,135	0,054	0,336
	Kombinationen aus natur/kultur/sonstige	0[b]							

a. Die Referenzkategorie lautet: Kulturwissenschaften

b. Dieser Parameter wird auf Null gesetzt, weil er redundant ist.

Tabelle 31: Schätzung der Regressionskoeffizienten, Wald-Statistik und Effekt-Koeffizienten

Die Schätzung der Regressionskoeffizienten zeigt, dass Studierende, die rein naturwissenschaftliche Leistungsfächer gewählt hatten, eher dazu tendieren auch ein naturwissenschaftliches Studienfach zu wählen. Am negativen Vorzeichen des Regressionskoeffizienten für die Kategorie „nur kulturwissenschaftliche Fächer" erkennt man dagegen, dass Studierende mit einer solchen Leistungsfachkombination eher zur Referenzkategorie tendieren und ein kulturwissenschaftliches Studienfach wählen.

Der Wald-Test wird in beiden Fällen signifikant, was zeigt, dass die verschiedenen Ausprägungen der Variable „schulisches Leistungsfach" überzufällige Auswirkungen auf die Variable „Studienfach" haben. Mit anderen Worten, naturwissenschaftliche Leistungsfächer weisen auf die Wahl eines naturwissenschaftlichen Studienfaches hin, während kulturwissenschaftliche Leistungsfächer auf ein kulturwissenschaftliches Leistungsfach hinweisen. Dieser Zusammenhang spiegelt sich auch nochmals in den Effekt-Koeffizienten für die Ausprägungen wieder. Belegte ein Studierender in der Schule rein naturwissenschaftliche Leistungsfächer, so liegt die Chance dafür ein naturwissenschaftliches Studienfach zu wählen bei 13,143:1. Wurden rein kulturwissenschaftliche Leistungsfächer gewählt, so liegt die Chance ein naturwissenschaftliches Studienfach zu wählen bei lediglich 0,135:1.

Die Redundanz der Werte in der Kategorie „Kombinationen aus natur/kultur/sonstige“ kann nur vor dem Hintergrund der weiter oben aufgetragenen Kontingenztabelle und der nachfolgenden Klassifikationsmatrix des Regressionsmodells interpretiert werden.

Klassifikationsmatrix

	Vorhergesagt		
Beobachtet	Naturwissenschaften	Kulturwissenschaften	Prozent richtig
Naturwissenschaften	92	44	67,6%
Kulturwissenschaften	14	165	92,2%
Prozent insgesamt	33,7%	66,3%	81,6%

Tabelle 32: Klassifikationsmatrix der logistischen Regression

Die Hauptdiagonale der Klassifikationsmatrix zeigt die korrekt klassifizierten Fälle. Das bedeutet: 92 Studierende wurden aufgrund ihrer Leistungsfachkombination korrekt den Naturwissenschaften zugeordnet. Entsprechend wurden 165 Studierende aufgrund ihrer Leistungsfachkombination korrekt den Kulturwissenschaften zugeordnet. Insgesamt haben damit 257 von 315 Studierenden ein Studienfach gewählt, dessen Wahl auf ihre Leistungsfachkombination zurückgeführt werden kann. 44 Studierende haben ein naturwissenschaftliches Studienfach gewählt, obwohl sie aufgrund ihrer Leistungsfächer eher Kulturwissenschaften hätten studieren müssen. Ebenso wählten 14 Studierende ein kulturwissenschaftliches Studienfach, obwohl sie dem Regressionsmodell folgend eher ein naturwissenschaftliches Fach hätten studieren müssen. Damit wurden 58 von 315 Studierenden falsch klassifiziert. Den Prämissen des vorliegenden Regressionsmodells folgten insgesamt 81,6% der Fälle. Dies ist ein weiterer Hinweis auf die Güte des vorliegenden Modells. In die Naturwissenschaften wurden 67,6% der Fälle korrekt eingeordnet, während in die Kulturwissenschaften 92,2% der Fälle korrekt eingeordnet wurden (ebd., S. 265ff; S. 286).

Vergleicht man nun die Fallzahlen aus der Klassifikationsmatrix mit den Fallzahlen in der weiter oben aufgetragenen Kontingenztabelle für die Variablen „schulisches Leistungsfach“ und „Studienfach“, so fällt auf, dass die Studierenden, die aufgrund ihrer Leistungsfachkombination ein kulturwissenschaftliches Studienfach gewählt haben müssten, sich aus den Studierenden rekrutieren, die rein kulturwissenschaftliche Leistungsfachkombinationen oder Kombinationen aus verschiedenen Fächern belegt hatten. Studierende, die ein naturwissenschaftliches Studienfach wählten, rekrutieren sich, dem Modell folgend, einzig und allein aus rein naturwissenschaftlichen Leistungsfachkombinationen. Die Redundanz der Werte für die Kategorie „Kombinationen aus natur/kultur/sonstige" in Tabelle 32 scheint somit zu bedeuten, dass Studierende, die eine solche Leistungsfachkombination wählten, in ihrer Studienfachwahl nicht von denen zu unterscheiden sind, die rein kulturwissenschaftliche Leistungsfächer belegt hatten (ebd., S. 285).

5.3.2.2 Zusammenfassung

Studierende, die rein kulturwissenschaftliche schulische Leistungsfächer oder eine Kombination von Leistungsfächern verschiedener Sparten belegten, tendieren in ihrer späteren Studienfachwahl verstärkt zu kulturwissenschaftlichen Fächern. Dagegen wurden Studierende der Naturwissenschaften tendenziell eher durch rein naturwissenschaftliche Leistungsfachkombinationen sozialisiert. Eine fachspezifische Sozialisation scheint somit schon vor Beginn eines Studiums zu beginnen und wirkt sich in besonderem Maße auf die Studienfachwahl aus. Es macht den Eindruck, als wäre für ein naturwissenschaftliches Studium eine entsprechende Vorbildung nötig, die nur durch eine frühzeitig einsetzende, streng naturwissenschaftlich geprägte Sozialisation erreicht werden kann. Dagegen scheint für ein kulturwissenschaftliches Studium die vorherige Fachsozialisation keine besondere Rolle zu spielen bzw. eine Sozialisation, die rein kulturwissenschaftlichen Charakter hatte, scheint nicht nötig zu sein. Auch Studierende, die in verschiedenen Leistungsfächern sozialisiert wurden, können hier bestehen. Möglicherweise ist dies ein Hinweis darauf, dass die Fachkultur der Kulturwissenschaften vergleichsweise leichter zu erlernen ist, als die Fachkultur der Naturwissenschaften. Letztere setzt möglicherweise viel mehr Vorwissen voraus als Erstere.

6. Fazit

6.1 Der Gegensatz von Autonomie und Heteronomie

Spielen Kommunikation und Interaktion zwischen Lehrenden und Studierenden eine Rolle bei der Entscheidung für einen Studienabbruch? Und in welcher Art und Weise wirken sich hier Defizite in den Fachgruppen „Naturwissenschaften" und „Kulturwissenschaften" aus? Dies sind die Fragen, die an dieser Stelle beantwortet werden sollen.

In der Gesamtheit betrachtet hat Kommunikation bzw. die Kommunikationsatmosphäre eines Studienfaches durchaus Einfluss auf die Studienmotivation und darauf, ob ein Studierender mit dem Gedanken eines Studienabbruchs spielt oder nicht. Wird die Interaktion und Kommunikation mit den Lehrenden negativ bewertet, so sinkt auch die Studienmotivation. Studierende, die schon einmal Studienabbruchgedanken hatten, bewerteten diese Facette ihres Studiums signifikant schlechter als die Studierenden, die sich keine Gedanken über einen Studienabbruch gemacht hatten. Gleiches zeigt sich für den Explikationsgrad des Studienfaches. Auch hier ergeben sich Unterschiede zwischen den Gruppen „Ja" und „Nein", die in ihrer Richtung denen für die Kommunikationsatmosphäre ähneln.

Die weiteren Befunde zeigen allerdings, dass der Einfluss verglichen mit den übrigen Bedingungsfaktoren, speziell mit dem Faktor „Praktischer Sinn", als gering einzustufen ist. Bringt man die vier erhobenen Einflussfaktoren in eine Rangfolge, die sich aus dem Grad der Signifikanz ergibt, so rangieren die Faktoren „Kommunikation" und „Explikation" nur auf dem dritten bzw. vierten Platz. Die Stärke der Korrelation mit dem Faktor „Studienmotivation" bestätigt den Eindruck, dass mangelnde Kommunikation und Interaktion sowie eine mangelhafte Explikation impliziter Studieninhalte keine primären Studienabbruchgründe sind. Außerdem bewegen sich die Bewertungen des Faktors „Kommunikation" sowohl in der Gruppe „Ja" als auch in der Gruppe „Nein" im positiven Bereich der Skala, was in der Gesamtschau auf ein gutes Kommunikationsklima hinweist. Gleiches gilt für den Explikationsgrad.

Auf der Ebene der Fachgruppen „Naturwissenschaften" und „Kulturwissenschaften" ergeben sich für den Einfluss der Kommunikation zwischen Lehrenden und Studierenden sowie des Explikationsgrades unterschiedliche Ergebnisse.

Betrachtet man zunächst die Naturwissenschaften, so zeigt sich, dass es zwischen den Gruppen „Ja" und „Nein", was die allgemeine Kommunikation mit Lehrenden angeht, keine signifikanten Unterschiede gibt. Für die Bewertung des Explikationsgrades zeichnet sich allerdings ein anderes Bild. Studierende, die über einen Studienabbruch nachgedacht hatten, bewerteten die Explikation von Fachinhalten signifikant schlechter als Studierende, die nicht mit dem Gedanken an einen Studienabbruch gespielt hatten.

In den Kulturwissenschaften zeigen sich weder in den Bewertungen des Explikationsgrades noch in denen der Kommunikationsatmosphäre signifikante Unterschiede zwischen den Gruppen „Ja" und „Nein". Allerdings zeigt sich, dass die allgemeine Kommunikation zwischen den Lehrenden und Studierenden von den Studierenden, die einen Studienabbruch in Erwägung gezogen hatten, negativer bewertet wird, als von ihren Pendants in der Gruppe „Nein". Der Unterschied verfehlt die Signifikanzschwelle von 5% nur knapp.

Vergleicht man die Studierenden der Fachgruppen Naturwissenschaften und Kulturwissenschaften, die der Gruppe „Ja" zugeordnet werden können direkt, so zeigt sich für die allgemeine Kommunikation ein signifikanter Unterschied und für den Explikationsgrad ein Ergebnis, das sich knapp über dem Signifikanzniveau von 5% bewegt. Studierende aus der Gruppe „Ja" der Naturwissenschaften bewerten die Kommunikation mit Lehrenden besser als die entsprechende Studierendengruppe aus den Kulturwissenschaften. Für den Explikationsgrad zeigt sich dagegen ein gegenläufiges Ergebnis. Die Gruppe „Ja" aus den Kulturwissenschaften bewertet den Explikationsgrad ihrer Fachgruppe besser als die Gruppe „Ja" aus den Naturwissenschaften den ihrer Fachgruppe.

Die Gründe für diese Verteilungen scheinen in den Fachkulturen der jeweiligen Fächer zu liegen. Studierende kulturwissenschaftlicher Fächer haben ein erhöhtes Interesse an diskursivem Austausch und sozialem Kontakt. Ihre Studienmotivation ergibt sich meist aus ideellen Gründen. Studium wird als ganzheitliche Persönlichkeitsentwicklung begriffen. Entsprechend hoch sind auch die Ansprüche an die Betreuung und Beratung durch die Lehrenden des Faches. Studierenden der Naturwissenschaften sind die sozialen Aspekte des Studiums weit weniger wichtig. Sie haben ein verstärktes Interesse an den Inhalten ihres Faches. Ihre Ansprüche an den Kontakt mit Lehrenden sind daher meist eher sachlicher Natur und auf den Lehrstoff bezogen.

Die Bemängelung des Explikationsgrades in den naturwissenschaftlichen Studienfächern ist mit hoher Wahrscheinlichkeit auf den hohen Abstraktionsgrad der Fachinhalte, den kumulativen Charakter des naturwissenschaftlichen Wissens, die Verwendung einer formalen Fachsprache und die Forderung nach absoluter Genauigkeit zurückzuführen. Wie schon im Eingangszitat dieser Arbeit und bei der Darstellung der Thesen zum fachspezifischen praktischen Sinn und der Fachsprache angeklungen, neigen Naturwissenschaftler bei der Darstellung von Fachinhalten zu einer gewissen Saloppheit und Ungenauigkeit im Ausdruck. Dies wird damit begründet, dass die Adressaten dieser Darstellungsweise meist ebenfalls Fachkundige sind, die intuitiv verstehen, was und wie es gemeint ist. Dieses Verhalten scheint sich auch in der Lehre wiederzufinden, wo die Adressaten allerdings Studierende sind, die erst zu solchen fachkundigen Personen heranreifen müssen. Entsprechend schwierig gestaltet sich das Studium für Personen, die große Defizite in ihren Kenntnissen von naturwissenschaftlichen Inhalten haben. Für sie ist es vor allem deshalb problematisch, weil naturwissenschaftlicher Lehrstoff in seiner Struktur linear ist und nachfolgende Inhalte zwingend auf dem Vorangegangenen aufbauen. Wurden diese Inhalte nicht verstanden, so ist das Voranschreiten im Studium behindert oder sogar gefährdet. Alles in allem scheint es sich hierbei um eine *Euphemisierungsstrategie* zur äußeren Abschließung des Feldes „Naturwissenschaften" zu handeln. Durch die Verwendung der legitimen Sprache als Mittel der Zensur bzw. Sanktionierung stellen naturwissenschaftliche Fächer ihren Status als autonome Felder sicher. Der Gegensatz des Anspruchs von *Überkorrektheit* an die Sprache der neuen Feldakteure durch die etablierten Feldakteure, bei gleichzeitiger *Unterkorrektheit* der Ausdrucksweise dieser etablierten Feldakteure, sorgt dafür, dass nur diejenigen Akteure in das Feld aufgenommen werden, die die feldspezifische *illusio* bejahen. Es werden nur diejenigen Akteure zugelassen, die durch ihre Ungezwungenheit in der Verwendung der legitimen Sprache belegen, dass sie sich nicht in *Ataraxie* zum Feld befinden.

In den Kulturwissenschaften spielt der Explikationsgrad eine geringere Rolle. Zunächst einmal ist die Struktur der kulturwissenschaftlichen Fachinhalte zellulär. Die einzelnen Inhalte sind durch vergleichsweise lockere Verbindungslinien miteinander verknüpft und der Lehrstoff baut nicht zwingend aufeinander auf. Außerdem wird die natürliche Sprache als Wissenschaftssprache verwendet, was einen Einstieg in die Kulturwissenschaften einfacher macht. Lediglich bestimmte Fachbegriffe könnten hierbei Fallstricke legen, die aber vergleichsweise leicht beseitigt werden können. Auch der Gegenstand der Kulturwissenschaften in Form menschlicher Kulturleistungen ist einfacher zu erreichen, als abstrakt gefasste Naturgesetze. Bei der feldspezifischen *illusio* handelt es sich damit um den Glauben an die Existenz der alltäglichen sozialen Welt. Es ist daher leicht zu verstehen, dass man diesem Feld nicht in *Ataraxie* gegenüber stehen kann, da man in einem solchen Fall die Existenz der sozialen Welt in Frage stellen würde. Es ist auch eben dieser Umstand, der die Kulturwissenschaften zu einem heteronomen Feld macht. Durch die enge Verbindung von feldspezifischer *illusio* und Alltagswelt, büßt auch die Sprache als Mittel zur Abgrenzung von etablierten und neuen Akteuren an Kraft ein. Legitime Sprache und Alltagssprache ähneln sich zu sehr, als dass durch sie allein Differenzierungen möglich werden. Die sprachliche Zensur bewegt sich dadurch, wie auch in der Alltagswelt, auf einer eher individuell gesteuerten Ebene.

Ausgehend von diesen Befunden kann bestätigt werden, dass sowohl in den Naturwissenschaften als auch in den Kulturwissenschaften Studienabbrüche durch ein Defizit in der vorherrschenden Kommunikationsatmosphäre und eine insuffiziente Explikation der Fachinhalte begünstigt werden. Allerdings gibt es, was den Stellenwert dieser Einflussfaktoren angeht, Unterschiede zwischen den beiden Fachgruppen. In den Naturwissenschaften bemängeln die Studierenden mit Abbruchgedanken die Explikation der Fachinhalte, während ihr Pendant in den Kulturwissenschaften die allgemeine Kommunikation mit den Lehrenden als defizitär betrachtet. Damit bestätigt sich auch die Unterscheidung von Kulturwissenschaften und Naturwissenschaften in heteronome bzw. autonome Felder. Kulturwissenschaftler möchten auch Themen diskutieren, die außerhalb der Fachinhalte angesiedelt sind bzw. nur locker mit diesen verbunden sind, während die Kommunikation von Naturwissenschaftlern, der Bemängelung des Explikationsgrades zur Folge, auf Fachinhalte beschränkt bleibt.

6.2 Sozialisation und Pädagogischer Code

Mit den Fachgruppen „Naturwissenschaften" und „Kulturwissenschaften stehen sich zwei vollkommen verschiedene Fachkulturen gegenüber, die dementsprechend divergente Sozialisationsmodelle darstellen und unterschiedliche fachspezifische Ansprüche an die Denkstrukturen von Studierenden stellen.

Der Einfluss von pädagogischem Code und fachspezifischem Habitus auf die Studienmotivation von Studierenden ist unterschiedlich zu bewerten. In der Gesamtschau zeigt sich, dass dem fachspezifischen Habitus, operationalisiert durch den fachspezifischen Sinn und die Fachsprache, mehr Bedeutung bei der Erklärung von Studienmotivation zukommt. Der pädagogische Code, ausgedrückt durch die Kommunikationsatmosphäre und den Explikationsgrad eines Studienfaches, hat dagegen einen geringeren Effekt auf die Studienmotivation.

Die Unterschiede zwischen den Fachgruppen „Naturwissenschaften" und „Kulturwissenschaften" bezüglich des pädagogischen Codes sollen aufgrund der bereits erfolgten Diskussion im vorherigen Abschnitt nicht noch einmal thematisiert werden. Der Einfluss des fachspezifischen Habitus auf den Studienabbruchgedanken ist allerdings in beiden Fachgruppen als relativ hoch einzustufen. Sowohl in den naturwissenschaftlichen als auch in den kulturwissenschaftlichen Fächern bewerten Studierende, die bereits über einen Studienabbruch nachgedacht hatten, die subjektive Beherrschung des fachspezifischen praktischen Sinns negativer als Studierende, die noch keinen Gedanken an einen Studienabbruch verschwendeten. Die Beherrschung der Fachsprache wird allerdings nur von den Studierenden der Gruppe „Ja" in den Kulturwissenschaften signifikant schlechter beantwortet.

Der fachspezifische praktische Sinn ist in den Naturwissenschaften der einzige der in dieser Studie erhobenen Faktoren, die signifikant zur Varianzaufklärung im Faktor „Studienmotivation" beitragen. Wird der praktische Sinn nicht beherrscht, so sinkt auch die Studienmotivation. In den Kulturwissenschaften treten zur erklärenden Variablen „praktischer Sinn" noch die Kommunikationsatmosphäre und die Fachsprache hinzu. Aber auch hier erklärt der Beherrschungsgrad des praktischen Sinns den Löwenanteil der Varianz im Faktor „Studienmotivation".

Was den Studieneinstieg angeht, so zeigt sich für die naturwissenschaftlichen Studienfächer ein interessanter Befund. Betrachtet man die Bewertungen der Bedingungsfaktoren und der Studienmotivation über die Semester hinweg, so ergeben sich für die ersten beiden Semester niedrigere Werte als für die darauf folgenden Semester. Insgesamt verbessern sich die Bewertungen ab dem dritten Fachsemester sukzessive. Setzt man zu diesem Befund die durchschnittliche Studienzeit bis zu einem Studienabbruch für diese Fachgruppe in Bezug, liegt die Schlussfolgerung nahe, dass bis zum Ende des zweiten Fachsemesters ein Großteil der Studierenden, die Probleme mit ihrem Studienfach hatten, das Studium abgebrochen haben. Das heißt: Nach dem zweiten Semester wird in dieser Fachgruppe die Mehrzahl der Studierenden von Personen gestellt, die über die Fähigkeiten zur erfolgreichen Absolvierung eines naturwissenschaftlichen Studiums verfügen. Der gleiche Trend für alle Bedingungsfaktoren und die Studienmotivation gepaart mit der Tatsache, dass ab dem dritten Semester das Antwortverhalten der Studierenden homogener wird, sind Indiz für die Korrektheit dieser Interpretation. Die Studieneinstiegsphase der naturwissenschaftlichen Studienfächer scheint daher verhältnismäßig restriktiv zu sein, was wohl dem Kollektionscode und der damit einhergehenden kumulativen Struktur des Lehrstoffes geschuldet ist. Der Druck auf die Studierenden ist damit schon von Beginn des Studiums an extrem hoch und lässt kaum Fehltritte zu. Die Toleranz für Wissens- bzw. Verständnislücken ist aufgrund der hohen Leistungsanforderung sehr gering. Studierende, die diesen Anforderungen nicht genügen können, streichen deshalb schon früh die Segel. Mit anderen Worten: Für das Feld „Naturwissenschaften" existieren Eintrittshürden zur Bewahrung der Feldintegrität. Diese scheinen hier primär dazu zu dienen Akteure zu identifizieren und auszumerzen, die den Glauben an die feldspezifische *illusio* bzw. *doxa* verloren haben oder diesen Glauben nicht in ausreichendem Maße besessen hatten. Solche Akteure neigen dazu das Interesse an den Feldinhalten und -gegenständen zu verlieren bzw. diese sogar als irrelevant oder absurd zu bewerten. Die Interessensobjekte des Felds werden für solche Akteure wertlos. Ziel des Feldes und seiner Akteure ist aber immer die Reproduktion der Feldstrukturen. Im Feld der „Naturwissenschaften" wird diese Reproduktion durch den Formalismus der legitimen Sprache und einem aus dem gleichen Formalismus erwachsenden praktischen Sinn sichergestellt. Die Beherrschung dieser beiden Attribute ist schon beim Feldeintritt zwingend erforderlich, da sonst nicht am Wettbewerb um die feldspezifischen Interessensobjekte teilgenommen werden kann bzw. der Erfolg in diesem Wettbewerb sehr gering sein wird.

In den kulturwissenschaftlichen Studienfächern ist kein allgemeiner Bewertungsknick zu erkennen. Vielmehr verhalten sich die Einstufungen des fachspezifischen Habitus und des pädagogischen Codes zueinander gegenläufig. Während die Beherrschung des praktischen Sinns und der Fachsprache zunehmen, weisen die Kommunikationsatmosphäre und der Explikationsgrad einen negativen Trend auf. Trotzdem wird auch hier das Antwortverhalten insgesamt homogener. Die gegenläufige Bewertungstendenz scheint dabei aber eher als Indiz für eine von Beginn an positiv verlaufende Fachsozialisation zu sprechen. Offensichtlich sind die Studierenden von Anfang an dazu in der Lage Kritik an den Studienstrukturen zu üben. Dies spricht dafür, dass die Studieneinstiegsphase in den Kulturwissenschaften den Studierenden genug Energie lässt, um sich auch mit Fachspezifika zu befassen, die nicht Gegenstand des Lehrstoffes sind. Der Leistungsdruck scheint hier nicht so hoch zu sein, als dass sämtliche zur Verfügung stehende Kraft in die Bewältigung der Studieninhalte gesteckt werden muss, sondern auch noch Raum für Persönlichkeitsentwicklung und soziale Kontakte bleibt. Die sich stetig verbessernde Beherrschung von fachspezifischem praktischen Sinn und Fachsprache spricht außerdem dafür, dass der von den Kulturwissenschaften praktizierte Integrationscode und die damit verbundene integrierte Inselstruktur des kulturwissenschaftlichen Wissens dafür sorgt, dass der fachspezifische praktische Sinn verschiedene Formen annehmen kann und somit immer wieder neue und auch unterschiedliche Anknüpfungspunkte für die Studierenden entstehen. Insgesamt wird dadurch die Studieneinstiegsphase entschärft und die Studierenden sehen von einem frühen Studienabbruch ab. Auch das Feld „Kulturwissenschaften" ist an der Reproduktion seiner Feldstrukturen interessiert. Daher strebt auch dieses Feld ebenso wie die Naturwissenschaften danach Akteure, die die Feldintegrität stören, auszusondern. Allerdings geschieht dies verglichen mit den Naturwissenschaften zeitlich nach hinten versetzt.

Aufgrund dessen, dass *illusio* und *doxa* des Feldes „Kulturwissenschaften" eng verbunden sind mit der Alltagswelt, sind auch legitime Sprache und fachspezifischer praktischer Sinn weitestgehend deckungsgleich mit ihren Pendants der allgemeinen sozialen Welt. Die Eintrittshürden dieses Feldes bestehen daher nur aus den Nuancen, die den Unterschied zwischen Feld und sozialem Raum ausmachen. Zudem werden diese Unterschiede beim Eintritt in das Feld nicht bedingungslos eingefordert. Vielmehr diffundieren das Feld „Kulturwissenschaften", aufgrund seines Status als heterogenes Feld, und der soziale Raum ständig ineinander. Die Einforderung des Eintritts erfolgt daher erst mit der Erlangung der feldspezifischen Interessensobjekte bzw. dem Studienabschluss. Erst hier muss wirklich Zeugnis über den Beherrschungsgrad von legitimer Sprache und feldspezifischem praktischen Sinn abgelegt werden.

Es scheint damit bestätigt, dass der Studieneinstieg in naturwissenschaftliche Fächer durch den kumulativen pädagogischen Code dieser Fachgruppe erschwert wird. Gleichermaßen zeigt sich, dass in den Kulturwissenschaften der dort verwendete integrative pädagogische Code den Studieneinstieg erleichtert. Kulturwissenschaftliche Studienfächer bieten verglichen mit den naturwissenschaftlichen Studienfächern mehr und verschiedenartige Anknüpfungspunkte für die Studierenden, was nicht zuletzt den jeweiligen Forschungsgegenständen angelastet werden kann. Im Allgemeinen scheinen aber nur der fachspezifische praktische Sinn und die Fachsprache eine größere Rolle für die Entscheidung zum Studienabbruch zu spielen. Vor allem das intuitive Verständnis für die jeweiligen Fachinhalte ist hierbei hervorzuheben. Die Kommunikationsatmosphäre und der Explikationsgrad haben in den Kulturwissenschaften einen höheren Stellenwert.

6.3 Praktischer Sinn und Fachsprache

An dieser Stelle soll der Frage nachgegangen werden, ob nicht besondere Voraussetzungen für die erfolgreiche Bewältigung eines naturwissenschaftlichen Studiums gelten, die sich aus der Vorbildung der entsprechenden Studierenden ergeben und ob für ein erfolgreiches kulturwissenschaftliches Studium ähnliche Voraussetzungen erfüllt sein müssen.

Die Auswertung des Datenmaterials zeigte, dass in den naturwissenschaftlichen Studienfächern auffällig viele Studierende zuvor ausschließlich naturwissenschaftliche schulische Leistungsfächer hatten. Ihr Anteil an der den Studierenden naturwissenschaftlicher Fächer betrug 67,6%. Kombinationen von kulturwissenschaftlichen Leistungsfächern waren die Ausnahme, mit 4,4% Anteil, und auch Leistungsfachkombinationen aus verschiedenen Fachgruppen waren vergleichsweise schwach vertreten mit einem Anteil von 27,9%. Studierende kulturwissenschaftlicher Studiengänge rekrutierten sich vornehmlich aus rein kulturwissenschaftlichen Leistungsfachkombinationen und machten 49,7% der Studierenden dieser Fachgruppe aus. Dicht dahinter folgten Studierende, die zuvor Kombinationen aus verschiedenen Fachgruppen hatten. Sie stellten 42,5% der Studierenden. Weit abgeschlagen waren dagegen Studierende, die rein naturwissenschaftliche Leistungsfächer gewählt hatten. Sie kamen nur auf einen Anteil von 7,8% an der Studierendenschaft kulturwissenschaftlicher Fächer.

Diese Verteilung zeigt, dass eine einmal einverleibte Fachkultur reproduziert wird, in dem das jeweilige Individuum sich in eine Umwelt begibt, die seinem Habitus entspricht. Je nachdem in welcher Art und Weise der Habitus dieser Person bisher ausdifferenziert wurde, ergeben sich ganz bestimmte Anknüpfungspunkte für die weitere Sozialisation. Entsprechend schließen sich je nachdem, in welche Richtung die weitere Habitusentwicklung geht, andere Möglichkeiten der Modifikation aus. Wurde ein bestimmter Sozialisationsweg lange beschritten, so wird es immer weniger wahrscheinlich, dass man eine komplette Kehrtwende macht. Das bedeutet: Ein bereits in den Naturwissenschaften sozialisiertes Individuum wird auch in seinem späteren Leben eine Affinität für das naturwissenschaftliche Denken, die naturwissenschaftlichen Methoden und den entsprechenden Forschungsgegenstand haben. Gleiches gilt für die Kulturwissenschaften. Die Studierenden haben also schon vor Beginn ihres jeweiligen Studiums die Anlagen des jeweils fachspezifischen praktischen Sinns erworben. Studierende, die rein naturwissenschaftliche Leistungsfächer hatten, entwickelten dadurch eine Intuition für naturwissenschaftliche Inhalte. Folgt man dem Reproduktionsgedanken, so kann eine solche Intuition in naturwissenschaftlichen Studiengängen besonders gewinnbringend angewendet werden. Gegenüber einem kulturwissenschaftlichen Studium entwickelt sich dadurch eine *Hysteresis*. Das bedeutet: Studierende, die nicht über einen naturwissenschaftlichen Habitus verfügen, sind nicht dazu in der Lage solche Reaktionen zu zeigen, die im Feld „Naturwissenschaften" adäquat wären. Entsprechend andersherum verhält es sich bei einer Erstsozialisation in kulturwissenschaftlichen Leistungsfächern. Die Reproduktion von kulturwissenschaftlichem oder naturwissenschaftlichem Habitus durch eine entsprechende Studienfachwahl beschreibt demnach den Zustand des *‚amor fati'* und, dass der Habitus nur innerhalb seiner Grenzen eine dynamische Adaptionsfähigkeit besitzt. Es erfolgt eine Reproduktion der sozialen Praxis aus der die Erstkonditionierung resultierte, um diese Konditionierung zu konservieren und zu kultivieren.

Beschreibt man den Zusammenhang zwischen schulischen Leistungsfächern und Studienfachwahl mit Hilfe eines Regressionsmodells, so zeigt sich, dass mit großer Wahrscheinlichkeit davon auszugehen ist, dass sich Studierende naturwissenschaftlicher Studiengänge in Wahrheit ausschließlich aus Individuen mit einem naturwissenschaftlichen Sozialisationshintergrund rekrutieren. Anscheinend wird für das Studium eines naturwissenschaftlichen Faches bereits eine besondere fachspezifische Vorbildung benötigt, ohne die ein solches Studium nicht möglich ist. Besonders wichtig muss hierbei die Beherrschung des praktischen Sinns und der Fachsprache sein, ohne die ein Verständnis der Fachinhalte unmöglich wird. Aufgrund ihres formalen Charakters und des hohen Abstraktionsgrades können sie nicht einfach im Vorbeigehen erlernt werden. Vielmehr bedarf es einer längerfristigen Einverleibung naturwissenschaftlicher Regelhaftigkeit, sprich Sozialisation im Feld der Naturwissenschaften, um die entsprechenden Denkstrukturen und Methoden ohne besonderen kognitiven Aufwand beherrschen zu können.

Studierende kulturwissenschaftlicher Studiengänge weisen dagegen eine vergleichsweise heterogene Vorbildung auf. Sie rekrutieren sich sowohl aus rein kulturwissenschaftlichen Leistungsfachkombinationen, als auch aus Kombinationen verschiedener Fachgruppen. Der fachspezifische Habitus dieser Disziplin scheint somit den Studierenden mehr Entfaltungsraum zu bieten. Zwar sammelt sich auch in den Kulturwissenschaften ein beträchtlicher Anteil von Studierenden, die bisher ausschließlich kulturwissenschaftlich sozialisiert wurden, allerdings beweist der große Anteil von Studierenden, mit einem Kombinationshintergrund, dass der kulturwissenschaftliche Habitus Andockmöglichkeiten für verschiedenste Fachhabitus bietet. Seine Strukturen sind weniger restriktiv als in den Naturwissenschaften und aufgrund der Nähe des praktischen Sinns und der Fachsprache der Kulturwissenschaften zur Alltagswelt ist er auch schneller und leichter zu erlernen.

Insgesamt kann damit bestätigt werden, dass das erfolgreiche Studium eines naturwissenschaftlichen Faches verglichen mit dem erfolgreichen Studium eines kulturwissenschaftlichen Faches an deutlich mehr Voraussetzungen geknüpft ist. Außerdem konnte gezeigt werden, dass die Adaption des kulturwissenschaftlichen Habitus weniger kompliziert ist als die Adaption des naturwissenschaftlichen Habitus und auch von Studierenden schnell erlernt werden kann, die zuvor nur teilweise oder gar nicht in den Kulturwissenschaften sozialisiert wurden. Daraus ergibt sich für die kulturwissenschaftlichen Studienfächer verglichen mit ihren naturwissenschaftlichen Pendants eine heterogenere Studierendenschaft.

6.4 Ausblick

Betrachtet man die Problematik des Studienabbruchs aus einer Makroperspektive, so stellen die nach wie vor hohen Abbrecherzahlen in den naturwissenschaftlichen Fächern ein großes Problem dar. Rohstoffarme Industrieländer wie Deutschland sind, um ihren Status innerhalb der Weltwirtschaft zu behaupten, auf den Vorsprung in der Entwicklung von Hochtechnologien angewiesen. Entsprechend hoch ist der Bedarf an hochqualifizierten Absolventen naturwissenschaftlicher Studiengänge.

Um die Studienabbruchquoten in den Naturwissenschaften zu senken, schlage ich deshalb eine Annäherung an das kulturwissenschaftliche Sozialisationsmodell vor. Diese Annäherung sollte auf zwei Ebenen ansetzen: Zunächst sollte eine bessere Übersetzung von formaler Sprache in natürliche Sprache, verbunden mit einer Reduktion des Stoffumfangs, realisiert werden. Eine solche Maßnahme würde Studierenden mit mangelnden Vorkenntnissen, aber großem Fachinteresse, mehr Raum für Fehler und Aufarbeitung der Defizite lassen. Möglicherweise ist dies durch eine verbesserte Betreuung oder eine Reform der Lehrkonzepte zu erreichen. Eine Verbesserung der Betreuung meint hier nicht, dass die Lehrenden der naturwissenschaftlichen Fächer das Angebot an Beratungsveranstaltungen oder Sprechzeiten erhöhen sollten oder dass das Verhältnis von Studierendenzahl und Lehrendenzahl verbessert werden müsste. Dies alles scheint in den naturwissenschaftlichen Fächern schon auf einem guten Niveau vorhanden zu sein. Es geht hier vielmehr um einen Abbau von Verständnisproblemen auf sprachlicher Ebene. Ziel sollte es sein, sich bei der Explikation von Fachinhalten nicht ausschließlich auf einer abstrakt-formalen Sprachebene zu bewegen, sondern alle Sachverhalte auch mit Hilfe der natürlichen Sprache auszudrücken. Dies könnte ein Mittel sein, um speziell den Studieneinstieg zu erleichtern. In späteren Semestern könnte dann die Übersetzung in natürliche Sprache sukzessive abgebaut werden.

Die zweite Ebene betrifft die Durchbrechung der Reproduktion der Strukturen des Feldes „Naturwissenschaften". Bisher konnten weitestgehend nur solche Personen in einem naturwissenschaftlichen Fach bestehen, die über ein tieferes Verständnis für die naturwissenschaftlichen Methoden oder die naturwissenschaftliche Sprache „qua" spezieller fachspezifischer Sozialisation oder Talent verfügten. Das bedeutet: Naturwissenschaftliche Inhalte wurden bisher nur von Personen, die ein tieferes Verständnis für solche Inhalte hatten, an solche Personen weitergegeben, die ebenfalls bereits über eine tieferes Verständnis für diese Inhalte verfügten, die später dann wiederum an Personen aus demselben Klientel ihr Wissen weitergaben. Um diesen Reproduktionszirkel aufzubrechen, sollte die Didaktikausbildung von Lehrern naturwissenschaftlicher Fächer verbessert werden. Auch hierbei sollte eine Reform der sprachlichen Ebene im Vordergrund stehen. So könnten möglicherweise schon während der Schulzeit mehr Personen für naturwissenschaftliche Fächer begeistert werden bzw. Verständnis- und Fähigkeitsdefizite, die den Studieneinstieg behindern würden, könnten minimiert werden.

Die Kulturwissenschaften können dagegen von den Naturwissenschaften lernen, ihre Fachinhalte besser zu strukturieren. Viele Studienabbrüche in dieser Fachgruppe sind darauf zurückzuführen, dass die Studierenden sich beim „Finden des Roten Fadens" im Lehrstoff alleingelassen und hilflos fühlen. Eine konkrete Maßnahme hierzu könnte, entsprechend dem Vorbild naturwissenschaftlicher Studienfächer, ein größeres Angebot an Vorlesungen zu theoretischen und methodischen Aspekten der jeweiligen Fächer sein. Solche Veranstaltungen sollten in der Form verstanden werden, dass die verantwortlichen Lehrenden dort anhand des Vortrags ihres sachbezogenen Fachwissens den Studierenden eine Richtschnur für die Bewertung und Interpretation der Fachinhalte geben. Ein weiterer Ansatzpunkt könnte vermehrte konstruktive und ergänzende Kritik zu Referaten in Seminaren sein. Letztendlich geht es darum, die Studierenden bei der Interpretation von Fachinhalten nicht alleine zu lassen.

Die vorliegende Studie ermöglicht nicht nur einen inhaltlichen Ausblick, sondern zeigt auch eine neue Möglichkeit methodischen Vorgehens bei der Erfassung von Studienabbruchgründen auf. So konnten viele der Ergebnisse der HIS-Studienabbruchstudie reproduziert und mit Hilfe des Fachkulturkonzeptes sowie der bourdieuschen Sozialisationstheorie weitestgehend auch theoretisch erklärt werden. Beispielsweise wurden in den Daten der vorliegenden Untersuchung Hinweise darauf gefunden, dass die Studiendauer von Studierenden, die das Studium eines naturwissenschaftlichen Faches abbrechen, deutlich kürzer ist als die eines entsprechenden Studierenden eines kulturwissenschaftlichen Faches. Außerdem zeigte sich durch die Verwendung der Konzepte des fachspezifischen Habitus und des pädagogischen Codes als heuristische Prinzipien, dass in den Naturwissenschaften Leistungsprobleme die Hauptabbruchgründe sind, während es sich in den Kulturwissenschaften eher um Gründe der Studienmotivation handelt. Wichtigstes Reproduktionsergebnis ist allerdings die Tatsache, dass naturwissenschaftliche Studiengänge ein erhöhtes Maß an Vorkenntnissen verlangen, während fehlende Fähigkeiten und Kenntnisse für den Erfolg eines kulturwissenschaftlichen Studiums kaum eine Rolle spielen. Sichtbar wurde dies u.a. durch den beschriebenen Zusammenhang von schulischen Leistungsfächern und Studienfachwahl sowie durch die in der gleichen Analyse sichtbaren Homogenität der schulischen Vorbildung naturwissenschaftlicher Studierender im Kontrast zur Heterogenität der schulischen Vorbildung bei Studierenden der Kulturwissenschaften.

Betrachtet man den doch hohen Grad an Kongruenz der Ergebnisse der vorliegenden Studie mit den Ergebnissen der HIS-Studie vor dem Hintergrund, dass in ersterer im Kontrast zur letzteren keine Studienabbrecher befragt wurden, sondern reguläre Studierende, die nach wie vor ihr Studium absolvieren, scheint sich hier eine neue Methode zur Erfassung von Studienabbruchgründen zu ergeben. Beachtet man zusätzlich, dass die Lokalisation von tatsächlichen Studienabbrechern mit einem erhöhten logistischen wie finanziellen Aufwand verbunden ist, erscheint die Methode aktive Studierende zu befragen als vergleichsweise günstige Alternative. Sowohl der finanzielle Aufwand als auch der logistische Aufwand halten sich bei dieser Variante in Grenzen. So müssen beispielsweise keine Fragebogen postalisch verschickt werden und auch eine zweite oder dritte Aufforderung zur Teilnahme an der Untersuchung entfällt, da die Teilnehmer ganz einfach über die Lehrveranstaltungen der jeweiligen Fächer erreicht werden können. Allein dadurch kann ein beträchtlicher Anteil finanzieller Aufwendungen eingespart werden. Aus dem gleichen Grund ist auch der logistische Aufwand geringer. Der Verbleib der Zielpersonen muss nicht mühsam recherchiert werden, sondern sie können einfach in den einschlägigen Lehrveranstaltungen angesprochen werden.

Zum Schluss ist festzuhalten, dass man in Bezug auf das Feld „Naturwissenschaften“ durchaus von einer „Macht der Fachkultur“ sprechen kann. Im Feld „Kulturwissenschaften“ kommt der Fachkultur dagegen weit weniger Macht zu.

Literaturverzeichnis

Anzenbacher, A. (2002): Einführung in die Philosophie, Freiburg im Breisgau: Herder; [Anzenbacher (2002)]

Asmussen (2006): Leistungsmotivation, intrinsische Studienmotivation und Berufsorientierung als Determinanten der Studienfachwahl. In: Schmidt, U, (Hrsg.): Übergänge im Bildungssystem. Motivation-Entscheidung-Zufriedenheit, Wiesbaden: VS Verl. für Sozialwissenschaften; [Asmussen (2006)]

Backhaus, K.; Erichson, B.; Plinke, W.; Weiber, R. (2008): Multivariate Analysemethoden: Eine anwendungsorientierte Einführung, Berlin: Springer; [Backhaus et al. (2008)]

Bauer, L. A. (1988): Mathematik und Subjekt: eine Studie über pädagogisch-didaktische Grundkategorien und Lernprozesse im Unterricht, Wiesbaden: Dt. Univ.-Verl.; [Bauer (1988)]

Beiner (2009): Humanities: was Geisteswissenschaft macht, und was sie ausmacht, Darmstadt: Wiss. Buchges.; [Beiner (2009)]

Berger, P.; Luckmann Th. (2007): Die gesellschaftliche Konstruktion der Wirklichkeit: Eine Theorie der Wissenssoziologie, Frankfurt am Main: Fischer-Taschenbuch-Verl.; [(Berger/Luckmann (2007)]

Bernard, H. R. (2000): Social Research Methods: Qualitative and Quantitative Approaches, Thousand Oakes, Calif.: Sage; [Bernard (2000)]

Bernstein, B. (1977): Beiträge zu einer Theorie des pädagogischen Prozesses, Frankfurt am Main: Suhrkamp; [Bernstein (1977)]

Bortz, J. (2005): Statistik für Human- und Sozialwissenschaftler. Heidelberg: Springer-Medizin-Verl.; [Bortz (2005)]

Bortz, J.; Döring N. (2006): Forschungsmethoden und Evaluation: für Human- und Sozialwissenschaftler , Heidelberg: Springer; [Bortz/Döring (2006)]

Bourdieu, P. (1983): Ökonomisches Kapital, kulturelles Kapital, soziales Kapital. In: Kreckel, R. (Hrsg.): Soziale Ungleichheiten, Göttingen: Schwartz; [Bourdieu (1983)]

Bourdieu, P. (1987): Sozialer Sinn: Kritik der theoretischen Vernunft, Frankfurt am Main: Suhrkamp; [Bourdieu (1987)]

Bourdieu (1989): Satz und Gegensatz: über die Verantwortung des Intellektuellen, Berlin: Wagenbach; [Bourdieu (1989)]

Bourdieu, P. (1990): Was heißt sprechen?: die Ökonomie des sprachlichen Tausches, Wien: Braumüller; [Bourdieu (1990)]

Bourdieu, P. (1991): Sozialer Raum und Klassen: Zwei Vorlesungen, Frankfurt am Main: Suhrkamp; [Bourdieu (1991)]

Bourdieu, P. (1992): Die verborgenen Mechanismen der Macht, Hamburg: VSA-Verl.; [Bourdieu (1992)]

Bourdieu, P. (1993): Soziologische Fragen, Frankfurt am Main : Suhrkamp [Bourdieu (1993)]

Bourdieu, P.; Wacquant Loïc, J. D. (1996): Reflexive Anthropologie, Frankfurt am Main : Suhrkamp [Bourdieu/Wacquant (1996)]

Bourdieu, P. (1997): Meditationen: zur Kritik der scholastischen Vernunft, Frankfurt am Main : Suhrkamp; [Bourdieu (1997)]

Bourdieu, P. (1998a): Vom Gebrauch der Wissenschaft: für eine klinische Soziologie des wissenschaftlichen Feldes, Konstanz : UVK, Univ.-Verl. Konstanz; [Bourdieu (1998a)]

Bourdieu, P. (1998b): Praktische Vernunft: zur Theorie des Handelns, Frankfurt am Main: Suhrkamp; [Bourdieu (1998b)]

Bourdieu, P. (2010): Die feinen Unterschiede: Kritik der gesellschaftlichen Urteilskraft, Frankfurt am Main: Suhrkamp [Bourdieu (2010)]

Bradburn, N. M. (1988): Response Effects. In: Rossi, P. H.; Wright, J. D.; Anderson, A. B. (Hrsg.): Handbook of Survey Research, Orlando: Acad. Press; [Bradburn (1988)]

Bronstein, I. N.;Semendjajew, K. A.; Musiol, G.; Mühlig, H. (2001): Taschenbuch der Mathematik, Frankfurt am Main: Deutsch [Bronstein et al. (2001)]

Brunstein, H.; Heckhausen H. (2010): Leistungsmotivation. In: Heckhausen, J.; Heckhausen, H. (Hrsg.): Motivation und Handeln, Berlin: Springer; [Brunstein/Heckhausen (2010)]

Buddrus, V.; Sturzenhecker B. (1987): Papiertiger Uni: Hintergründe für den Studieneinstieg in sozialen Wissenschaften, Baltmannsweiler: Pädagogischer Verl. Burgbücherei Schneider; [Buddrus/Sturzenhecker (1987)]

Burkhardt, H. (2008): Geisteswissenschaften-Geist schafft Wissen, München: Akad. für Politik und Zeitgeschehen; [Burkhardt (2008)]

Büchel, W. (1975): Gesellschaftliche Bedingungen der Naturwissenschaft, München: Beck; [Büchel (1975)]

Bühner, M. (2006): Einführung in die Test- und Fragebogenkonstruktion, München: Pearson Studium; [Bühner (2006)]

Campbell, N. A.; Reece, J. B. (2010): Biologie, München: Pearson Studium; [Campbell/Reece (2010)]

Carnap, R. (1973): Grundlagen der Logik und Mathematik, München : Nymphenburger Verl.-Handlung; [Carnap (1973)]

Cattell, R. B.; Warburton, F. W. (1967): Objective Personality and Motivation Tests: a theoretical introduction and pratical compendium, Chicago, Ill.: Univ. of Illinois Press; [Cattell/Warburton (1967)]

Courant, R.; Robbins, H. (2001): Was ist Mathematik?, Berlin: Springer; [Courant/Robbins (2001)]

Diekmann, A. (2008): Empirische Sozialforschung: Grundlagen, Methoden, Anwendungen, Reinbek bei Hamburg: Rowohlt-Taschenbuch-Verl.; [Diekmann (2008)]

Denzin, N. (1978): The research act: a theoretical introduction to sociological methods, New York: McGraw-Hill; [Denzin (1978)]

Destatis (2010): Methoden-Verfahren-Entwicklung: Demographische Standards, Wiesbaden: Statistisches Bundesamt; [Destatis (2010)]

Flick, U. (2004): Triangulation. Eine Einführung, Wiesbaden: VS, Verl. für Sozialwiss.; [Flick (2004)]

Flick, U. (2007): Qualitative Sozialforschung: eine Einführung, Reinbek bei Hamburg: Rowohlt-Taschenbuch-Verl.; [Flick (2007)]

Frühwald W.; Jauß, H. R.; Koselleck, R.; Mittelstraß, J.; Steinwachs, B. (1991): Geisteswissenschaften heute: eine Denkschrift, Frankfurt am Main: Suhrkamp; [Frühwald et al. (1991)]

Fuchs-Heinritz, W.; König A. (2005): Pierre Bourdieu: eine Einführung, Konstanz: UVK Verl.-Ges.; [Fuchs-Heinritz/König (2005)]

Grünewald, B. (2009): Geist-Kultur-Gesellschaft: Versuch einer Prinzipientheorie der Geisteswissenschaften auf transzendentalphilosophischer Grundlage, Berlin : Duncker & Humblot; [Grünewald (2009)]

Habermas, J. (1981): Technik und Wissenschaft als „Ideologie", Frankfurt am Main: Suhrkamp; [Habermas (1981)]

Hauswaldt, P.; Mahler, R. (1991): Studienführer Mathematik, Naturwissenschaften: Physik, Astronomie; Chemie, Pharmazie, weitere Chemiewissenschaften; Biologie, Anthropologie, weitere Biologiewissenschaften; Geowissenschaften: Geographie, Geophysik, Ozeanographie, Meteorologie, Geologie/Pläontologie, Mineralogie/Kristallographie; Mathematik, Informatik, München: Lexika-Verl.; [Hauswaldt/Mahler (1991)]

Heublein, U.; Sommer, D. (2000): Lebensorientierung und Studienmotivation von Studienanfängern. In: HIS-Kurzinformation A5, Hannover: Hochschul-Informations-System; [Heublein/Sommer (2000)]

Heublein, U.; Hutzsch, Ch.; Schreiber, J.; Sommer, D.; Besuch, G. (2009): Ursachen des Studienabbruches in Bachelor- und in herkömmlichen Studiengängen: Ergebnisse einer bundesweiten Befragung von Exmatrikulierten des Studienjahres 2007/08, Hannover: Hochschul-Informations-System; [Heublein et al. (2009)]

Isserstedt, W.; Middendorff, E.; Kandulla, M.; Borchert, L.; Leszczensky, M. (2009): Die wirtschaftliche und soziale Lage der Studierenden in der Bundesrepublik Deutschland 2009: 19. Sozialerhebung des Deutschen Studentenwerkes durchgeführt durch HIS-Hochschul-Informations-System, Bundesministerium für Bildung und Forschung (BMBF), Hannover: BWH GmbH; [Isserstedt et al. (2009)]

Kelle, U. (2008): Die Integration qualitativer und quantitativer Methoden in der empirischen Sozialforschung: theoretische Grundlagen und methodologische Konzepte, Wiesbaden: VS Verl. für Sozialwiss.; [Kelle (2008)]

Kelle, U.; Kluge S. (2010): Vom Einzelfall zum Typus: Fallvergleich und Fallkontrastierung in der qualitativen Sozialforschung, Wiesbaden: VS, Verl. für Sozialwiss.; [Kelle/Kluge (2010)]

Kjørup, S. (2001): Humanities, Geisteswissenschaften, Sciences humaines: eine Einführung, Stuttgart: Metzler; [Kjørup (2001)]

Koller, A. (2009): Doxa (*doxa*). In: Fröhlich, G.; Rehbein, B. (Hrsg.): Bourdieu Handbuch: Leben-Werk-Wirkung, Stuttgart: Metzler; [Koller (2009)]

Krais, B.; Gebauer, G. (2010): Habitus, Bielefeld : Transcript-Verl.; [Krais/Gebauer (2010)]

Lamnek, S. (2005): Qualitative Sozialforschung: Lehrbuch, Weinheim: Beltz; [Lamnek (2005)]

Liebau, E.; Huber, L. (1985): Die Kulturen der Fächer. In: Liebau, E. (Hrsg.): Lebensstil und Lernform: zur Kultursoziologie Pierre Bourdieus,Stuttgart: Klett-Cotta; [Liebau/Huber (1985)]

Maier, H.; Schweiger, F. (1999): Mathematik und Sprache: zum Verstehen und Verwenden von Fachsprache im Mathematikunterricht, Wien: ÖBV; [Maier/Schweiger (1999)]

Mehrtens, H. (1990): Moderne, Sprache, Mathematik: eine Geschichte des Streits um die Grundlagen der Disziplin und des Subjekts formaler Systeme, Frankfurt am Main: Suhrkamp; [Mehrtens (1990)]

Mohr, H. (2008): Einführung in (natur-)wissenschaftliches Denken, Berlin: Springer; [Mohr (2008)]

Moog, H.; Federbusch, K. (2002): Physik an Universitäten, Hannover: Hochschul-Informations-System; [Moog/Federbusch (2002)]

Mortimer, Ch. E.; Müller U. (2003): Chemie: das Basiswissen der Chemie, Stuttgart: Thieme; [Mortimer/Müller (2003)]

Müller, H.-P. (1986): Kultur, Geschmack und Distinktion: Grundzüge der Kultursoziologie Pierre Bourdieus. In: Neidhardt, F.; Lepsius, M. R.; Weiss, J. (Hrsg.): Kultur und Gesellschaft, KZfSS Sonderband 27, Opladen: Westdeutscher Verlag GmbH; [Müller (1986)]

Raufuss, D. (1989): Die physikalisch-naturwissenschaftliche Denkweise: zur Vermittlung durch Schule, Hochschule und Medien, Köln: Aulis-Verl. Deubner; [Raufuss (1989)]

Rauner, M.; Jorda, S. (2002): Big Business und Big Bang: Berufs- und Studienführer Physik, Berlin: Wiley-VCH; [Rauner/Jorda (2002)]

Rehbein, B.; Saalmann, G. (2009): Feld (*champ*). In: Fröhlich, G.; Rehbein, B. (Hrsg.): Bourdieu Handbuch: Leben-Werk-Wirkung, Stuttgart: Metzler; [Rehbein/Saalmann (2009)]

Rothacker, E. (1965): Logik und Systematik der Geisteswissenschaften, München: Oldenbourg; [Rothacker (1965)]

Schaeper, H. (1997): Lehrkulturen, Lehrhabitus und die Struktur der Universität: eine empirische Untersuchung fach- und geschlechtsspezifischer Lehrkulturen, Weinheim : Deutscher Studien-Verl.; [Schaeper (1997)]

Schirmer, D.; Blinkert, B. (2006): Empirische Methoden der Sozialforschung: Grundlagen und Techniken, Paderborn: Fink; [Schirmer/Blinkert (2006)]

Schmitt, L. (2010): Bestellt und nicht abgeholt: soziale Ungleichheit und Habitus-Struktur-Konflikte im Studium, Wiesbaden: VS, Verl. für Sozialwiss.; [Schmitt (2010)]

Schnell, R.; Hill, P. B.; Esser, E. (2008): Methoden der empirischen Sozialforschung, München: Oldenbourg; [Schnell et al. (2008)]

Schwingel, M. (2000): Pierre Bourdieu zur Einführung, Hamburg: Junius; [Schwingel (2000)]

Sheatsley, P. B. (1988): Questionaire Construction and Item Writing, in: Rossi, P. H.; Wright, J. D.; Anderson, A. B. (Hrsg.): Handbook of Survey Research; Orlando: Acad. Press; [Sheatsley (1988)]

Snow, Ch. P. (1967): Die zwei Kulturen: literarische und naturwissenschaftliche Intelligenz, Stuttgart: Klett; [Snow (1967)]

Stackelberg, J. von (2009): Künftig nur noch Englisch?: Ein Plädoyer für den Gebrauch der Muttersprache in den Geisteswissenschaften, Bonn: Romanistischer Verl.; [Stackelberg (2009)]

Suderland, M. (2009): Disposition (disposition). In: Fröhlich, G.; Rehbein, B. (Hrsg.): Bourdieu Handbuch: Leben-Werk-Wirkung, Stuttgart: Metzler; [Suderland (2009)]

Sudman, S.; Bradburn, N. M.; Schwarz, N. (1996): Thinking about answers: the application of cognitive processes to survey methodology, San Francisco: Jossey-Bass; [Sudman et al. (1996)]

Tipler, P. A.; Mosca, G. (2004): Physik für Wissenschaftler und Ingenieure, München: Elsevier, Spektrum, Akad. Verl.; [Tipler/Mosca (2004)]

Weizsäcker, C. F. von (1972): Voraussetzungen des naturwissenschaftlichen Denkens, Freiburg: Herder; [Weizsäcker (1972)]

Wickel, W. (2001): Studienführer: Informatik, Mathematik, Physik, Würzburg : Lexika-Verl.; [Wickel (2001)]

Wolf, Ch. (1995): Sozioökonomischer Status und berufliches Prestige: ein kleines Kompendium sozialwissenschaftlicher Skalen auf Basis der beruflichen Stellung und Tätigkeit, in: ZUMA-Nachrichten 37, Jg. 19, Neustadt/Weinstraße: Verlag Pfälzische Post GmbH; [Wolf (1995)]

Zacharias, G. (2003): Studienführer Sozialwissenschaften, Würzburg : Lexika-Verl.; [Zacharias (2003)]

Internetquellen:

Fachbereich 03 Universität Marburg (2007): Studien- und Prüfungsordnung für den Studiengang „Sozialwissenschaften"/„Social Sciences", [http://www.uni-marburg.de/administration/recht/studoprueo/sozialw-ba], 02.02.2011; [Fachbereich 03 Univ. Marburg (2007)]

Fachbereich 03 Universität Marburg (2009): Studien- und Prüfungsordnung für den Studiengang „Philosophie"/"Philosophy", [http://www.uni-marburg.de/administration/amtlich/03_2011.pdf], 02.02.2011; [Fachbereich 03 Univ. Marburg (2009)]

Fachbereich 12 Universität Marburg (2010): Studien- und Prüfungsordnung für den Bachelorstudiengang Mathematik, [http://www.uni-marburg.de/fb12/studium/studiengaenge/bsc-mathematik/pdf/b-mathematik-ordnung2010.pdf], 02.02.2011; [Fachbereich 12 Univ. Marburg (2010)]

Fachbereich 13 Universität Marburg (2010): Studien- und Prüfungsordnung für den Studiengang Physik, [http://www.uni-marburg.de/fb13/studium/studiengaenge/bscphysik/pdf/stpo_13_bsc_physik_14april2010.pdf], 02.02.2011; [Fachbereich 13 Univ. Marburg (2010)]

Philipps-Universität-Marburg (2010): Studierendenstatistiken der Philipps-Universität-Marburg für das SoSe 2010, [http://www.uni-marburg.de/profil/statistik/studizahlen/sommer2010.pdf], 02.02.2011; [Philipps-Universität-Marburg (2010)]

Sudman, S.; Kalton, G. (1986): New Developments in the Sampling of special Populations, in: Annual Review of Sociology 12, [http://www.jstor.org/stable/pdfplus/2083209.pdf?acceptTC=true], 02.02.2011; [Sudman/Kalton (1986)]

Anhang

Anhang I: Faktorenanalyse

I.1 Pädagogischer Code

KMO- und Bartlett-Test

Maß der Stichprobeneignung nach Kaiser-Meyer-Olkin		0,878
Bartlett-Test auf Sphärizität	Ungefähres Chi-Quadrat	1298,257
	Df	45
	Signifikanz nach Bartlett	0,000

Erklärte Gesamtvarianz

Komponente	Anfängliche Eigenwerte			Summen von quadrierten Faktorladungen für Extraktion			Rotierte Summe der quadrierten Ladungen[a]
	Gesamt	% der Varianz	Kumulierte %	Gesamt	% der Varianz	Kumulierte %	Gesamt
1	4,422	44,217	44,217	4,422	44,217	44,217	3,863
2	1,049	10,487	54,704	1,049	10,487	54,704	3,324
3	0,928	9,276	63,980				
4	0,711	7,113	71,093				
5	0,642	6,415	77,508				
6	0,585	5,845	83,353				
7	0,491	4,913	88,266				
8	0,433	4,332	92,599				
9	0,409	4,089	96,688				
10	0,331	3,312	100				

Extraktionsmethode: Hauptkomponentenanalyse

a. Wenn Komponenten korreliert sind, können die Summen der quadrierten Ladungen nicht addiert werden, um eine Gesamtvarianz zu erhalten.

Tabelle 33: KMO- und Bartlett-Test sowie Erklärte Gesamtvarianz für Itembatterie 5 (Pädagogischer Code [Kommunikation; Explikation])

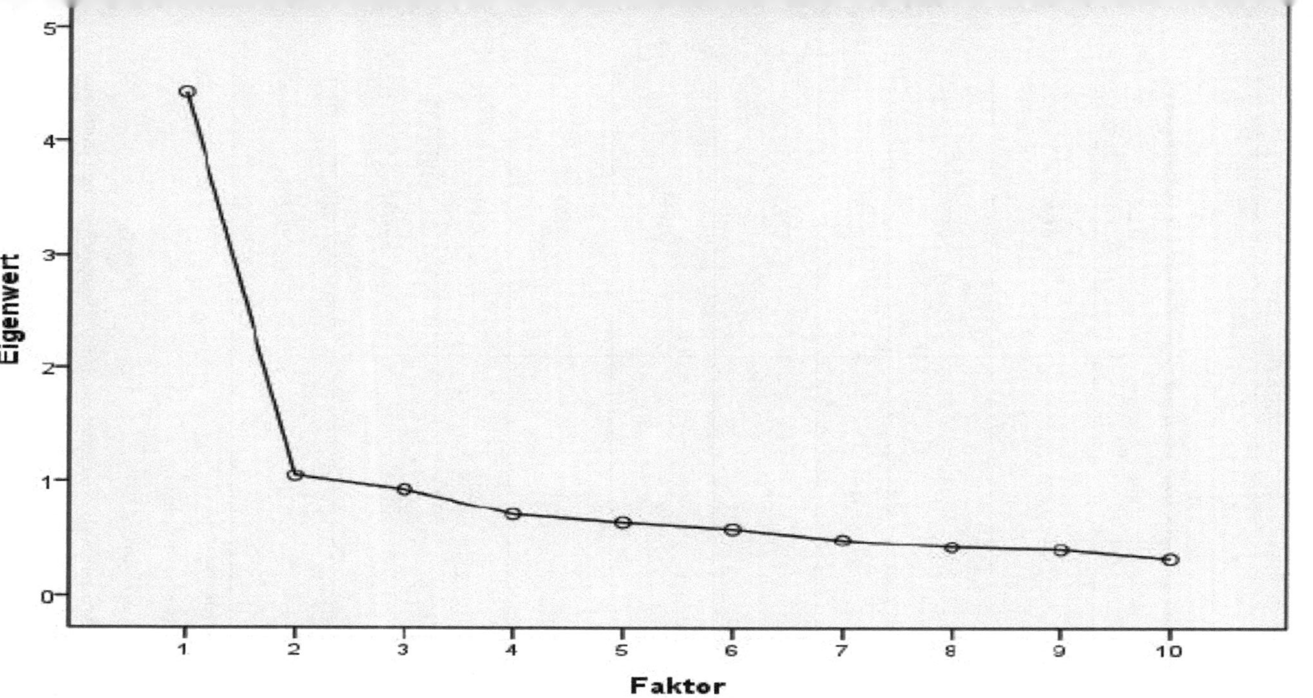

Abbildung 11: Screeplot; Itembatterie 5 (Pädagogischer Code [Kommunikation; Explikation])

Mustermatrix[a]

	Komponente	
	1	2
Die Lehrenden gewähren ausreichend Sprechzeiten.	0,813	0,156
Ein Gespräch mit Lehrenden ist auch außerhalb der Lehrveranstaltungen möglich.	0,757	0,026
Kommunikation mit Studierenden ist seitens der Lehrenden erwünscht.	0,718	0,036
Es existierte eine intensive Betreuung durch die Lehrenden.	0,609	-0,226
Seitens der Lehrenden besteht eine Bereitschaft zum Eingehen auf Fragen der Studierenden.	0,596	-0,236
Die Lehrenden verhalten sich den Studierenden gegenüber respektvoll.	0,534	-0,070
Die Lehrenden verhalten sich den Studierenden gegenüber einfühlend.	0,398	-0,393
Die Lehrenden haben ein Gespür für Verständnisprobleme.	-0,022	-0,869
Die Lehrveranstaltungen sind eine gute Vorbereitung auf Klausuren und Prüfungen.	-0,043	-0,781
Probleme beim Verständnis werden durch die Lehrenden erfolgreich ausgeräumt.	0,110	-0,734

Extraktionsmethode: Hauptkomponentenanalyse.

Rotationsmethode: Oblimin mit Kaiser-Normalisierung.

a. Die Rotation ist in 6 Iterationen konvergiert.

Tabelle 34: **Faktorenstruktur (Mustermatrix) von Itembatterie 5 (Pädagogischer Code [Kommunikation; Explikation])**

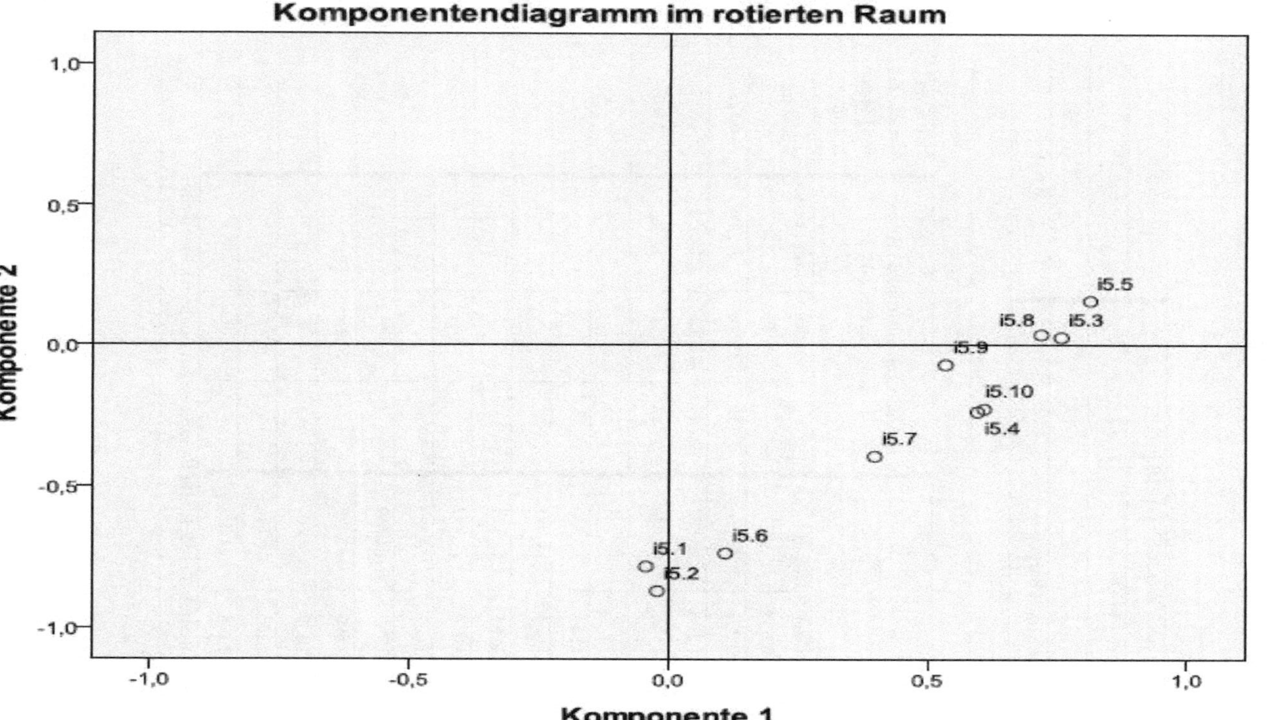

Abbildung 12: Grafische Darstellung der Faktorstruktur (Pädagogischer Code [Kommunikation; Explikation])

I.2 Fachspezifischer Habitus und Studienmotivation

KMO- und Bartlett-Test

Maß der Stichprobeneignung nach Kaiser-Meyer-Olkin		0,894
Bartlett-Test auf Sphärizität	Ungefähres Chi-Quadrat	3528,317
	Df	190
	Signifikanz nach Bartlett	0,000

Erklärte Gesamtvarianz

Komponente	Anfängliche Eigenwerte			Summen von quadrierten Faktorladungen für Extraktion			Rotierte Summe der quadrierten Ladungen[a]
	Gesamt	% der Varianz	Kumulierte %	Gesamt	% der Varianz	Kumulierte %	Gesamt
1	7,061	35,306	35,306	7,061	35,306	35,306	6,123
2	2,105	10,526	45,832	2,105	10,526	45,832	4,849
3	1,647	8,234	54,066	1,647	8,234	54,066	2,502
4	1,047	5,235	59,301				
5	0,910	4,549	63,850				
6	0,872	4,361	68,211				
7	0,793	3,964	72,175				
8	0,723	3,617	75,792				
9	0,619	3,097	78,889				
10	0,556	2,780	81,669				
11	0,501	2,506	84,175				
12	0,486	2,432	86,607				
13	0,453	2,265	88,872				
14	0,439	2,196	91,068				

Fortsetzung von KMO- und Bartlett-Test/Erklärte Gesamtvarianz siehe nächste Seite...

...Fortsetzung von KMO- und Bartlett-Test/Erklärte Gesamtvarianz

Komponente	Anfängliche Eigenwerte			Summen von quadrierten Faktorladungen für Extraktion			Rotierte Summe der quadrierten Ladungen[a]
	Gesamt	% der Varianz	Kumulierte %	Gesamt	% der Varianz	Kumulierte %	Gesamt
15	0,422	2,110	93,178				
16	0,330	1,650	94,829				
17	0,317	1,585	96,414				
18	0,264	1,319	97,733				
19	0,422	2,110	93,178				
20	0,330	1,650	94,829				

Extraktionsmethode: Hauptkomponentenanalyse

a. Wenn Komponenten korreliert sind, können die Summen der quadrierten Ladungen nicht addiert werden, um eine Gesamtvarianz zu erhalten.

Tabelle 35: KMO- und Bartlett-Test sowie Erklärte Gesamtvarianz für Itembatterien 6 und 7 (Fachspezifischer Habitus [Praktischer Sinn; Fachsprache] und Studienmotivation)

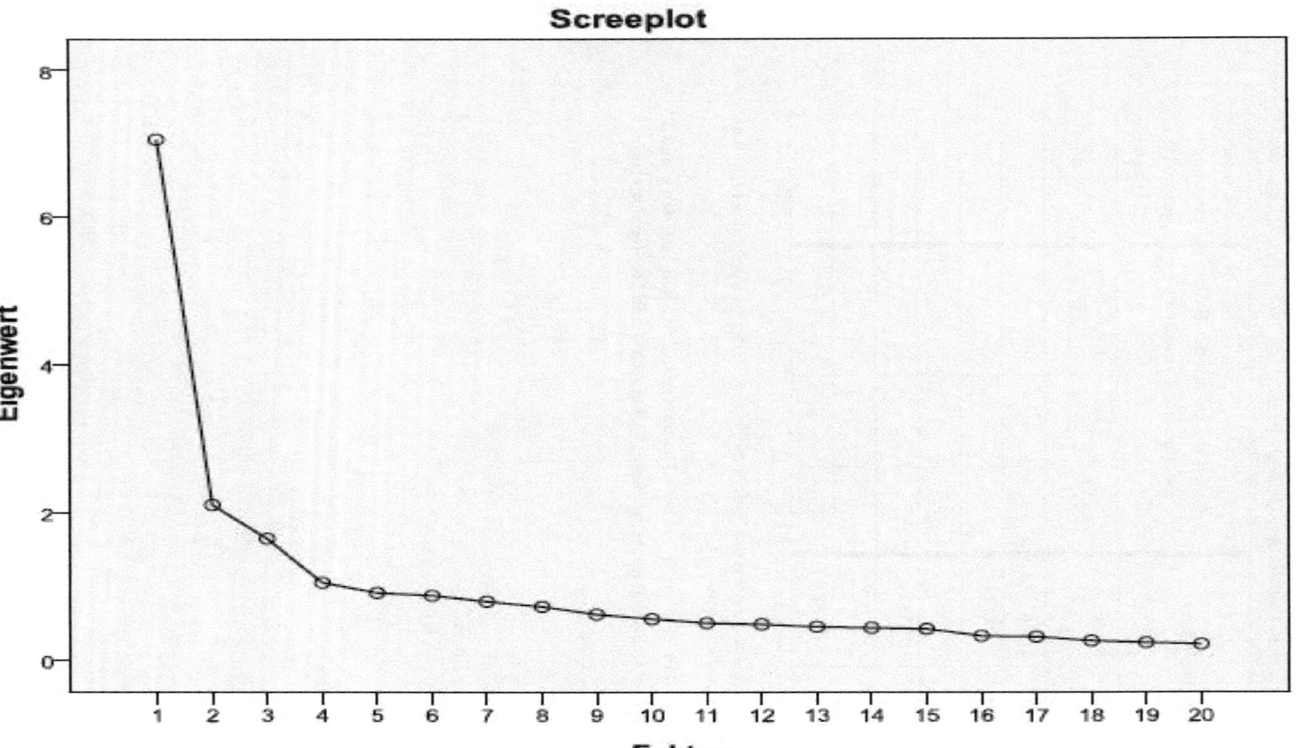

Abbildung 13: Screeplot; Itembatterien 6 und 7 (Fachspezifischer Habitus [Praktischer Sinn; Fachsprache] und Studienmotivation)

Mustermatrix[a]

	Komponente		
	1	2	3
Ich habe Probleme mit dem Verständnis des Lehrstoffes.	0,880	-0,052	-0,112
Der Umfang des Studien- und Prüfungsstoffes ist für mich zu hoch.	0,858	-0,108	-0,071
Die fachlichen Anforderungen sind für mich zu hoch.	0,824	0,051	-0,102
Ich habe das Gefühl, dem Leistungsdruck nicht gewachsen zu sein.	0,702	0,051	0,077
Ich habe Probleme beim Ablegen von Prüfungsleistungen.	0,656	-0,025	0,245
Die Darstellung des Lehrstoffes erfolgt in mir unverständlicher Weise.	0,600	0,023	-0,031
Ich bin nicht dazu in der Lage, mir Inhalte durch Selbststudium zu erarbeiten.	0,589	0,007	0,108
Ich habe Zweifel an meiner persönlichen Eignung für das Studium.	0,545	0,176	0,053
Ich habe das Gefühl, mein eigenes Leistungsvermögen falsch eingeschätzt zu haben.	0,542	0,306	-0,049
Ich habe Probleme den Lehrenden zu verdeutlichen, wo meine Verständnisprobleme bezüglich des Stoffes liegen.	0,528	0,319	0,003

Fortsetzung von Mustermatrix siehe nächste Seite...

...Fortsetzung von Mustermatrix

	Komponente		
	1	2	3
Ich habe Angst, in Lehrveranstaltungen Fragen zu stellen.	0,022	0,844	-0,034
Ich habe Probleme bei der Kommunikation mit Lehrenden.	-0,011	0,824	0,061
Ich habe Schwierigkeiten damit, Dozenten anzusprechen.	-0,041	0,816	0,056
Ich habe Angst, in Lehrveranstaltungen etwas Falsches zu sagen.	-0,012	0,796	0,019
Ich habe Schwierigkeiten damit, meine Fragen zu formulieren.	0,180	0,677	-0,039
Ich habe mangelnde Selbstdisziplin in Bezug auf mein Studium.	0,061	0,092	0,760
Ich nehme nur unregelmäßig an den Lehrveranstaltungen teil.	-0,164	0,134	0,674
Mein Studium ist mir weniger wichtig als andere Lebensbereiche.	-0,079	-0,042	0,562
Ich habe keine Energie zur intensiven Beschäftigung mit dem Stoff.	0,350	0,067	0,467
Ich erbringe Leistungen oft nicht termingerecht.	0,260	-0,096	0,462

Extraktionsmethode: Hauptkomponentenanalyse.

Rotationsmethode: Oblimin mit Kaiser-Normalisierung.

a. Die Rotation ist in 5 Iterationen konvergiert.

Tabelle 36: Faktorenstruktur (Mustermatrix) von Itembatterien 6 und 7 (Fachspezifischer Habitus [Praktischer Sinn; Fachsprache] und Studienmotivation)

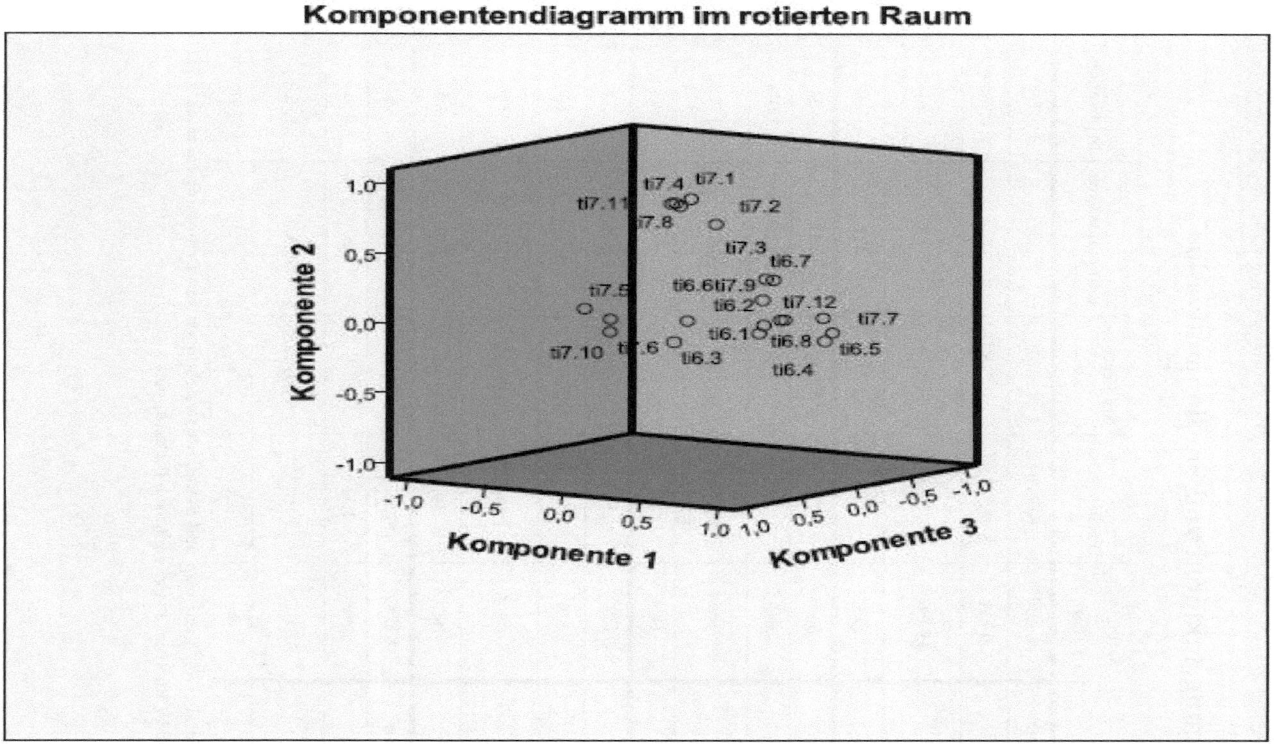
Komponentendiagramm im rotierten Raum
Komponente 1
Komponente 2
Komponente 3
1,0
0,5
0,0
-0,5
-1,0
ti7.4
ti7.1
ti7.11
ti7.2
ti7.3
ti6.7
ti6.6
ti7.9
ti6.2
ti7.12
ti7.7
ti6.1
ti6.8
ti6.5
ti7.10
ti6.3
ti6.4

Abbildung 14: Grafische Darstellung der Faktorstruktur (Fachspezifischer Habitus [Praktischer Sinn; Fachsprache] und Studienmotivation)

Anhang II: Unterschiedshypothesen

II.1 Bedingungsfaktoren und Studienmotivation

	Fachgruppe	Praktischer Sinn	Fachsprache	Studienmotivation	Kommunikation	Explikation
Naturwissenschaften	Mittelwert	4,6910	5,0176	4,9825	5,42	4,59
	Varianz	0,938	1,338	0,796	0,628	0,968
	Standardabweichung	0,96863	1,15687	0,89228	0,793	0,984
	N	133	136	137	134	136
Hybride	Mittelwert	4,5574	4,7791	5,0152	5,10	4,34
	Varianz	0,615	1,226	0,743	0,599	1,046
	Standardabweichung	0,78404	1,10708	0,86171	0,774	1,023
	N	68	67	66	61	68
Kulturwissenschaften	Mittelwert	5,1222	4,8822	4,8021	5,04	4,74
	Varianz	0,859	1,395	0,873	0,674	0,689
	Standardabweichung	0,92695	1,18095	0,93448	0,821	0,830
	N	185	197	191	187	193
Insgesamt	Mittelwert	4,8741	4,9110	4,9005	5,18	4,62
	Varianz	0,898	1,348	0,830	0,674	0,863
	Standardabweichung	0,94773	1,16097	0,91092	0,821	0,929
	N	386	400	394	382	397

Tabelle 37: Mittelwerte, Varianzen und Standardabweichungen von Bedingungsfaktoren und Studienmotivation getrennt nach Fachgruppen

Habe mir schon einmal ernsthafte Gedanken über Studienabbruch gemacht.		Praktischer Sinn	Fachsprache	Studienmotivation	Kommunikation	Explikation
Ja	Mittelwert	4,5174	4,6905	4,7554	5,07	4,51
	Varianz	0,896	1,295	0,832	0,762	0,953
	Standardabweichung	0,94661	1,13809	0,91224	0,873	0,976
	N	161	168	166	164	167
Nein	Mittelwert	5,1293	5,0707	5,0061	5,27	4,70
	Varianz	0,747	1,331	0,805	0,594	0,785
	Standardabweichung	0,86418	1,15358	0,89726	0,771	0,886
	N	225	232	228	218	230
Insgesamt	Mittelwert	4,8741	4,9110	4,9005	5,18	4,62
	Varianz	0,898	1,348	0,830	0,674	0,863
	Standardabweichung	0,94773	1,16097	0,91092	0,821	0,929
	N	386	400	394	382	397

Tabelle 38: Mittelwerte, Varianzen und Standardabweichungen von Bedingungsfaktoren und Studienmotivation getrennt nach Urteil über Studienabbruchgedanke

Habe mir schon einmal ernsthafte Gedanken über Studienabbruch gemacht.		Praktischer Sinn	Fachsprache	Studienmotivation	Kommunikation	Explikation
Ja	Mittelwert	4,2204	4,8500	4,8764	5,33	4,39
	Varianz	1,036	1,532	0,922	0,816	1,191
	Standardabweichung	1,01802	1,23774	0,96032	0,903	1,091
	N	54	56	55	58	56
Nein	Mittelwert	5,0127	5,1350	5,0537	5,49	4,73
	Varianz	0,625	1,187	0,709	0,482	0,777
	Standardabweichung	0,79087	1,08932	0,84213	0,694	0,881
	N	79	80	82	76	80
Insgesamt	Mittelwert	4,6910	5,0176	4,9825	5,42	4,59
	Varianz	0,938	1,338	0,796	0,628	0,968
	Standardabweichung	0,96863	1,15687	0,89228	0,793	0,984
	N	133	136	137	134	136

Fachgruppe: Naturwissenschaften

Tabelle 39: Mittelwerte, Varianzen und Standardabweichungen von Bedingungsfaktoren und Studienmotivation getrennt nach Urteil über Studienabbruchgedanke für die Fachgruppe „Naturwissenschaften"

Habe mir schon einmal ernsthafte Gedanken über Studienabbruch gemacht.		Praktischer Sinn	Fachsprache	Studienmotivation	Kommunikation	Explikation
Ja	Mittelwert	4,8250	4,6610	4,5850	4,90	4,72
	Varianz	0,769	1,155	0,768	0,798	0,818
	Standardabweichung	0,87668	1,07482	0,87657	0,894	0,904
	N	76	82	80	77	80
Nein	Mittelwert	5,3294	5,0400	4,9586	5,13	4,75
	Varianz	0,825	1,517	0,898	0,570	0,605
	Standardabweichung	0,90812	1,23152	0,94739	0,755	0,778
	N	109	115	111	110	113
Insgesamt	Mittelwert	5,1222	4,8822	4,8021	5,04	4,74
	Varianz	0,859	1,395	0,873	0,674	0,689
	Standardabweichung	0,92695	1,18095	0,93448	0,821	0,830
	N	185	197	191	187	193

Fachgruppe: Kulturwissenschaften

Tabelle 40: Mittelwerte, Varianzen und Standardabweichungen von Bedingungsfaktoren und Studienmotivation getrennt nach Urteil über Studienabbruchgedanke für die Fachgruppe „Kulturwissenschaften"

	Fachgruppe	Praktischer Sinn	Fachsprache	Studienmotivation	Kommunikation	Explikation
Naturwissenschaften	Mittelwert	4,22	4,85	4,88	5,33	4,39
	Varianz	1,036	1,532	0,922	0,816	1,191
	Standardabweichung	1,018	1,238	0,960	0,903	1,091
	N	54	56	55	58	56
Kulturwissenschaften	Mittelwert	4,83	4,66	4,59	4,90	4,72
	Varianz	0,769	1,155	0,768	0,798	0,818
	Standardabweichung	0,877	1,075	0,877	0,894	0,904
	N	76	82	80	77	80
Insgesamt	Mittelwert	4,57	4,74	4,70	5,08	4,59
	Varianz	0,962	1,307	0,845	0,845	0,992
	Standardabweichung	0,981	1,143	0,919	0,919	0,996
	N	130	138	135	135	136

Habe mir schon einmal ernsthafte Gedanken über einen Studienabbruch gemacht = Ja

Tabelle 41: Mittelwerte, Varianzen und Standardabweichungen von Bedingungsfaktoren und Studienmotivation für positives Urteil zu Studienabbruchgedanke getrennt Natur-/Kulturwissenschaften

ANOVA

			Quadrat-summe	df	Mittel der Quadrate	F	Sig.
Praktischer Sinn/ Fachsemester	Zwischen Gruppen	(Kombiniert)	6,142	3	2,047	2,260	0,085
		Linearität	5,162	1	5,162	5,697	0,018
		Linearitätsabweichung	0,980	2	0,490	0,541	0,584
	Innerhalb Gruppen		115,981	128	0,906		
	Insgesamt		122,123	131			
Fachsprache/ Fachsemester	Zwischen Gruppen	(Kombiniert)	4,586	3	1,529	1,137	0,337
		Linearität	0,671	1	0,671	0,499	0,337
		Linearitätsabweichung	3,915	2	1,957	1,456	0,237
	Innerhalb Gruppen		176,092	131	1,344		
	Insgesamt		180,677	134			
Studienmotivation/ Fachsemester	Zwischen Gruppen	(Kombiniert)	2,715	3	0,905	1,143	0,334
		Linearität	0,252	1	0,252	0,318	0,574
		Linearitätsabweichung	2,464	2	1,232	1,556	0,215
	Innerhalb Gruppen		104,520	132	0,792		
	Insgesamt		107,235	135			
Kommunikation/ Fachsemester	Zwischen Gruppen	(Kombiniert)	3,234	3	1,078	1,733	0,163
		Linearität	0,109	1	0,109	0,175	0,676
		Linearitätsabweichung	3,125	2	1,563	2,512	0,085
	Innerhalb Gruppen		80,244	129	0,622		
	Insgesamt		83,478	132			
Explikation/ Fachsemester	Zwischen Gruppen	(Kombiniert)	4,471	3	1,490	1,571	0,199
		Linearität	0,714	1	0,714	0,753	0,387
		Linearitätsabweichung	3,757	2	1,879	1,981	0,142
	Innerhalb Gruppen		124,240	131	0,948		
	Insgesamt		128,711	134			

Fachgruppe: Naturwissenschaften

Tabelle 42: Varianzanalyse von Bedingungsfaktoren und Studienmotivation getrennt nach Fachsemestern für die Fachgruppe „Naturwissenschaften"

ANOVA

			Quadrat-summe	df	Mittel der Quadrate	F	Sig.
Praktischer Sinn/ Fachsemester	Zwischen Gruppen	(Kombiniert)	1,153	3	0,384	0,441	0,724
		Linearität	1,149	1	1,149	1,318	0,252
		Linearitätsabweichung	0,003	2	0,002	0,002	0,998
	Innerhalb Gruppen		156,946	180	0,872		
	Insgesamt		158,099	183			
Fachsprache/ Fachsemester	Zwischen Gruppen	(Kombiniert)	2,707	3	0,902	0,643	0,588
		Linearität	0,258	1	0,258	0,184	0,668
		Linearitätsabweichung	2,449	2	1,225	0,873	0,420
	Innerhalb Gruppen		269,463	192	1,403		
	Insgesamt		272,171	195			
Studienmotivation/Fachsemester	Zwischen Gruppen	(Kombiniert)	1,938	3	0,646	0,734	0,533
		Linearität	0,432	1	0,432	0,492	0,484
		Linearitätsabweichung	1,506	2	0,753	0,856	0,427
	Innerhalb Gruppen		163,622	186	0,880		
	Insgesamt		165,560	189			
Kommunikation/ Fachsemester	Zwischen Gruppen	(Kombiniert)	3,264	3	1,088	1,626	0,185
		Linearität	2,482	1	2,482	3,709	0,056
		Linearitätsabweichung	0,782	2	0,391	0,584	0,558
	Innerhalb Gruppen		121,798	182	0,669		
	Insgesamt		125,062	185			
Explikation/ Fachsemester	Zwischen Gruppen	(Kombiniert)	3,718	3	1,239	1,816	0,146
		Linearität	3,368	1	3,368	4,935	0,028
		Linearitätsabweichung	0,350	2	0,175	0,257	0,774
	Innerhalb Gruppen		128,309	188	0,682		
	Insgesamt		132,027	191			

Fachgruppe: Kulturwissenschaften

Tabelle 43: Varianzanalyse von Bedingungsfaktoren und Studienmotivation getrennt nach Fachsemestern für die Fachgruppe „Kulturwissenschaften“

II.2 Probleme beim Studieneinstieg

	Fachgruppe	Ich hatte/habe Schwierigkeiten mit dem Einstieg ins Studium.	Ich bin/war nicht genügend motiviert für das Studium meines Faches.	Ich habe/hatte falsche Erwartungen an das Studium.	Ich habe/hatte mangelnde Vorkenntnisse
Naturwissenschaften	Mittelwert	3,88	5,48	4,70	4,64
	Varianz	3,030	1,751	2,113	2,663
	Standardabweichung	1,741	1,323	1,454	1,632
	N	139	141	141	140
Hybride	Mittelwert	3,75	5,35	4,69	4,65
	Varianz	2,953	1,730	1,987	2,642
	Standardabweichung	1,718	1,315	1,410	1,625
	N	69	69	70	69
Kulturwissenschaften	Mittelwert	4,88	5,24	4,87	4,63
	Varianz	2,685	2,101	2,081	2,552
	Standardabweichung	1,639	1,449	1,442	1,597
	N	197	198	197	196
Insgesamt	Mittelwert	4,35	5,34	4,78	4,64
	Varianz	3,109	1,920	2,074	2,592
	Standardabweichung	1,763	1,386	1,440	1,610
	N	405	408	408	405

Tabelle 44: Mittelwerte, Varianzen und Standardabweichungen der Probleme beim Studieneinstieg getrennt nach Fachgruppen

Habe mir schon einmal ernsthafte Gedanken über Studienabbruch gemacht.		Ich hatte/habe Schwierigkeiten mit dem Einstieg ins Studium.	Ich bin/war nicht genügend motiviert für das Studium meines Faches.	Ich habe/hatte falsche Erwartungen an das Studium.	Ich habe/hatte mangelnde Vorkenntnisse
Ja	Mittelwert	3,84	4,99	4,35	4,27
	Varianz	3,455	2,018	2,088	2,683
	Standardabweichung	1,859	1,420	1,445	1,638
	N	172	172	171	171
Nein	Mittelwert	4,72	5,59	5,09	4,91
	Varianz	2,538	1,707	1,844	2,369
	Standardabweichung	1,593	1,306	1,358	1,539
	N	233	236	237	234
Insgesamt	Mittelwert	4,35	5,34	4,78	4,64
	Varianz	3,109	1,920	2,074	2,592
	Standardabweichung	1,763	1,386	1,440	1,610
	N	405	408	408	405

Tabelle 45: Mittelwerte, Varianzen und Standardabweichungen der Probleme beim Studieneinstieg getrennt nach Urteil über Studienabbruchgedanke

Habe mir schon einmal ernsthafte Gedanken über Studienabbruch gemacht.		Ich hatte/Habe Schwierigkeiten mit dem Einstieg ins Studium.	Ich bin/war nicht genügend motiviert für das Studium meines Faches.	Ich habe/hatte falsche Erwartungen an das Studium.	Ich habe/hatte mangelnde Vorkenntnisse
Ja	Mittelwert	3,24	5,21	4,43	4,07
	Varianz	3,169	1,816	2,109	3,066
	Standardabweichung	1,780	1,348	1,452	1,751
	N	58	58	58	57
Nein	Mittelwert	4,35	5,66	4,88	5,04
	Varianz	2,454	1,641	2,058	2,035
	Standardabweichung	1,567	1,281	1,435	1,427
	N	81	83	83	83
Insgesamt	Mittelwert	3,88	5,48	4,70	4,64
	Varianz	3,030	1,751	2,113	2,663
	Standardabweichung	1,741	1,323	1,454	1,632
	N	139	141	141	140

Fachgruppe: Naturwissenschaften

Tabelle 46: Mittelwerte, Varianzen und Standardabweichungen von Probleme beim Studieneinstieg getrennt nach Urteil über Studienabbruchgedanke für die Fachgruppe „Naturwissenschaften"

Habe mir schon einmal ernsthafte Gedanken über Studienabbruch gemacht.		Ich hatte/habe Schwierigkeiten mit dem Einstieg ins Studium.	Ich bin/war nicht genügend motiviert für das Studium meines Faches.	Ich habe/hatte falsche Erwartungen an das Studium.	Ich habe/hatte mangelnde Vorkenntnisse
Ja	Mittelwert	4,60	4,88	4,37	4,46
	Varianz	2,925	2,156	2,185	2,398
	Standardabweichung	1,710	1,468	1,478	1,548
	N	83	83	82	83
Nein	Mittelwert	5,09	5,50	5,23	4,76
	Varianz	2,435	1,919	1,708	2,648
	Standardabweichung	1,560	1,385	1,307	1,627
	N	114	115	115	113
Insgesamt	Mittelwert	4,88	5,24	4,87	4,63
	Varianz	2,685	2,101	2,081	2,552
	Standardabweichung	1,639	1,449	1,442	1,597
	N	197	198	197	196

Fachgruppe: Kulturwissenschaften

Tabelle 47: Mittelwerte, Varianzen und Standardabweichungen von Probleme beim Studieneinstieg getrennt nach Urteil über Studienabbruchgedanke für die Fachgruppe „Kulturwissenschaften“

	Fachgruppe	Ich hatte/habe Schwierigkeiten mit dem Einstieg ins Studium.	Ich bin/war nicht genügend motiviert für das Studium meines Faches.	Ich habe/hatte falsche Erwartungen an das Studium.	Ich habe/hatte mangelnde Vorkenntnisse
Naturwissenschaften	Mittelwert	3,24	5,21	4,43	4,07
	Varianz	3,169	1,816	2,109	3,066
	Standardabweichung	1,780	1,348	1,452	1,751
	N	58	58	58	57
Kulturwissenschaften	Mittelwert	4,60	4,88	4,37	4,46
	Varianz	2,925	2,156	2,158	2,398
	Standardabweichung	1,710	1,468	1,478	1,548
	N	83	83	82	83
Insgesamt	Mittelwert	4,04	5,01	4,39	4,30
	Varianz	3,455	2,028	2,140	2,686
	Standardabweichung	1,859	1,424	1,463	1,639
	N	141	141	140	140

Habe mir schon einmal ernsthafte Gedanken über einen Studienabbruch gemacht = Ja

Tabelle 48: Mittelwerte, Varianzen und Standardabweichungen von Probleme beim Studieneinstieg für positives Urteil zu Studienabbruchgedanke getrennt Natur-/Kulturwissenschaften

Anhang III: Erhebungsanschreiben und Fragebogen

III.1 Erhebungsanschreiben

Sehr geehrte/geehrter Frau/Herr (...),

im Rahmen einer Studie im Fach Soziologie (Betreuer: Prof. Kelle) möchte ich mich mit den Gründen für einen Studienabbruch in den Fächern Sozialwissenschaften und Philosophie im Kontrast zu den Fächern Mathematik und Physik beschäftigen. Grundlage für den Vergleich der beiden Fächergruppen soll eine quantitative Erhebung über alle Semester der entsprechenden B.A.- bzw. B.Sc.-Studiengänge sein, die ich gerne in diesem Semester (SoSe 2010) durchführen möchte. Neben dem Beitrag der Betreuungssituation zum Studienabbruch, steht dabei besonders die Frage nach den Auswirkungen der Beherrschung bzw. Nicht-Beherrschung des jeweiligen Fachhabitus auf das Studienabbruchverhalten im Fokus der Untersuchung. Da es sich um einen indirekten Zugang zur Thematik des Studienabbruches handelt, wurde das verwendete Untersuchungsinstrument, welches Sie im Anhang finden können, entsprechend angepasst.

Die Erhebung würde ich gerne in den Veranstaltungen der jeweiligen Fächer durchführen. Zu diesem Zweck möchte ich Sie bitten, mir in ihrer Veranstaltung (...) ca. 15 Minuten Zeit zur Verfügung zu stellen, um den Fragebogen von den Studierenden ausfüllen zu lassen. Von besonderem Interesse sind für mich dabei Veranstaltungen, an denen Studierende im 3. oder höheren Semester teilnehmen.

In anderen Erhebungen hat sich gezeigt, dass eine Befragung zu Beginn der Veranstaltungen zu einer erhöhten Teilnahmebereitschaft seitens der Studierenden führt, während beispielsweise in Veranstaltungspausen und am Veranstaltungsende viele Studierende den Veranstaltungsraum verlassen.

Ich würde mich sehr freuen wenn Sie mir im Zeitraum (...) eine Befragung in oben genannter Veranstaltung gestatten würden.

Da die Erhebung von mir allein durchgeführt wird und ich mit Blick auf eine möglichst große Fallzahl in verschiedenen Veranstaltungen die Befragung durchführen möchte, kann es hierbei zu Terminüberkreuzungen kommen. Ich würde mich allerdings sehr freuen wenn trotzdem ein Termin für die Befragung zustande kommen könnte.

Vielen Dank!

Mit freundlichen Grüßen

Dominik Weigand

III.2 Fragebogen

Befragung zum Studienabbruchverhalten

Liebe Studierende,

in dieser Befragung bitte ich Sie um Angaben darüber, inwieweit Sie sich schon einmal mit einem möglichen Abbruch ihres derzeitigen Studiums beschäftigt haben und welche Überlegungen bzw. Probleme während des Studiums zu Gedanken über einen Studienabbruch geführt haben.

Der Fragebogen richtet sich speziell an Bachelor-Studierende der Fächer Physik und Mathematik sowie Soziologie und Philosophie und enthält Fragen zu allgemeinen und persönlichen Problemen mit dem Studium, zur Betreuungssituation während des Studiums sowie zum Einstieg in Ihr Studium.

Es gibt keine „richtigen" oder „falschen" Antworten. Bitte beantworten Sie alle Fragen vollständig, da ein unvollständig ausgefüllter Fragebogen nicht sinnvoll auszuwerten ist.

Die Auswertung der Daten erfolgt selbstverständlich anonym!!!

Vielen Dank für Ihre Mithilfe!

1.) Studienfach: ______________________________

2.) Angestrebter erster Abschluss: ______________________________

3.) Anzahl der Fachsemester: ________

4.) Haben Sie während Ihres Studiums schon einmal ernsthaft daran gedacht ihr Studium abzubrechen?

○ Ja ○ Nein

Wenn ja, welche Gründe bzw. Überlegungen spielten dabei eine Rolle?

____

____

____

____

5.) Wie bewerten Sie die Betreuung durch die Lehrenden Ihres Faches? Bitte kreuzen Sie an, inwieweit die jeweiligen Aussagen auf Ihr Fach zutreffen.

	Trifft überhaupt nicht zu (1)	Trifft nicht zu (2)	Trifft weniger zu (3)	Trifft teils zu, teils nicht zu (4)	Trifft eher zu (5)	Trifft zu (6)	Trifft voll und ganz zu (7)
1. Die Lehrveranstaltungen sind eine gute Vorbereitung auf Klausuren und Prüfungen.	○	○	○	○	○	○	○

	Trifft überhaupt nicht zu (1)	Trifft nicht zu (2)	Trifft weniger zu (3)	Trifft teils zu, teils nicht zu (4)	Trifft eher zu (5)	Trifft zu (6)	Trifft voll und ganz zu (7)
2. Die Lehrenden haben ein Gespür für Verständnisprobleme.	○	○	○	○	○	○	○
3. Ein Gespräch mit Lehrenden ist auch außerhalb der Lehrveranstaltungen möglich.	○	○	○	○	○	○	○
4. Seitens der Lehrenden besteht eine Bereitschaft zum Eingehen auf Fragen der Studierenden.	○	○	○	○	○	○	○
5. Die Lehrenden gewähren ausreichend Sprechzeiten.	○	○	○	○	○	○	○
6. Probleme beim Verständnis des Lehrstoffes werden durch die Lehrenden erfolgreich ausgeräumt.	○	○	○	○	○	○	○
7. Die Lehrenden verhalten sich den Studierenden gegenüber einfühlend.	○	○	○	○	○	○	○
8. Kommunikation mit Studierenden ist seitens der Lehrenden erwünscht.	○	○	○	○	○	○	○
9. Die Lehrenden verhalten sich den Studierenden gegenüber respektvoll.	○	○	○	○	○	○	○
10. Es existiert eine intensive Betreuung durch die Lehrenden.	○	○	○	○	○	○	○

6.) Hatten Sie schon einmal Schwierigkeiten mit dem Studien-und Prüfungsstoff Ihres Faches? Beurteilen Sie bitte, inwieweit die folgenden Aussagen auf Sie persönlich zutreffen.

	Trifft überhaupt nicht zu (1)	Trifft nicht zu (2)	Trifft weniger zu (3)	Trifft teils zu, teils nicht zu (4)	Trifft eher zu (5)	Trifft zu (6)	Trifft voll und ganz zu (7)
1. Ich habe Probleme beim Ablegen von Prüfungsleistungen. (z.B. Hausarbeiten, Klausuren, mündl. Prüfungen etc.)	○	○	○	○	○	○	○
2. Die Darstellung des Lehrstoffes erfolgt in mir unverständlicher Weise.	○	○	○	○	○	○	○
3. Ich erbringe Leistungen oft nicht termingerecht.	○	○	○	○	○	○	○
4. Der Umfang des Studien- und Prüfungsstoffes ist für mich zu hoch.	○	○	○	○	○	○	○
5. Ich habe Probleme mit dem Verständnis des Lehrstoffes.	○	○	○	○	○	○	○
6. Ich habe keine Energie zur intensiven Beschäftigung mit dem Stoff.	○	○	○	○	○	○	○
7. Ich habe Probleme damit, den Lehrenden zu verdeutlichen, wo meine Verständnisdefizite bezüglich des Stoffes liegen.	○	○	○	○	○	○	○

	Trifft überhaupt nicht zu (1)	Trifft nicht zu (2)	Trifft weniger zu (3)	Trifft teils zu, teils nicht zu (4)	Trifft eher zu (5)	Trifft zu (6)	Trifft voll und ganz zu (7)
8. Ich bin nicht dazu in der Lage, mir Inhalte durch Selbststudium zu erarbeiten.	○	○	○	○	○	○	○

7.) Hatten Sie schon einmal persönliche Schwierigkeiten mit Ihrem Fach? Kreuzen Sie bitte an, inwieweit die folgenden Aussagen auf Sie persönlich zutreffen.

	Trifft überhaupt nicht zu (1)	Trifft nicht zu (2)	Trifft weniger zu (3)	Trifft teils zu, teils nicht zu (4)	Trifft eher zu (5)	Trifft zu (6)	Trifft voll und ganz zu (7)
1. Ich habe Schwierigkeiten damit, Dozenten anzusprechen.	○	○	○	○	○	○	○
2. Ich habe Schwierigkeiten damit, meine Fragen zu formulieren.	○	○	○	○	○	○	○
3. Ich habe das Gefühl, mein eigenes Leistungsvermögen falsch eingeschätzt zu haben.	○	○	○	○	○	○	○
4. Ich habe Angst, in Lehrveranstaltungen Fragen zu stellen.	○	○	○	○	○	○	○
5. Ich nehme nur unregelmäßig an den Lehrveranstaltungen teil.	○	○	○	○	○	○	○
6. Mein Studium ist mir weniger wichtig als andere Lebensbereiche.	○	○	○	○	○	○	○
7. Die fachlichen Anforderungen sind für mich zu hoch.	○	○	○	○	○	○	○
8. Ich habe Angst, in Lehrveranstaltungen etwas Falsches zu sagen.	○	○	○	○	○	○	○
9. Ich habe Zweifel an meiner persönlichen Eignung für das Studium.	○	○	○	○	○	○	○
10. Ich habe mangelnde Selbstdisziplin in Bezug auf mein Studium.	○	○	○	○	○	○	○
11. Ich habe Probleme bei der Kommunikation mit Lehrenden.	○	○	○	○	○	○	○
12. Ich habe das Gefühl, dem Leistungsdruck nicht gewachsen zu sein.	○	○	○	○	○	○	○

8.) Hatten Sie Probleme mit dem Einstieg in Ihr Studium? Bewerten Sie bitte, inwiefern die folgenden Aspekte dabei eine Rolle spielten.

	Trifft überhaupt nicht zu (1)	Trifft nicht zu (2)	Trifft weniger zu (3)	Trifft teils zu, teils nicht zu (4)	Trifft eher zu (5)	Trifft zu (6)	Trifft voll und ganz zu (7)
1. Ich hatte/habe Schwierigkeiten beim Einstieg ins Studium.	○	○	○	○	○	○	○

	Trifft überhaupt nicht zu (1)	Trifft nicht zu (2)	Trifft weniger zu (3)	Trifft teils zu, teils nicht zu (4)	Trifft eher zu (5)	Trifft zu (6)	Trifft voll und ganz zu (7)
2. Ich bin/war nicht genügend motiviert für das Studium meines Faches.	O	O	O	O	O	O	O
3. Ich habe/hatte falsche Erwartungen an das Studium.	O	O	O	O	O	O	O
4. Ich habe/hatte mangelnde Vorkenntnisse.	O	O	O	O	O	O	O

9.) Im Studium werden bestimmte Vorkenntnisse und Fähigkeiten vorausgesetzt. Waren Ihre Vorkenntnisse und Fähigkeiten zu Studienbeginn in den folgenden Bereichen ausreichend?

	Überhaupt nicht vorhanden (1)	Ansatzweise vorhanden (2)	Ausreichend (3)	Mehr als ausreichend (4)	In hohem Maße ausreichend (5)
1. Mathematik	O	O	O	O	O
2. Naturwissenschaften	O	O	O	O	O
3. Verfassen von Texten	O	O	O	O	O
4. Programmiersprachen	O	O	O	O	O
5. Fremdsprachen	O	O	O	O	O
6. Zeitmanagement und selbständige Studiengestaltung	O	O	O	O	O
7. Geschichte	O	O	O	O	O
8. Philosophie	O	O	O	O	O
9. Psychologie	O	O	O	O	O
10. Politik	O	O	O	O	O
11. Techniken wissenschaftlichen Arbeitens	O	O	O	O	O

Zum Schluss bitte ich Sie noch um einige demografische Angaben:

10.) Geschlecht: O männlich (1) O weiblich (2)

11.) ____________Geburtsjahr:

12.) Welche Hochschulzugangsberechtigung haben Sie: O Abitur/Fachhochschulreife

Sonstige: ____________

13.) In welchem Jahr haben Sie ihre Hochschulzugangsberechtigung erworben: __________

14.) Welches waren Ihre Leistungsfächer:

1. Leistungskurs: ______________

2. Leistungskurs: ______________

Ggf. 3. Leistungskurs: __________

15.)Welchen Freizeitaktivitäten gehen Sie nach?

____

____

____

____

16.) Geben Sie bitte den jeweils höchsten beruflichen Abschluss Ihrer Eltern an:

	Mutter	Vater
Hochschul-/Universitätsabschluss	O	O
Fachhochschulabschluss	O	O
Meisterprüfung, Technikerabschluss	O	O
Lehre oder gleichwertige Berufsausbildung	O	O
Kein beruflicher Abschluss	O	O
Abschluss nicht bekannt	O	O

17.) Welchen Beruf übt Ihr Vater aus? ______________________________________

18.) Welchen Beruf übt Ihre Mutter aus? ____________________________________

Vielen Dank für Ihre Mitarbeit!

Zeitfracht Medien GmbH
Ferdinand-Jühlke-Straße 7
99095 Erfurt, Deutschland
produktsicherheit@kolibri360.de